O FRENESI DA FELICIDADE

Dados Internacionais de Catalogação na Publicação (CIP)
(Câmara Brasileira do Livro, SP, Brasil)

Ferry, Luc
O frenesi da felicidade / Luc Ferry ; tradução de Idalina Lopes. – Petrópolis, RJ : Vozes, 2025.

Título original: La frénésie du bonheur.
ISBN 978-85-326-7318-3

1. Felicidade (Filosofia) 2. Filosofia 3. Psicologia I. Título.

25-290843 CDD-170

Índices para catálogo sistemático:
1. Felicidade : Filosofia 170

Eliane de Freitas Leite – Bibliotecária – CRB 8/8415

O FRENESI DA FELICIDADE

LUC FERRY

Tradução de Idalina Lopes

VOZES NOBILIS

Tradução do original em francês intitulado
La frénésie du bonheur – Du bonheur différé au bonheur immédiat

Direitos de publicação em língua portuguesa:
2025, Editora Vozes Ltda.
Rua Frei Luís, 100
25689-900 Petrópolis, RJ
www.vozes.com.br
Brasil

Diagramação: Victor Mauricio Bello
Revisão gráfica: Nilton Braz da Rocha
Capa: Érico Lebedenco

ISBN 978-85-326-7318-3 (Brasil)
ISBN 979-10-329-2687-1 (França)

Este livro foi composto e impresso pela Editora Vozes Ltda.

Sumário

"Sacrificar-se pelos outros é uma péssima ideia..."
Fabrice Midal
Em *Devenez narcissique. Et sauvez votre peau!*
[Torne-se narcisista. E salve sua pele!]

Introdução

Da felicidade adiada à felicidade imediata

Uma falha na civilização

> "Amigos, recomeço a trabalhar; peguei papel em minha mesa, uma pluma, e escrevo; [...]
> Faço o que posso para me afastar da mentira,
> Do mal, do egoísmo e do erro; [...]
> O condenado do dever e do trabalho é livre [...]
> O trabalho, essa coisa inexprimível, feita
> De vertigem, de esforço, de jugo, de vontade, [...]
> Leva-nos através do infinito, longe dos males,
> Longe da terra, longe da infelicidade, longe do vício [...]".
> Victor Hugo, "Je travaille" [Eu trabalho]

Comecemos pelo que poderia parecer anedótico, mas não é: em 2007, o *slogan* da campanha de Nicolas Sarkozy, "Trabalhar mais para ganhar mais", podia ainda encontrar uma enorme ressonância na opinião pública. Uma pesquisa do Ifop [Institut français d'opinion publique] realizada em 2022 com assalariados demonstra que, desde então, tudo mudou. A pergunta feita era a seguinte: "O que você prefere: ter mais tempo livre ou uma remuneração melhor?" Em 2008, 62% dos assalariados preferiam trabalhar mais para ganhar mais e 38% desejavam o inverso; em 2022, 61% gostariam de trabalhar menos embora ganhando menos e somente 29% de ter um salário melhor trabalhando mais! Pergunta simples: O que aconteceu entre 2008 e 2022 para que essa tendência se tornasse tão rapidamente possível? Resposta: a pandemia, claro, os repetidos confinamentos que permitiram a inúmeras pessoas, exoneradas como por milagre de suas obrigações profissionais, mas que não estavam de férias, se questionarem sobre o sentido de sua vida. Insisto nesse esclarecimento: "mas que não estavam de férias", pois o tempo liberado pelos feriados e as férias não é da mesma natureza do que aquele imposto ao longo do ano por um confinamento em casa absolutamente inabitual. Como são férias, temos tempo de pensar nelas, de prepará-las, na maioria das vezes previmos aproveitá-las bem, e por que não, justamente, trabalhar para si e em seu próprio ritmo: arrumar a casa, embelezar o jardim, consertar algo que precisa ser consertado se estamos em casa, pôr em dia as leituras que por falta de tempo não avançaram durante o ano, praticar atividades culturais ou esportivas, em suma, trabalhar a mente e o corpo, mas sem remuneração e sem obrigação emanando de um superior, o que muda tudo. A pandemia criou, portanto, um espaço de tempo que fraturava a vida de todos os dias, que não era o da profissão e nem o das férias e, por essa mesma razão, propício a reflexões também bastante pouco comuns, pensamentos que abriam uma fissura na rotina do cotidiano.

A pergunta também foi feita aos políticos: De onde veio a antipatia pelo trabalho assalariado que nestes últimos tempos marcou todas as tentativas de elevar ao menos um pouco a idade de se aposentar, uma vez que os trabalhos realizados para "cultivar seu jardim" durante o lazer não são o problema? Como era de se esperar, suas respostas foram tão convencionais quanto indigentes. A direita aproveitou-se do fato de alguns ecologistas valorizarem a preguiça para clamar *urbi et orbi* que, desde a lei que em fevereiro de 2000 reduziu a jornada de trabalho semanal para 35 horas, o culto ao ócio era a causa de todos os males. Já no lado dos extremos, sobretudo à esquerda, eles foram rápidos em reatar com um tema batido (em todos os sentidos da palavra...), um clássico entre todos eles, a estigmatização dos ricos que "sugam o sangue do proletariado". Quanto ao centro no poder, este se contentou com alinhar argumentos técnicos que provariam, segundo ele, a imperativa necessidade da reforma, mas como durante dois anos deixou correr solto o "não importa quanto vai custar" sem se dar ao trabalho de fazer a mais ínfima economia orçamentária, muitos franceses deduziram então que o dinheiro lhes tinha sido ocultado, que os déficits e a dívida eram uma piada, de modo que no final o governo só conseguiu convencer a si mesmo, sem jamais obter a adesão de uma maioria do povo ou mesmo da Assembleia.

Estou convencido de que vivemos uma mudança de época, uma falha na civilização em que a "grande demissão" (*big quit*) e a "demissão silenciosa" (*quiet quit*), como dizem 50 milhões de americanos que denunciaram seu contrato de trabalho durante a pandemia, mas também, como pano de fundo dessas demissões, a busca frenética da felicidade pessoal, a exaltação desculpabilizada do narcisismo e do cuidado de si em detrimento do bem comum e do cuidado dos outros, são os sintomas mais profundos. Esses temas formam um todo bastante coerente para alimentar hoje o sucesso das teorias do desenvolvimento pessoal e da psicologia positiva. Ainda é preciso, para compreender seu impacto em nossas democracias, ligá-los a uma tectônica das placas de uma profundeza ainda insuspeita.

Em palavras bem mais simples: se "Deus está morto", como já pretendia Nietzsche, e se Marx o acompanhou no túmulo, e falando de maneira ainda mais clara, se não creio nem na ressurreição dos corpos, nem na revolução, se em consequência não tenho mais a esperança de uma "segunda vida" num futuro radiante nesta terra ou no céu, logo não tenho mais razão alguma para adiar minha busca da felicidade aqui e agora. Sendo assim, por que então eu deveria aceitar perder minha vida para ganhá-la, arruiná-la num trabalho pouco valorizante e que além do mais é desprovido de sentido, tendo como único motivo o de garantir finais de meses no final das contas difíceis? Minha segunda vida não virá nem depois do triunfo da revolução social, nem depois da minha morte, mas simplesmente depois da minha vida profissional, então nem pense em mexer com minha aposentadoria! Se os auxílios do Estado me permitem, nem que seja por um tempo, e se consigo me organizar abandonando uma cidade grande para me estabelecer numa região mais acolhedora a fim de trabalhar por conta própria para complementar esses auxílios, eu seria bem idiota de continuar como antes, ainda que meu patrão tenha a delicadeza de aumentar meu salário em 10%! Daí, para fechar este quadro voluntariamente traçado de forma sucinta, o projeto, para mim indecente, mas lógico numa ótica rentabilista, de legalizar os trabalhadores estrangeiros em situação irregular para oferecer às empresas mão de obra mais dócil e barata...

Vamos agora, depois dessa breve observação sobre a atualidade, nos aprofundar nas coisas.

Da felicidade adiada à felicidade imediata ou do princípio de realidade ao princípio de prazer

Durante séculos, a ideia que dominava a vida dos mortais era a da necessidade de trabalhar antes de usufruir dos frutos de seu trabalho, esforçar-se para realizar os objetivos que tinham em mente. O trabalho, como já indica sua etimologia provável (*tripalium*, um instrumento de tortura...), já aparecia sob muitos aspectos como uma corveia, e até como uma punição de acordo com a Bíblia, mas apesar disso era considerado como uma necessidade, não apenas para "ganhar a vida", mas também para se educar, aprender, se aperfeiçoar, se tornar melhor e, por que não, visar a excelência em seu campo. Mesmo quando cansativo ou pouco valorizante, e até ambos, ele permitia ao menos se relacionar com os outros, aumentar a riqueza e a prosperidade de seu país e ainda garantir as necessidades de uma vida familiar que sem ele não poderia prosperar. Como diz Victor Hugo no poema utilizado como epígrafe, no trabalho nós éramos ao mesmo tempo "condenados" e "livres", sob o jugo talvez, mas ainda assim em vias de nos emancipar dos particularismos ligados ao enraizamento ao pedaço de terra, de nos libertar do erro e da mentira. Na escola, embora por vezes muito entediante, ainda assim ele era o único meio de entrar no mundo dos adultos, de penetrar no universo do conhecimento e, sob muitos aspectos, isso valia a pena. Ao visar na medida do possível objetivos elevados fixados por programas nacionais, ele era um vetor de sucesso, e mesmo a base de uma felicidade, certamente adiada, mas por essa mesma razão mais sólida e mais legítima. Essa mensagem não era apenas a da Bíblia, que condena os humanos a ganhar seu pão com o suor de seu rosto, era também a de uma escola laica e republicana outrora ainda dominada por valores meritocráticos tanto quanto pela preocupação com uma excelência cujo prêmio prestigioso trazia aliás o nome. Seu ensino constituía a base de uma sociedade que remetia as alegrias e as diversões para mais tarde, mas que pretendia, no entanto, garanti-las: para os alunos depois da aula, para os operários depois da aposentadoria, para os comunistas depois da revolução ou para os que acreditam no céu, depois da existência terrena!

No colégio como na fábrica, no campo como no escritório, os humanos eram convidados a viver no princípio de realidade, um princípio que não se opõe ao princípio de prazer, como erroneamente acreditou Marcuse, mas que propõe adiar a busca das satisfações imediatas a fim de lhes dar muito mais base e valor. Para ilustrar com a imagem de um conto bem conhecido, o dos *Três porquinhos*, os humanos partilhavam a visão do terceiro porquinho, aquele que adia os prazeres para construir uma casa bem sólida, e não a do primeiro que se contenta com uma casa de palha para tão logo ir brincar embora correndo o risco de ser devorado pelo lobo! Não estou dizendo que tudo era perfeito nessa visão de mundo, longe disso. Ela era por vezes, ou quase sempre, mal justificada inutilmente penosa e repressiva, ligada a desigualdades pouco toleráveis. Eu mesmo deixei o colégio por essa razão, porque a mediocridade de algumas aulas associada ao autoritarismo imbecil dos vigias tornara-se para mim insuportável. Não foi por prazer que eu, a partir do primeiro ano do ensino médio, continuei meus estudos por correspondência embora meus pais, que não tinham estudado, não pudessem me ajudar muito, mas porque uma atmosfera de caserna irrespirável reinava em meu colégio e que os professores, com raras exceções (mas existiram, e foram mais do que preciosas!), me aborreciam enormemente. Se me permito esse comentário pessoal é a fim de mostrar o quanto compreendo as críticas feitas ao velho mundo, a vontade de por vezes chutar o balde, de se revoltar para denunciar seus excessos e falhas. Não deixo de lado também que certas atividades são penosas e que em geral são também as menos bem remuneradas no plano material bem como simbólico. Mas no final resta que a valorização do trabalho ainda assim tinha algum sentido. Ela tinha o mérito de fixar à existência humana objetivos tão elevados quanto honrosos porque abertos ao mundo, ao conhecimento, às ideias de progresso e de excelência, ao bem comum e ao cuidado dos outros.

Mas hoje, pelo menos em nossa velha Europa (na maior parte dos países emergentes, em particular na China e nos países do Sudeste Asiático, as coisas são bem diferentes...), essa visão de mundo está se esfacelando. Pouco a pouco, passamos da lógica da felicidade adiada à reivindicação de uma felicidade imediata, fácil de adquirir aqui e agora, se possível "em 15 lições", com a ajuda de um *coach* cheio de gentileza que lhe prometerá uma "vida perfeita"[1], sem esforço e sem demora. Mas essa mudança de perspectiva abala de ponta a ponta nossa relação com inúmeras dimensões da existência: primeiro, é evidente, com o trabalho (*"Por que eu deveria me contentar com um trabalho que não me agrada se a questão é ser feliz aqui e agora?"*); ela também abala nossa concepção da educação escolar (*"Quantos aborrecimentos e esforços são realmente necessários? Por que visar ainda a excelência enquanto, como afirma o Ministério da Educação, o 'bem-estar dos alunos' é agora uma prioridade?"*); mesma coisa quando se trata da saúde (*"Se temos apenas uma vida, se o bem-estar é o principal critério que a política deve levar em conta, não é necessário colocá-la antes das liberdades, antes da economia, nem que seja ao preço de confinamentos acompanhados de regras às vezes surreais a exemplo dessas autorizações de saídas que as próprias pessoas assinavam?"*). É até nossa relação com a realidade que se encontra de cabeça para baixo em nome desse frenesi da felicidade que conduz à invenção de mundos virtuais, os famosos "metaversos" que logo vão nos oferecer uma "segunda vida" mais alegre, mais bem-sucedida e mais valorizante para nosso "avatar" do que nesta "verdadeira realidade" com a qual temos cada

1. Cf. sobre essas promessas o excelente livro de Roger-Pol Droit (2005).

vez menos certeza de que precisamos nos resignar uma vez que que não há mais depois", que esta vida terrena é a única que nós devemos levar em conta aqui e agora.

Voltaremos ao assunto, e voltaremos com mais profundidade neste livro sobre a desconstrução das religiões do céu e da terra, das visões de mundo que prometiam um futuro radiante e uma segunda vida aos mortais. Questionaremos as metamorfoses do tempo presente que essa desconstrução engendra, suas causas e as consequências resultantes desse frenesi da felicidade, bem como as questões morais, políticas e espirituais que ele nos coloca e que certamente abordo de maneira rápida nesta introdução. Permitam-me, no entanto, esclarecer ainda a natureza do abismo civilizacional e psíquico que separa a lógica da felicidade adiada daquela da felicidade imediata: para mim o ponto é crucial para a boa compreensão da época que se abre diante de nós e implica também uma nova relação consigo, na verdade um cuidado de si que culmina numa estranha exaltação do narcisismo oposto ao espírito de sacrifício.

Tornar-se narcísico, aprender a viver no presente e desconstruir o espírito de sacrifício para aceder à felicidade aqui e agora

Conquistados ao ideal da desconstrução das grandes ideologias sacrificiais que, segundo eles, arruínam nosso "direito à felicidade", os livros de psicologia positiva e de desenvolvimento pessoal não param, com efeito, de defender que nos "tornemos enfim narcísicos" [*sic!*], para que nos "deixemos em paz"(mais um *sic*![2]), para que "acabemos com a ideia de sacrifício" (e mais um *sic*![3]), que nos livremos também do valor do trabalho em benefício de um direito imprescritível à preguiça considerada como uma condição essencial do bem-estar e, para completar, que abandonemos, evidentemente, a busca da excelência na escola (como se isso já não acontecesse[4]...). É partindo dessa convicção, para mim dramaticamente errônea, que a imposição para se tornar narcísico tornou-se um refrão onipresente nos discursos do frenesi da felicidade, a exaltação ao personagem de Narciso apresentado como um modelo de vida que permite excluir sem maiores inquietações a noção de altruísmo, bem como toda espécie de moral do dom de si em benefício dos outros e do bem comum. Sendo assim, no livro de Fabrice Midal, *Devenez narcissique. Et sauvez votre peau!* [Torne-se narcísico. E salve sua pele!], há um capítulo intitulado: "Narcisse, mon

---

2. Estes são os títulos de dois livros de Fabrice Midal, um dos muitos representantes desse movimento de felicização do mundo.

3. Em um libelo de Fabrice Midal (2019), *Devenez narcissique. Et sauvez votre peau!* [Torne-se narcísico. E salve sua pele!], há um capítulo com o título altamente significativo: "Se sacrifier pour autrui est une très mauvaise idée" ["Sacrificar-se pelo outro é uma péssima ideia"]. Infelizmente, a essência do capítulo está em sintonia com seu título. Abordo este tema mais adiante.

4. Cf., por exemplo, o livro de Tal Ben-Shahar (2010) *L'Apprentissage de l'imperfection* (A aprendizagem da imperfeição). Em quase todas as páginas ele nos convida – como depois dele quase todos os livros de psicologia e educação "positivas" – a não "querer ser perfeito", a "renunciar à excelência", a abandonar a ideia, evidentemente atroz, de querer "disciplinar nossos filhos" etc. Sob esse ponto o livro de Fabrice Midal (2018), *Foutez-vous la paix!* é uma obra-prima de renúncia. O fato de ter feito tanto sucesso é um dos sinais preocupantes, uma vez que está surfando numa onda que com certeza ele não inventou, mas da qual se beneficia habilmente...

modèle"! [Narciso, meu modelo"!] Nesse capítulo o autor expõe com seriedade a extensão de sua descoberta:

> Não disponho de um método acabado, ele nos diz, disponho de muito mais do que isso: um modelo, Narciso, do qual me apropriei. Por muito tempo não ousei confessá-lo: faltava-me a coragem de enfrentar o pensamento dominante segundo o qual o mal de que sofre o mundo é o individualismo, o egoísmo e, injúria suprema, o narcisismo... O despertar narcísico foi para mim o equivalente ao beijo dado pelo príncipe encantado na Bela Adormecida para tirá-la de seu longo sono (Midal, 2019).

Mas é claro! No próximo capítulo examino com mais profundidade a natureza exata desse modelo, seu antigo significado na mitologia grega, e aquele que a psicologia positiva quer lhe dar hoje ao distorcer o passado de maneira despudorada. Por ora peço apenas que meu leitor observe que o cuidado do bem comum, do coletivo, é tão logo apresentado pela maioria dos teóricos do desenvolvimento pessoal como um engodo, e até como uma herança do stalinismo e do nazismo (apenas isso!), ou seja, como um dos traços mais detestáveis do totalitarismo do qual nossa ideia republicana, inclusive na escola, seria segundo eles somente a herdeira. Para mostrar que não estou inventando nada, sugiro uma reflexão sobre mais esta passagem bem típica do livro citado:

> O discurso dominante, político, econômico e moral em nossas sociedades ditas democráticas ainda nos pede, como Hitler e Stalin, que nos

> sacrifiquemos pelo coletivo, pelo bem comum – do sistema, do grupo, da família, da empresa... Eu diria que evocar as noções de altruísmo, referir-se ao coletivo, à noção de dever, arruína a possibilidade de uma verdadeira política ética que se apoia em indivíduos livres e conscientes de sua liberdade (Midal, 2019).

Hitler e Stalin, modelos de altruísmo desse cuidado do bem comum e desse espírito de sacrifício com os quais seria urgente romper, uma vez que ele ainda domina nossas sociedades democráticas? Seria cômico e eu não lhe daria nem um segundo de atenção se centenas de livros, de aplicativos, de conferências e de seminários não exaltassem num registro idêntico o cuidado de si, incentivando-nos a sobretudo não nos perdermos no cuidado dos outros. Segundo eles, é praticando "o amor a si mesmo" que sairíamos da depressão e do pessimismo que dominam "o indivíduo moderno", é conseguindo amar a si mesmo como um outro que poderíamos nos libertar dos constrangimentos que envenenam nossa vida.

Um cuidado dos outros que passaria apenas pelo cuidado de si?

E se fosse exatamente o contrário? Se os sofrimentos, e até as patologias, desse famoso "indivíduo moderno" que deve tomar Narciso como modelo viessem justamente de sua dificuldade para se evadir do seu ego? Talvez ele se sentisse melhor se conseguisse não pensar tanto em si, se encontrasse uma ocupação voltada para os outros. Nada é mais significativo, a esse respeito, do que o testemunho desses humanitaristas que, deprimidos de tanto remoer suas preocupações de privilegiados vivendo em sociedades pacíficas, deram um sentido à sua vida cuidando dos outros. Por iniciativa do fotógrafo Roger Job foi publicada, em dezembro de 1994, uma emocionante coletânea de cartas que esses médicos enviavam para suas famílias, para seus colegas ou seus amigos, breves textos anônimos que não foram redigidos para serem divulgados, o que os torna ainda menos suspeitos de narcisismo. Não há nada de grandiloquente nesses testemunhos, e ainda assim há sempre, onipresente nas entrelinhas, a lancinante questão do sentido da vida, do autossacrifício em toda humildade, para além de qualquer espécie de egocentrismo, como nessa carta que Serge, que está na Somália, escreve a seus pais em março de 1982: "O trabalho é extenuante, mas fico extremamente feliz por ser médico e percebo que tudo o que me fez resmungar durante sete anos finalmente serve para alguma coisa. A experiência que vivo aqui é fantástica. Reaprendo a viver..." "O paraíso são os outros", dizia-me muitas vezes Emmanuelle, uma fórmula que, aliás, serviu de título a um de seus livros, e me parece que ela não estava errada. É verdade que ela encarnava o oposto absoluto de Narciso e de seu cuidado de si...

No entanto, segundo nossos teóricos do frenesi da felicidade, na perspectiva narcísica de uma desconstrução da ideia de altruísmo, o indivíduo que se pretende livre dos jugos sacrificiais descobriria enfim que ele tem muito mais direitos do que deveres para com um interesse geral reduzido ao estatuto pouco invejável de uma cenoura pendurada numa varinha destinada a nos impedir o acesso à felicidade. É nessa perspectiva que Fabrice Midal – e se o cito mais uma vez é como um sintoma representativo dessas correntes de pensamento situadas no cruzamento da psicologia positiva e do desenvolvimento pessoal – nos convida a uma desconstrução radical da noção de ação desinteressada, uma ilusão funesta segundo ele "promovida pela moral cristã e reforçada pela moral de Kant", as ideias de "dom puro" sendo para ele não apenas absurdas, mas absolutamente prejudiciais, porque, ainda segundo ele:

> Existe uma maneira bem diferente, bem mais alegre e bem mais útil de ajudar os outros: "eu o ajudo porque me ouvi, e porque sei que ajudá-lo me faz bem", a extrema compaixão sendo apenas um estágio superior desse interesse por si mesmo (Midal, 2019).

Como escreve nesse mesmo sentido Jonathan Albrecht (2024) num outro livro de sucesso, *Les cinq piliers de la psychologie positive* [Os cinco pilares da psicologia positiva]: "Preste atenção em você mesmo e sempre coloque suas necessidades acima das dos outros!" Grandioso, com efeito, e de fato claramente nos antípodas do "dom puro" e da "ação desinteressada", essas ideias obsoletas de outro tempo, o dessa arcaica moral republicana, herança do nazismo e do stalinismo, com a qual é urgente acabar tanto na escola quanto no espaço público e político...

Altruísmo por puro egoísmo, cuidado dos outros por cuidado de si, portanto, segundo uma visão moral do mundo utilitarista cuja consequência é, logicamente, simplesmente a seguinte: se ajudar alguém não me beneficia, se eu me ouço e isso não me faz bem, não espere nada de mim! Já aconteceu de eu cuidar de uma pessoa muito idosa que tinha, como dizem, "perdido a cabeça". Eu o fiz porque devia fazê-lo, porque era o único meio de conservar uma parte de humanidade em sua vida, e de forma alguma porque isso me fazia bem. Na verdade, era o contrário: eu considero a idade avançada, quando as pessoas não têm mais consciência do que dizem, bem angustiante. Cuidar delas para tentar por todos os meios conservar um contato digno de uma relação ainda humana toma tempo e corrói o moral. Claro que se tivesse ouvido meu ego e os princípios da psicologia positiva que acabo de citar eu teria ido de imediato para uma praia ensolarada com um bom livro e um mojito. Se não o fiz, foi porque sem mim essa pessoa teria sido colocada numa casa de repouso onde sei que teria sido infinitamente infeliz. Portanto, humanamente era o que devia ser feito. Espero que você me perdoe por relatar esse momento de vida pessoal e que compreenda que não é evidentemente por imodéstia, para ser um exemplo. Não tiro nenhuma glória, nenhum mérito, e sim o sentimento; na verdade, a convicção de que, se quisermos que nosso mundo conserve um mínimo de humanidade, o cuidado dos outros deve às vezes triunfar sobre o cuidado de si, uma vez que certo sentido do sacrifício constitui sua indispensável contrapartida. O dia em que cada um ouvir apenas seu umbigo antes de saber se é preciso ajudar seu próximo ou deixá-lo para lá, o dia em que saber se "isso me faz bem ou não" for o único critério da relação com o outro, viveremos num mundo simplesmente atroz.

As ideologias da felicidade adiada apoiavam-se, e é exato, em éticas do dever e do altruísmo, num cuidado do bem comum, assim como também nos convida o imperativo categórico kantiano, do universal, o que supunha, com efeito, que pelos outros e pelo interesse geral sacrificássemos às vezes nossos interesses particulares. Era tão desastroso assim? Era uma antecipação do nazismo e do stalinismo? Duvido. Para falar a verdade, penso exatamente o contrário, ou seja, que se há um desastre se desenhando no horizonte, é aquele que nos ameaça quando, sem pudor algum, iniciam uma "desconstrução" radical dos valores republicanos de meritocracia e de busca da excelência em nome de uma exaltação do narcisismo e do projeto de colocar de maneira sistemática suas necessidades acima da dos outros. Porém, mais uma vez, não há mal-entendido, nem crítica sem fundamento, seria demasiado fácil: ninguém está exigindo desprezo, nem mesmo ódio de si. Os seres que odeiam a si mesmos são em geral um perigo público. Mas somos por isso obrigados a ir para o outro extremo? Entre desconfiar do ódio de si e se amar como Narciso, entre se esquecer de si a ponto de se maltratar e "sempre colocar suas necessidades acima das dos outros", qualquer indivíduo dotado de um mínimo de bom-senso compreenderá que existe o que Aristóteles chamava de uma "justa medida", um meio-termo que ele definia, não como uma zona cinzenta sem sabor nem cor, e sim como uma forma de excelência.

O narcisismo como condição do cuidado dos outros? Amar-se como se ama os próprios filhos como condição de uma abertura ao outro?

Claro, retomaremos esse assunto no próximo capítulo, nossos defensores do "cuidado de si antes dos outros" tentarão diferenciar o narcisismo de um egoísmo bestial. Defendê-lo sem reservas também não causaria uma boa impressão. Os partidários da revalorização do mito de Narciso vão, portanto, colocar água na fervura, vão explicar que não é preciso imitá-lo, "que ser narcísico não é ser egoísta, é saber se respeitar", como diz Fabrice Midal. Não vou apenas levar em conta seus esclarecimentos, mas citá-los para que você possa julgar por si mesmo. Como demonstrarei de forma argumentada, a filosofia utilitarista e desconstrucionista, nesse ponto explicitamente anticristã e antikantiana, que subtende essa ideologia destina ainda assim por definição sua tentativa ao fracasso: impossível tomar Narciso como modelo sem defender o egoísmo, sem colocar de maneira sistemática suas preocupações acima das dos outros, sem garantir o primado de seus interesses particulares sobre o interesse geral, sem denunciar portanto o altruísmo, como aliás acabamos de vê-lo e como o fazem de maneira explícita e constante as ideologias do frenesi da felicidade.

Além do mais, como escreve Fabrice Midal, o narcisismo é inseparável de um amor incondicional por sua própria pessoa antes de qualquer outra consideração:

> Amar a si mesmo, garante ele em seu livro, consiste em se dizer "sim" com ardor e benevolência,

> de maneira aberta, inteiramente sim, e não em parte. [...] Bem poucos de nós são capazes de se amar! Eu mesmo ainda tenho muito a fazer nessa direção: a ladeira é sempre escorregadia e muitas vezes meu senso de dever continua a me conduzir, sem nem perceber, a me sacrificar e com a possibilidade de me maltratar. Admito que para mim às vezes é difícil me amar inteiramente, me dizer um "sim" caloroso e incondicional, confiar plenamente em mim. Contudo, é preciso que eu seja meu melhor amigo (Midal, 2019).

Para ser franco, quando leio algo assim, belisco-me para ter certeza de que não estou sonhando. Maldito senso de dever e de sacrifício que vêm de maneira estúpida perturbar um amor a si mesmo tão legítimo! Dedique-se um pouco mais, caro Fabrice, e estou certo de que você conseguirá não apenas "se deixar em paz", para retomar o título de um de seus livros, e o que é ainda melhor, não dar a mínima aos outros, e então tudo estará bem: livre de qualquer espírito de sacrifício, de qualquer ideia de dever, de dom de si e de bem comum, você poderá enfim colocar suas necessidades e seus desejos acima das dos outros. Não há qualquer egoísmo, é claro, em tudo isso, apenas um justo e legítimo "respeito por sua pessoa"...

No próximo capítulo veremos também, sempre apoiado em citações, como Christophe André, um dos heróis da psicologia positiva, vai ainda mais longe do que seu colega propondo-nos conseguir nos amar, não apenas como faria um amigo, mas como um pai ou uma mãe de família amam seu filho – um ideal para o qual ele até forjou uma palavra: "autopaternidade" ou "autoparentalidade". Quero deixar claro desde já o quanto acho esse projeto absurdo, até mesmo delirante. Com meus filhos, minha experiência é rigorosamente inversa: são com certeza os seres pelos quais eu seria capaz de me esquecer de mim sem reserva alguma, de me colocar em segundo plano, de colocar os interesses deles acima dos meus a ponto, se necessário, de dar minha vida por eles. Aliás, tenho certeza de que a maioria dos pais que me leem neste momento partilhará do meu sentimento. A experiência do amor aos filhos parece-me ser por excelência, e eu não sou crente, aquela que nos permite ter uma ideia concreta do que os cristãos chamam de "ágape", um amor gratuito e desinteressado pelo menos na perspectiva de que o cuidado do outro vem antes do cuidado de si[5].

O que já está bem claro, sem avançar muito por ora, é que esses três temas que acabo de mencionar brevemente – a exaltação de Narciso erigido como modelo, a hostilidade ao altruísmo como ao espírito de sacrifício associado a uma desconstrução radical das filosofias da felicidade adiada – formam um todo coerente. Em seu conjunto, eles conduzem de forma muito natural a uma nova relação com o trabalho, a uma espécie de sacralização do "presentismo", a uma busca da felicidade que supõe que aprendamos enfim a "saborear o

5. Será que é porque temos algum interesse, como acreditam os materialistas e os utilitaristas? A pergunta é pertinente, claro, e voltarei a ela, assim como voltarei à natureza muito particular, diferente de qualquer outra, desse tipo de amor que me parece tornar o projeto de "autoparentalidade" um raro absurdo.

instante presente", uma visão de mundo que se alimenta de bom grado de um retorno, com certeza muito insosso e banalizado para não cansar inutilmente o leitor apressado em aceder sem demora à felicidade, às sabedorias antigas como o estoicismo, o espinosismo e o budismo – referências prestigiosas que impressionam aqueles que, por não terem cultura filosófica, não têm evidentemente o tempo de avaliar a pertinência da leitura que esses novos gurus lhes dão.

"Todos os seres humanos buscam desesperadamente a felicidade" (Kant)

Evitemos, todavia, um mal-entendido: não se trata é claro de negar o fato de que todos os seres humanos buscam ser felizes e não infelizes, e nem de dizer que essa preocupação, por menor que seja, seria ilegítima ou condenável. Não há necessidade, como dizia o professor de minha infância, de "ser engenheiro" para compreender essa evidência. Assim como preferimos em geral ser jovem, bonito e rico, e não velho, feio e pobre, eu gostaria de saber quem poderia ser rigorosamente "contra a felicidade", contra a alegria de viver, hostil aos prazeres da existência, ao que os filósofos antigos chamavam de "o soberano bem" ou a "vida bem-aventurada". As ideologias do frenesi da felicidade por e para si se referem de bom grado a essa sentença de Epicuro que se encontra na *Carta a Meneceu*: "É preciso meditar sobre o que a felicidade oferece, uma vez que, ela presente, nós temos tudo, e ausente, fazemos tudo para tê-la". O problema é que essa sentença é falsa, simplesmente falsa. Com a felicidade não temos necessariamente tudo, longe disso. Podemos também ser um imbecil feliz, e até um canalha contente com seu destino. No mais, se pensássemos realmente que a felicidade basta, que é o único objetivo da existência humana, nosso ideal poderia ser também o de uma ostra: desde que não houvesse nem pescador, nem glutão, nem vinagre ou limão no horizonte, claro que não podemos sonhar com nada semelhante à "ataraxia", ausência de perturbação. Por contraste, está bastante claro que a lucidez nem sempre nos mergulha na beatitude. Como dizia Kant, com certa razão, "se a Providência quisesse que fôssemos felizes, ela jamais nos teria dado a inteligência". Apesar disso, fora as patologias graves, depressão severa ou masoquismo agudo, todo mundo, com efeito, assim como esclarece Kant como contraponto à asserção que acabamos de ler, deseja ser feliz, eu em primeiro lugar.

É portanto por uma facilidade meramente polêmica que certos mercadores da felicidade pretendem que haveria, de um lado, filósofos da alegria – Buda e Lao Tsé, Epicuro, os estoicos, Montaigne e Espinosa –, que assim como numa publicidade, dizem "sim" à vida e, de outro, os carrancudos, rabugentos e os ranzinzas que, de Kant a Freud passando por Schopenhauer[6], diriam "não" para se comprazer obstinadamente na infelicidade. Absurdo! Pois estes últimos fazem

6. Ao contrário do senso comum dos pseudossábios, Schopenhauer foi um dos teóricos mais entusiastas da alegria e da felicidade, justo ele que passou dez anos de sua vida escrevendo uma obra cujo título seria *Eudemônica* e que redigiu, no rastro do budismo, sendo o primeiro filósofo ocidental a levá-lo a sério, um pequeno tratado intitulado *A arte de ser feliz*.

parte daqueles que, como eu, pensam que, para além dos prazeres, dos momentos de alegria e dos períodos de serenidade que por sorte a vida pode nos oferecer, a busca frenética de uma felicidade apresentada como estável e constante porque dependeria somente de nosso "estado de ser interior" é uma ilusão funesta, para não dizer uma impostura. A verdade é que a menos que mergulhemos num narcisismo patológico, num egocentrismo psicótico, nossos momentos de alegria dependerão sobretudo dos outros e do estado do mundo. Como o ideal estoico de uma felicidade centrada apenas na sua sabedoria interior é inacessível, ele se torna rapidamente culpabilizante e, além do mais, não é à toa que o próprio Epiteto num lampejo de lucidez acabou por reconhecer que com certeza um sábio estoico jamais existiu no mundo real. Estou convencido de que um olhar lúcido sobre nossa condição de mortais é o único meio de aceitar sem fugir da raia o caráter intrinsecamente trágico de nossas existências – trágico não querendo dizer triste, aborrecido ou infeliz, mas tão somente mesclado tanto de alegrias quanto de dilacerações e de contradições, porque destinado em última instância à morte.

Fugir da infelicidade, buscar a alegria e a serenidade é uma evidência para todo ser humano, na realidade para todo ser vivente, mas mostrarei neste livro por quais razões imaginar que uma felicidade constante e estável é possível a despeito dos outros e das realidades do mundo, por meio de exercícios de sabedoria autocentrados, é dramaticamente ilusório. Cair nessa fantasia narcísica, funesta e patógena, é mentir para si mesmo, e mentir para os outros, a busca de uma vida boa, livre e sensata não se confunde de forma alguma com uma felicidade independente do estado do universo que nos cerca e dos humanos que o povoam. Não se trata de desencorajar aqueles que querem ser felizes, ou seja, todos nós, e sim de propor um outro caminho para a sabedoria, para o que chamo de "espiritualidade laica", para uma definição da vida boa que não se identifica com a única busca obsessiva da felicidade.

As causas e as consequências dessa falha de civilização

A questão básica, aquela que será uma das linhas fundamentais deste livro, é então a seguinte: O que aconteceu para que chegássemos neste ponto, para que mensagens exaltando desenfreadamente o narcisismo possam ser recebidas, não como um retorno ao que Freud decerto teria considerado como uma visão pueril da existência, e sim como um novo caminho para a sabedoria e a vida boa? E para além das explicações quanto à causalidade, quais são as consequências em nossas vidas da vitória abrangente desse frenesi da felicidade? É a essas duas questões, a das causas e a das consequências, que meu livro tenta responder, pois trata-se realmente de uma mudança de civilização. Diante do mundo que está surgindo, minha convicção é que nossa velha Europa deverá tomar como modelo muito mais a coragem das mulheres iranianas ou dos manifestantes chineses que arriscam suas vidas em nome da liberdade, da deles e a dos outros, do que o narcisismo infantil e a hostilidade ao espírito de sacrifício reivindicado despudoradamente pelas ideologias que hoje fazem da busca da felicidade pessoal o começo e o fim de toda vida humana. Penso que deveremos revalorizar as virtudes do trabalho, desde que ele tenha certamente sentido e que seja realizado em condições adequadas, pois estou persuadido de que teremos de defender como nunca as liberdades ameaçadas pelos impérios totalitários e as teocracias que a cada dia que passa ganham cada vez mais espaço no mundo. Nossa civilização, que foi a do Iluminismo, da revolução científica, da democracia, dos direitos humanos e da emancipação das mulheres, precisará como nunca do cuidado dos outros e do bem comum, valores esses que tais ideologias de maneira aberrante nos chamam a "desconstruir".

Nossa velha Europa estaria em declínio?

Constato com estupefação que no interior de nossas democracias, bem como no exterior, em seus inimigos declarados, o diagnóstico é no fundo o mesmo: segundo os pessimistas, nossa velha Europa, e com ela todo o Ocidente, teria entrado num processo de decadência irreversível. Na própria França, inúmeros pensadores, muitas vezes entre os mais influentes ou os mais talentosos, como por exemplo Michel Onfray (2022), Alain Finkielkraut (1987), Douglas Murray (2018), Patrick Buisson (2021), nos garantem que "era melhor antes", que "as civilizações são mortais", que vivemos o colapso dos valores tradicionais do humanismo, que estamos em plena decadência, para não dizer em via de extinção, e que o mundo de amanhã, que será chinês, russo, coreano, iraniano e indiano, já zomba de nossa prostração pela apatia e a facilidade. Embora reconhecendo os defeitos de nossa época (mas qual não teve os seus?), passei pelo menos décadas a matizar o célebre tema do "declínio do Ocidente"[7]. Como gosto de ir direto aos fatos, de não me contentar com julgamentos dados ao acaso por estar na moda, muitas vezes citei nos meus livros os trabalhos de pesquisadores sérios que, fiéis à herança do Iluminismo e à ideia de progresso, mostravam, com base em fatos e argumentos, que nosso mundo, apesar de todos seus defeitos, ainda assim estava infinitamente melhor do que nos anos de 1930, 1960 e mesmo 1970: afinal, Hitler e Stalin estão mortos e enterrados, assim como a Revolução Cultural Chinesa, que provocou a morte de cerca de 60 milhões de pessoas, e a democracia, aos trancos e barrancos, ganhou desde os anos de 1960 espaço no próprio coração da Europa, em Portugal, na Espanha e na Grécia, mas também nos países do Leste e na América Latina. Para além da oposição entre otimistas e pessimistas, uma oposição que sempre julguei caricatural, para não dizer indigente, limitei-me à ideia de que a história é trágica, plena de contradições, e que a época contemporânea, como qualquer outra, também tem as suas, embora no geral ainda avance mais em relação às anteriores.

Penso que esse julgamento, que vem matizar, e até contradizer, o pessimismo da decadência sem, no entanto, cair num otimismo beato, ainda pode ser debatido. No entanto,

---

7. Um tema na verdade tão antigo quanto recorrente, uma vez que foi lançado por Spengler nos anos de 1930.

devo confessar que, por outras razões com certeza diferentes dessas que animam em geral os discursos antimodernos de nossos especialistas em declínio, hoje fiquei em dúvida. Quando observo a enxurrada desses milhares de artigos, livros, seminários, aplicativos e revistas que elevam a busca da felicidade individual à posição de única finalidade da existência, que estigmatizam o espírito de sacrifício e despudoradamente exaltam o narcisismo, pergunto-me se uma crise da consciência europeia não está tentando nos entregar sem escolha à brutalidade desses países "iliberais" que se preparam para dominar o mundo. Temo realmente que essas nações emergentes, que trabalham, como vemos no rastro da guerra na Ucrânia, para a recomposição de um mundo cuja dureza só terá como equivalente seu ódio pela democracia ocidental, não vão tirar partido desse cuidado de si molengão e fofinho que parece se apoderar sem resistência de um *Homo democraticus* já freneticamente preocupado com seu umbigo.

Não ignoro que os partidários da psicologia positiva e do desenvolvimento pessoal contestarão esse julgamento, que todos rejeitarão a acusação de egocentrismo[8]. No mais, eu detestaria, e digo isso aqui sem qualquer ironia, chocar ou ferir as pessoas que pensam sinceramente que as mensagens de seus "*coachs* da felicidade" lhes fazem bem. Eu diria a elas que apenas considerassem com calma os argumentos que me

8. Cf., entre tantas outras, a opinião de Fabrice Midal, que "não consegue acreditar quando [ele ouve] nossos especialistas repetirem que nossa época é a do sujeito-rei, individualista e narcísico, acima de tudo preocupado com seu próprio bem-estar". Se considerarmos que essas palavras foram tiradas de um livro intitulado *Devenez narcissique. Et sauvez votre peau!*, é difícil não rir...

proponho a examinar neste livro em sua companhia. Eu as faria observar também que existe uma quantidade de coisas que nos fazem bem no momento, mas que não deixam de ser desastrosas no final: a droga, o álcool, o tabaco, os excessos de todos os tipos, de preguiça, de orgulho, de vaidade, de velocidade, de *videogames*..., essas transgressões que no início têm seu charme, mas que no final custam caro. Não digo isso ao acaso: vários estudos de campo mostram que uma busca frenética da felicidade muitas vezes conduz a decepções, pois um ideal impossível de atingir suscita em geral um forte sentimento de frustração, e até de culpa, e isso tanto mais que um dos refrões dos mercadores de felicidade é que esta última é acessível a todos, que depende somente de nós, e de maneira alguma do estado do mundo exterior, o que é tanto mais culpabilizante porque é sem dúvida falso, pelo menos para alguém que não caiu totalmente no narcisismo[9]. Para falar como Boris Cyrulnik (2022), muitas vezes estamos inclinados a escutar mais os "comedores de vento" do que os "lavradores", mais próximos dos mercadores da felicidade a jato do que das reflexões e dos trabalhos de base.

A Europa do Iluminismo, a de Voltaire e dos enciclopedistas, trazia um ideal de civilização que valorizava a liberdade, a luta contra a tirania, contra o obscurantismo religioso e a superstição. Eles defendiam o papel emancipador do trabalho, o respeito às competências, a grandeza e mesmo a

---

9. Cf. sobre esse ponto, consulte meu livro *7 façons d'être heureux* (2016), no primeiro capítulo do qual cito os muitos estudos que comprovam que uma busca obsessiva pela felicidade com certeza o deixará infeliz.

beleza dos conhecimentos científicos e filosóficos que uma educação republicana orientada para a excelência tinha como objetivo que fosse adquirida pela maioria. Como fazer viver e progredir esse ideal se ele se torna explicitamente o alvo de um narcisismo elevado, sem brincadeira, à posição de um modelo ético, se a preocupação com a felicidade pessoal se torna nossa única bússola, se de todo lado nos convidam a renunciar ao cuidado do interesse geral em nome de um utilitarismo barato?

Ainda há tempo para uma reação? Em que ela poderia se basear?

Não creio na possibilidade de uma reação sem espiritualidade nem relação com o sagrado. Mas ao contrário de uma opinião comum, o sagrado não se reduz a ser o oposto do profano, não é, ou não somente, o religioso, é sobretudo aquilo pelo qual poderíamos nos sacrificar, dar a vida, ou seja, o lugar do sacrilégio e do sacrifício possível; nesse sentido ele foi também o principal motivo de guerra numa história humana que conheceu suas três faces essenciais: Deus, a pátria e a revolução, entidades que foram durante muito tempo, e em certas regiões do mundo ainda hoje, as três principais figuras do sagrado, e por isso mesmo os três maiores motivos de conflitos armados. A boa notícia, pelo menos no Ocidente democrático, é que hoje é finalmente na própria humanidade que o sagrado se encarnou sob o efeito daquilo que chamei de "revolução do amor", isto é, a invenção da família moderna que conduz à sacralização do humano. O sagrado, não no sentido teológico, e sim como o coração de uma espiritualidade laica que pode nos levar a nos esquecermos de nós mesmos e de nosso egoísmo, plantou suas raízes nos seres humanos, a começar por aqueles que amamos e poderíamos amar. É sobretudo por eles que poderíamos pegar em armas se fosse necessário. Na espiritualidade laica, cujo sentido, desafios e contornos esclareci em meu último livro *La vie heureuse: sagesses anciennes et spiritualité laïque* [*A vida feliz: sabedorias antigas e espiritualidade laica*], publicado em 2022, a questão política crucial não é mais a da nação ou da revolução, como era o caso à direita e à esquerda em minha juventude, mas a do mundo pelo qual nós, os adultos, seremos responsáveis por deixar aos que estão vindo. É também a questão muito material da dívida, como as da guerra, da transição ecológica, da proteção social, da educação, em suma, de toda grande política…

Ainda é tempo? Como já sugeri, muitos pensam que não tem jeito, que a decadência é irreversível. É na esperança de que estejam enganados que escrevo este livro, ou melhor dizendo, na esperança de que sua mensagem será ouvida e, por que não, compreendida antes que seja tarde demais.

1

Narciso, modelo de vida e de sabedoria?

Do cuidado dos outros ao cuidado de si

> "Sou genial, realmente genial. Todos os dias, ou quase, tenho a ocasião de constatá-lo e não vou me esconder atrás de um falso pudor para calá-lo."
> Fabrice Midal, falando – seriamente – de si mesmo em seu livro *Devenez narcissique. Et sauvez votre peau!*

No início achei que era para rir, que se tratava de uma brincadeira destinada a provocar uma reação alegre no leitor, enganei-me: Fabrice Midal se considera realmente um gênio e o diz, o que é seu direito, é claro. No mesmo espírito, várias obras de psicologia positiva e de desenvolvimento pessoal nos convidam com enorme seriedade a amar a nós mesmos como amamos um outro, a amar a nós mesmos como amamos a pessoa por quem nos apaixonamos, aquele ou aquela com quem escolhemos viver, ou seja, objetivo supremo, como amamos nossos filhos. O ideal seria considerar Narciso como modelo de vida. E encantado com sua audácia, Midal nos conta como, do patinho feio que ele acreditava ser, tornou-se um "cisne magnífico"[*sic!*], consciente de sua beleza, da grandeza de sua alma e de sua "genialidade" (outro *sic*!). Para justificar suas afirmações, pois imagino que o autor deve ter consciência de que elas podem parecer delirantes, Fabrice Midal dedicou-se a conferir ao mito de Narciso como apresentado por Ovídio nas *Metamorfoses*, uma interpretação positiva. Daí sua tese segundo a qual, eu o cito:

> [...] na mitologia, na arte e na psicanálise, Narciso é uma força positiva necessária. Ele não é de forma alguma esse ser egoísta, perverso, culpado de só pensar nele, e sim o homem que aprende a se encontrar, a se respeitar, a confiar em si mesmo. Narciso é o símbolo da primeira flor da primavera, da vida que se afirma, que desabrocha (Midal, 2019).

Por ter passado 40 anos de minha vida e milhares de horas estudando a mitologia grega sob todas as suas perspectivas, por ter publicado algumas dezenas de obras sobre este assunto, posso garantir que nessa frase tudo é falso, para lá de falso. Posso até mesmo afirmar que não pode haver algo de mais falso, que não há um pingo de verdade nessa leitura do mito de Narciso que, sejamos sinceros, não passa de uma impostura intelectual. Como poderá constatar por si mesmo a seguir, ao contrário do que pretendem alguns partidários da psicologia positiva (Fabrice Midal não é com efeito o único[10]), o mito de Narciso, longe de ser positivo, termina de

---

10. Cf. os artigos da edição de novembro-dezembro de 2019 da *Psychologie positive* dedicados à revalorização do narcisismo.

maneira atroz, e não como uma vida que "afirma-se, renasce e desabrocha" como na primavera, mas pela morte dolorosa de um personagem particularmente odioso, fadado à loucura e à infelicidade absoluta, um fim aterrador que se conclui no Inferno para aquele que pecou por arrogância, por húbris, ao querer amar a si mesmo como um outro. Para ver nesse mito uma mensagem de sabedoria e de felicidade ao passo que o próprio Ovídio não cessa de evocar a loucura e a infelicidade de Narciso, para nele descobrir uma base sólida do bem soberano ao passo que o mito se dedica a descrever o pior dos destinos, para pretender que não se trata da morte e do Inferno, ao passo que este é mencionado de maneira muito explícita, é preciso simplesmente zombar do mundo e em particular de seu leitor.

Meu julgamento é severo, mas deve-se a certo gosto pela verdade sem o qual não teria escolhido o caminho da filosofia, e também ao amor que sinto desde sempre pela sabedoria grega tal qual a mitologia nos transmitiu, bem como ao meu desespero ao vê-la assim desviada de maneira despudora para finalidades de propaganda ideológica. Para justificar essa crítica, permita-me lembrar, apoiando-me nas citações de Ovídio, a verdade original desse mito para que meu leitor não se deixe enganar por essa empreitada de falsificação. Como sempre, existem várias versões, porém a mais marcante e a mais completa é realmente, e pelo menos nesse ponto concordamos, aquela relatada por Ovídio no livro III das *Metamorfoses.* Ela tem apenas algumas páginas e meu leitor poderá facilmente verificar a validade do que acabo de dizer. Seja como for, todas as versões do mito terminam de maneira deplorável para o infeliz Narciso, cuja história se destina a dissuadir os humanos de mergulhar naquilo que depois dele será chamado de "narcisismo", defeito supremo segundo a sabedoria grega.

Retorno ao verdadeiro significado do genial relato de Ovídio

Narciso é filho do deus de um rio, o Cefiso, e de uma ninfa, a bela Liríope. O bebê já ao nascer é encantador e Liríope vai o mais rápido possível consultar o maior de todos os adivinhos, o célebre Tirésias, a fim de saber se seu filho terá uma vida longa e bela. Tirésias lhe reponde (como sempre fazem os oráculos) de maneira "sibilina" (Sibila era uma conhecida sacerdotisa cujos propósitos eram particularmente obscuros, difíceis de interpretar): claro, o menino poderá ter uma vida longa, mas com uma condição, que ele "não se conheça" ou, como dizem algumas traduções antigas, mais fiéis ao sentido do mito, que ele "não se olhe", que "não se contemple". Pois se ele se "conhecer", se ele se "olhar", sua vida será marcada pela loucura e seu fim será desastroso. Como sempre acontece com as falas sibilinas dos oráculos, os pais não compreendem uma única palavra do que Tirésias acaba de dizer, mas em breve, como Ovídio deixa claro, a sequência da história vai dar razão ao adivinho. Com efeito, não demora muito para descobrirmos que Narciso apresenta um traço de caráter particularmente desagradável: por fora ele é gentil como um cordeiro e belo como um deus, por dentro é duro e egocêntrico, de modo que todas as moças que se apaixonam por ele são descartadas de maneira tão brutal quanto desagradável.

Uma delas, uma ninfa, a gentil Eco, até mesmo morre. Seduzida ao primeiro olhar, ela tenta dialogar com Narciso, falar de seu amor, mas Hera, que a recrimina por ter mentido sobre as infidelidades de Zeus, seu marido, lançou-lhe uma terrível maldição: quando tenta falar, Eco consegue somente repetir as últimas palavras que ela acaba de ouvir da boca do outro. Narciso, como sempre interessado apenas em seu ego, vira-lhe as costas com desprezo e maldade. Eco, toda envergonhada e magoada, foge para a floresta. Pouco a pouco ela vai definhando, tanto e de tal forma que dela resta apenas um gemido lamentoso e desencarnado que as montanhas repercutem de maneira sinistra nos vales. Como seu corpo desapareceu pouco a pouco, só se ouve a voz da infeliz que repete incansavelmente os últimos sons que ouviu.

Cansadas de ver seus avanços recusados de maneira tão brutal, as moças descartadas querem vingança. Ouve-se então a voz de uma ninfa que, no meio das amigas, grita para o céu: "Que Narciso também se apaixone loucamente e não possa jamais possuir o objeto de seu amor!" E é exatamente isso que vai lhe acontecer graças à intervenção divina de Nêmesis, uma das filhas de Nix, a noite, que ouviu o apelo da moça. Nêmesis, como as erínias, é uma divindade do castigo e da vingança. Ela pensa, como Tirésias, que Narciso poderia ter vivido bem e por muito tempo se não tivesse enlouquecido, se não estivesse se apaixonado por si mesmo, "se não se conhecesse", "não se contemplasse"... Ora, eis que num dia de muito calor em que Narciso percorria a floresta à procura de alguma caça, Nêmesis providencia para que, sedento, ele se aproxime de uma nascente. Um pouco abaixo, a água forma um pequeno lago que sempre se mantivera límpido. Não há nem um sopro de vento, a superfície é como um espelho. Narciso abaixa-se para matar a sede, mas percebendo sua própria imagem se refletir na água, apaixona-se então por si mesmo. Então ele é visto falando consigo mesmo como se seu reflexo fosse a encarnação do outro, a de um possível amante. Tomado por um pavoroso delírio, ele tenta desesperadamente se beijar, se abraçar, mas como a ninfa desejava, ele não consegue jamais agarrar a si mesmo, o objeto de seu amor lhe escapa.

Narciso estende então seus braços para o topo das árvores e grita, desesperado, e cito Ovídio:

> Jamais amante, ó floresta, sofreu um destino mais cruel. Você deve sabê-lo, você que com tanta frequência oferece ao amor um refúgio conveniente. Você cuja vida tem tantos séculos, lembra-se de ter visto um dia ao longo dessa imensa jornada um amante definhar como eu? Um ser me encanta e eu o vejo, mas esse ser que me encanta e que eu vejo, não consigo alcançá-lo!

Mas é evidente, uma vez que se trata dele mesmo, ou melhor dizendo, de seu reflexo na água!

Como modelo de felicidade perfeita, de sabedoria e de vida feliz, deve haver um melhor! Entregue a seu amor impossível por sua própria imagem, o infeliz louco se deixa pouco a pouco definhar, pois é incapaz de olhar outra coisa além de seu rosto a ponto de simplesmente não conseguir dele se afastar para se alimentar. Agora tão insensível ao outro como ao resto do mundo, ele vê apenas e pensa apenas em seu lamentável reflexo. A vida o abandona muito suavemente e no lugar onde ele morre nasce uma pequena flor branca à qual se dará seu nome.

Ainda assim, Fabrice Midal tenta, contrariando todo o texto de Ovídio, mas também toda a sabedoria grega, apresentar esse mito como positivo, chega até mesmo a pretender que, na realidade, Narciso não morre, que jamais se trata da morte e do Inferno (o que, como você poderá constatar num instante, é factualmente falso, para não dizer delirante). Mais uma vez cito Fabrice Midal:

> Ele realmente morre? Na mitologia grega, a morte dos heróis é ou sua aniquilação ou o início e sua descida ao Inferno. Ora, não se menciona o Inferno no mito de Narciso. O esplendor da lenda grega é na realidade o da metamorfose e do renascimento, não o da morte e do desaparecimento. Do desabrochar numa flor que todo ano retorna nos primeiros dias da primavera e sinaliza o final do inverno para que a natureza desabroche. Uma flor que é o símbolo da eclosão da vida (Midal, 2019).

Como é possível escrever tamanha bobagem, tamanha inverdade? Primeiro, Narciso não é um herói, ele não tem nenhuma das qualidades de um deles, não é nem Ulisses, nem Heitor, nem Aquiles, nem qualquer outro herói grego, para falar a verdade ele é em todos os sentidos o oposto de um herói e qualificá-lo como tal é absurdo. Em seguida, que meu leitor julgue por si mesmo lendo o texto de Ovídio: claro, trata-se explicitamente da morte de Narciso e de sua descida ao Inferno. Pode-se até dizer que não apenas a conclusão do mito, mas sua principal lição, como insiste Ovídio ao enfatizar como, no momento de atravessar o Estige, um dos quatro rios desse Inferno que os mortais devem atravessar com a barca de Caronte para chegar à sua última morada, o infeliz, totalmente entregue a seu delírio, ainda está fazendo o possível para contemplar seu rosto na água que flui... Mas para não persistirmos numa discussão de interpretação (na verdade não se trata de uma interpretação, como Fabrice Midal tenta nos fazer acreditar, mas meramente de verdade factual ou de falsificação) e para que meu leitor possa julgar por si mesmo, cito o texto de Ovídio utilizando a tradução feita pelo abade Banier[11]. Esclareço que nesta passagem, que

---

11. Texto de Ovídio na tradução antiga do abade Banier [primeira tradução publicada em 1711], com a manutenção das palavras em maíusculas: "Ce qui met le comble à ma douleur, c'est que sans en être séparé par de vastes Mers, par des chemins inaccessibles, ou par des Montagnes, ou par des Forêts, l'eau d'une Fontaine, qui seule m'éloigne de lui, s'oppose à mon bonheur, et ce qui me jette dans le dernier désespoir, c'est qu'il me paraît que celui que j'aime répond à ma passion. En effet, toutes les fois que j'ai approché ma bouche de cette Fontaine, il s'est avancé pour me baiser; mais hélas, les moindres obstacles sont funestes aux Amants! Qui que vous soyez, sortez du fond de l'Eau, puisque vous êtes tendrement aimé: Pourquoi vous jouez-vous ainsi de moi, en vous éloignant lorsque je m'approche de vous? Ma jeunesse et ma beauté ne doivent pas vous engager à me fuir. J'ai inspiré de la tendresse à un grand nombre de belles Nymphes. Mais il y a de l'ingratitude à me plaindre; l'air gracieux dont vous me regardez me donne de l'espérance, et je vois que lorsque je vous tends les bras, vous me tendez les vôtres [...] La douleur commence à

descreve ao mesmo tempo a loucura e a infelicidade desse sinistro personagem, Narciso se dirige a si mesmo, à sua própria imagem pela qual se apaixonou como se estivesse falando com outra pessoa, e é essa imagem que ele tenta agarrar acreditando em sua loucura tratar-se de seu amante:

> "O que extrapola minha dor é que sem estar separado por vastos Mares, por caminhos inacessíveis, ou por Montanhas, ou por Florestas, a água de uma Fonte, única a me distanciar dele, se opõe à minha felicidade, e o que me lança no extremo desespero é que me parece que aquele que amo corresponde à minha paixão. Com efeito, todas as vezes que aproximo minha boca dessa Fonte, ele se aproximou para me beijar; mas infelizmente, os ínfimos obstáculos são funestos para os Amantes! Seja você quem for, saia do fundo da Água, uma vez que é ternamente amado: Por que brinca assim comigo, distanciando-se quando me aproximo? Minha

---

m'abattre; je sens mes forces diminuer, et je vois que je vais périr à la fleur de mon âge [...]" Toujours séduit par la même erreur, Narcisse se retourna encore une fois vers son ombre ; il répandit des pleurs, et ses larmes en troublant l'eau ternirent son image. Comme il crut la voir s'éloigner, "Pourquoi me fuyez-vous, dit-il, demeurez, je vous en conjure, n'abandonnez pas ainsi une Personne qui vous adore: S'il ne m'est pas permis de vous approcher, ne vous dérobez pas du moins à un Amant infortuné. Pendant qu'il se plaignait ainsi, il déchira sa robe et se frappa la poitrine [...] Un moment après, lorsque, l'eau s'étant éclaircie, il vit les marques des coups qu'il venait de se donner, il ne lui fut plus possible de supporter l'excès de sa douleur; l'ardeur de son amour le consume peu à peu, ainsi qu'on voit la cire se fondre lorsqu'on l'approche du feu, ou la rosée se dissiper aux premiers rayons du Soleil [...]. Cette étrange folie l'accompagna jusques dans les Enfers, où il se regardait encore dans les eaux du Styx".

juventude e minha beleza não devem levá-lo a fugir de mim. Inspirei ternura a inúmeras belas Ninfas. Mas há ingratidão em meu lamento; o ar gracioso com que me olha me dá esperança, e vejo que, quando eu estendo meus braços, você me estende os seus [...]. A dor começa a me abater; sinto minhas forças diminuírem, e vejo que vou definhar na flor de minha idade [...]".

Ainda seduzido pelo mesmo engano, Narciso se volta uma vez mais para sua sombra; ele choraminga, e suas lágrimas ao turvarem a água embaçam sua imagem. Como acreditou que ela se distanciava, "Por que você foge, diz ele, fique, imploro-lhe, não abandone assim uma Pessoa que o adora: Se não me é permitido aproximar de você, pelo menos não se esquive de um Amante desafortunado". Enquanto lamentava-se assim, ele dilacerou sua veste e bateu no peito [...]. Um momento depois, com a água límpida, ele viu as marcas dos golpes que acabara de se dar, não lhe foi mais possível suportar o excesso de sua dor; o ardor de seu amor o consome pouco a pouco, assim como se vemos a cera fundir quando a aproximamos do fogo, ou o orvalho se dissipar com os primeiros raios do Sol [...]. Essa estranha loucura o acompanhou até o Inferno, onde olhava-se ainda nas águas do Estige [Tradução nossa].

Perdoe minha insistência: como lição de sabedoria e de felicidade, podemos encontrar algo bem melhor! É preciso ter muita audácia na impostura para conseguir transformá-lo num mito positivo, para negar dessa forma que não se trata nem da morte de Narciso, nem do Inferno onde ele mergulha depois de sua morte enquanto Ovídio a menciona da maneira mais clara possível. Quanto à flor na qual o infeliz se reencarna, ela não designa de maneira alguma o retorno da vida. É evidentemente o contrário, como demonstra a etimologia: "narciso vem de *narke* que em grego designa o torpor, o pesado sono do drogado (a palavra originou particularmente "narcótico"). Como muitas vezes na mitologia, o personagem principal de um mito (que nem por isso é um herói!), assim que morreu e desceu ao Inferno, é metamorfoseado pelos deuses, às vezes pelo próprio Zeus, para que nos lembremos de seu triste destino. É o caso por exemplo de Asclépio, metamorfoseado na constelação do Serpentário, ou ainda da ninfa Siringe, metamorfoseada num junco com o qual o medonho sátiro que a perseguia fará uma flauta à qual Debussy consagrará um conhecido trecho de música. No mais, com certeza é por essa razão que Ovídio dedica um capítulo a Narciso num livro consagrado às "metamorfoses".

Como tantos outros, Narciso é então metamorfoseado, neste caso numa flor que simboliza, não a renovação da vida, menos ainda seu desabrochar, mas o eterno sono da morte, uma lição que a cada primavera lembrará aos mortais para que, sobretudo, não tomemos como modelo sua loucura. Pois a moral do mito, o exato oposto do que pretende Fabrice Midal, é de fato a seguinte: por fora bela viola, por dentro pão bolorento. Narciso é o modelo oposto do sábio, o modelo oposto dessa sabedoria que a figura de Sócrates encarnará, um homem cuja feiura é tão lendária quanto a beleza de Narciso. Mas se ele é feio por fora, Sócrates é belo por dentro. Sua falta de graça física possui um significado filosófico: lembra-nos que a aparência sensível não é o essencial, o que conta é a riqueza interior, o interior mais do que o exterior, e que não devemos confiar nas aparências. Enquanto Narciso tem um aspecto esplêndido e Sócrates uma feiura aterrorizante, a verdade é o oposto. Narciso é tão egoísta que vai enlouquecer e conhecer um fim atroz, ao passo que Sócrates, que conhecerá um fim tão corajoso quanto edificante, é o melhor dos homens, sábio e aberto aos outros, como comprova seu gosto pelo diálogo e pela verdade. A própria filosofia se considerará como uma forma de luta constante, por vezes dolorosa (como confirma a morte de Sócrates), contra as aparências em nome da verdade, e nesse sentido talvez ela esteja muito mais viva e seja muito mais preciosa do que nunca, ao menos quando nos afasta do narcisismo e porque prefere a verdade à mentira...

Narciso negado em falas, mas assumido de fato...

Menos inclinados a distorcer a evidente realidade do mito ou, se preferir, um pouco mais espertos, outros defensores da psicologia positiva tentaram evitar a insuficiência do narcisismo... embora caindo nele com os dois pés! Por isso é que no livro *Les antisèches du bonheur* [As trapaças da felicidade], Jonathan Lehmann (2020), outro porta-voz da busca frenética da felicidade e do amor-próprio, tentou conferir ao mito uma interpretação oposta à de Fabrice Midal... contudo, como você vai constatar mais adiante, tão falsa quanto. Com efeito, Lehmann assimila o narcisismo, assim como essa ideia é passada no mito na versão de Ovídio, a uma das categorias fundamentais da adicção, como se Narciso fosse um vaidoso, um homem que quer a todo custo ser amado pelos outros, um orgulhoso que se coloca na dependência do olhar do outro. Em uma tentativa de livrar sua defesa do amor-próprio (na realidade muito semelhante à de Fabrice Midal) da acusação de narcisismo, Lehmann consegue distorcer o sentido do mito de maneira tão grotesca quanto, mas no sentido contrário, o que revela certo humor se considerarmos que esses dois defensores da psicologia positiva estão, no entanto, de acordo quanto ao amor ilimitado e sem mácula que devemos a todo custo ter por nós mesmos. Na verdade, os esforços feitos por Lehmann para demonstrar que o mito de Narciso não passaria de uma das variantes da adicção seriam quase tocantes se também não fossem absurdos, e como ele escreve:

> "A tendência de todos nós é tentar sempre e em vão preencher o vazio em nós. De um lado com atividades e produtos que podem anestesiar momentaneamente nosso sentimento de falta [...]. De outro, através da atenção que dedicamos aos outros [...]. Conceitualmente, podemos classificar esses dois tipos de preenchimento em duas categorias: a adicção e o narcisismo. Podemos definir a adicção como todo comportamento repetitivo que nos causará dor no longo prazo. E o narcisismo como

> uma exigência de atenção relativa à imagem que forjamos de nós mesmos para os outros, em outras palavras, a uma exigência de aprovação exterior de nossa pessoa. Como a adicção, o narcisismo busca incessantemente com o que se alimentar", nesse sentido segundo ele, "o amor-próprio não é narcisismo, é o oposto, uma vez que não busca mais a aprovação externa" (Lehmann, 2020).

A tese é evidentemente falsa. No máximo, ela poderia ser aplicada ao personagem de Dom Juan assim como descrito por Molière, e, além do mais, é nesse sentido que Hegel o compreendera: para ele, Dom Juan é uma espécie de adicto que se crê livre ao passo que na realidade está na dependência dos outros, mergulhado numa lógica consumista incessante que no final se mostra o oposto da verdadeira liberdade. Ora, essa tese de forma alguma se aplica a Narciso. Longe de depender dos outros, de seu olhar, de sua aprovação ou de seu amor, sua principal característica reside, o oposto exato do que diz Lehmann, no fato de não lhes dar a mínima importância, uma vez que ele só ama a si mesmo e só olha para si mesmo. Em nenhum momento Narciso tem o mínimo interesse pelo julgamento que as ninfas têm sobre ele, ao contrário de Dom Juan, ele jamais tem qualquer relação de amor com uma mulher (nem com um homem, aliás). O que pensam dele não o interessa, pois só se interessa pelo seu umbigo, seu rosto, esse reflexo na água pelo qual se apaixonou. Narciso é tudo menos vaidoso. Egoísta e maldoso, ele nunca busca reconhecimento seja lá do que for, a maldição de Nêmesis cumprindo o destino previsto por Tirésias desde seu nascimento, aquele que consiste em mergulhar no amor de sua reles pessoa.

O mais cômico nesse assunto é que é exatamente isso o que Lehmann nos convida a fazer, e a única diferença em relação a Fabrice Midal é que ele compreende mesmo assim que apelar para Narciso poderia comprometer o discurso sobre o cuidado de si, cujos méritos ele elogia para seus infelizes discípulos. Escutemos Jonathan Lehmann falando de seu amor supostamente não narcísico por si mesmo:

> Concretamente, como faço para me amar verdadeiramente, para parar de me julgar, para depender menos de meu narcisismo e de minhas adicções? Primeiro decidindo que eu me amo. E repetindo isso para mim mesmo. Olhando-me nos olhos diante do espelho e dizendo-me em voz alta que eu me amo. Que eu me amo, ora bolas! Sim, Sim. Como se diz em inglês: *whatever it takes*. Sem motivo. Porque eu valho a pena. O amor-próprio é uma prática que se declina em atos. É um trabalho cotidiano. Eu pratico o amor-próprio por minha pessoa efetuando todos os dias ações voltadas para mim mesmo, ou seja, para meu corpo e meu mental (Lehmann, 2020).

Nem um pouco narcísico, veja bem! Até a imagem no espelho está presente! Mas Jonathan Lehmann insiste nisso seriamente, sem se dar conta de que para aqueles que se preocupam ao menos um pouco com o destino dos outros, que pensam que o amor verdadeiro precisa de alteridade e de diferença, suas declarações, longe de nos oferecer uma imagem da sabedoria, dão ao contrário vontade de vomitar:

> Sei que me amo quando me regozijo de estar na minha companhia. Sei que me amo quando me dou conta de que teci uma relação íntima com minha própria pessoa, que posso falar comigo e rir sozinho, que mantenho um diálogo benevolente ao longo do tempo em vez de falar comigo esporadicamente para me dizer que sou demasiado desencanado ou demasiado inútil. Sei que me amo quando começo a considerar as ocasiões que a vida me dá de estar diante de mim mesmo, não mais como um momento de angústia, mas como instantes privilegiados (Lehmann, 2020).

Mas não acredite que haveria nesses propósitos extremamente narcisistas algo de original. No mais, a estratégia dos mercadores de felicidade é sempre a mesma: eles sempre começam se tomando como exemplo. Para atrair o cliente, explicam, com uma falsa modéstia polida com cuidado, que eles são, como você e eu, muito imperfeitos, inseguros, que atravessaram muitas provações, que conhecem os tormentos da angústia, da falta de autoestima etc. Ainda bem que encontraram o caminho, um caminho com o qual vão nos presentear porque o que vale para eles certamente valerá também para nós, desde que pelo menos os imitemos, que confiemos neles, tática de guru bem conhecida e que, infelizmente, funciona bastante bem. Quanto aos conselhos em relação às virtudes do amor-próprio, nós os encontramos sob todas as formas possíveis e imagináveis na quase totalidade dos livros e revistas de "sabedoria", em abundância nas revistas femininas do gênero "saúde e bem-estar", como nesta edição da *Fourchette et bikini* [Garfo e biquini] (que título!) consagrada ao desenvolvimento pessoal que resume no fundo todas as tolices que podemos encontrar sobre esse assunto sob a forma de dez conselhos destinados a nos permitir o desenvolvimento de nosso amor-próprio:

> Abandonar qualquer forma de autocrítica. Ser benevolente consigo mesma. Encorajar-se e felicitar-se. Reconciliar-se com seus defeitos. Cuidar de seu corpo. Perdoar-se. Ousar ser autêntica. Escutar a si mesma. Orientar seu olhar para o positivo. Livrar-se das relações hostis etc.

E quando consultamos a rubrica "S'écouter soi-même" ["Ouvir a si mesma"] (os outros não importam...), encontramos ainda essas recomendações edificantes:

> Para estar em paz consigo mesma é preciso estar atenta às suas necessidades e encontrar o que é fonte de satisfação para você. Trata-se de aprender a se conhecer e a ouvir seus instintos. Pergunte-se algo como: "O que você gosta de fazer?" ou "Como adaptar minha vida às situações atuais?" Se isso a ajudar, não hesite em fazer uma lista de suas vontades, de suas necessidades e daquilo que você não deseja. Estar alinhada com seus desejos é a base do amor-próprio.

Hoje são milhares os livros, cadernos de exercícios, aplicativos, conferências, revistas ou seminários que nos aconselham a "dar amor a si mesmo". Mas no gênero, o prêmio vai afinal para o mais conhecido dos psicólogos positivos franceses, Christophe André, que claro nos convida a nos amar a nós mesmos, todavia com essa importância suplementar do narcisismo que consiste em se amar se possível como amamos um de nossos filhos.

Amar a si mesmo como um outro, e até como seus próprios filhos

De fato, Christophe André transformou-se num dos principais porta-vozes dessa ideia de "autoparentalidade" ou "de autopaternidade". Seus livros obtêm um grande sucesso, não apenas porque fazem da felicidade a finalidade última da existência, o que está maravilhosamente em sintonia com o individualismo contemporâneo, mas também porque eles explicam *urbi et orbi* que a felicidade suprema é acessível a todo mundo, desde que ela passe principalmente por um trabalho, não sobre o que nos transcende e nos ultrapassa, nem mesmo sobre o real exterior a nós, mas sobre si mesmo e em si mesmo. Segundo essa ideologia cheia de gentileza, não apenas a felicidade não depende do estado do mundo exterior, mas ela na verdade só depende de nossa capacidade de "fazer amizade com nós mesmos", segundo uma fórmula que Christophe André (2006) aprecia muito particularmente. Por isso no livro *Imparfaits, libres et heureux* [*Imperfeitos, livres e felizes*], cujo subtítulo deixa claro o programa ("*Pratiques de l'estime de soi*" [Práticas da autoestima]), encontramos um capítulo significativo dessa nova visão da vida boa segundo a qual a felicidade residiria na harmonização "amigável" de si consigo mesmo. "Ser seu melhor amigo", eis o segredo, aliás este é o título do trecho de seu livro no qual a psicologia nos convida de forma muito séria a nos comportar em relação a nós mesmos como se fôssemos nossos próprios pais:

> A boa autoestima está afinal mais próxima da amizade do que do amor: sozinha a amizade consegue associar *exigência* (não deixar seus amigos fazerem qualquer coisa) e *benevolência* (não os julgar, mas querer ajudá-los), *presença* (estamos atentos e disponíveis para eles) e *tolerância* (aceitamos suas imperfeições e defeitos). Estima e afeição não são o que caracteriza a amizade? Um amigo ou uma amiga é precisamente uma pessoa pela qual sentimos esses dois sentimentos. E é provável que a relação de amizade represente um modelo possível muito bom de relação consigo. Ou então seria preciso ter o mesmo tipo de amor por nós mesmos que os pais têm por seus filhos: incondicional e infinitamente benevolente. Algumas terapias exploram hoje essa via de autopaternidade, com resultados iniciais promissores... (André, 2006).

Amar a si mesmo como amamos nossos filhos? Segundo Christophe André, este é o ideal da psicologia positiva, um ideal que Fabrice Midal, o que não nos surpreende, compartilha com seu colega como frenesi da felicidade: "Eu me amei como eu sou, ele nos confia depois de sua defesa da revalorização de Narciso, da mesma maneira que os pais amam seu filho como ele é", um ideal sobre o qual, confesso, por ter filhos, que se um dia conseguisse compartilhá-lo, a me amar como eu os amo, isso não significaria certamente que enfim tornei-me sábio, menos ainda que sou feliz, mas simplesmente que estou pronto para ir para o hospital psiquiátrico...

Por que pretender que seria sábio amar a si mesmo como amamos um filho é uma insensatez, exatamente o oposto de um passo para a felicidade e a sabedoria...

Se a experiência do amor que tenho por minhas filhas me convenceu de algo foi, com efeito, a de que não corro o risco de me amar como eu as amo, e para mim esta é uma boa notícia para minha saúde mental. Em poucas palavras, como certamente para muitos outros pais, eu daria, sem alegria, mas também sem hesitar se fosse necessário, minha vida por elas, o que remete a uma nova forma de se esquecer de si mesmo, a uma transcendência "horizontal" de humano a humano que como já mostrei em meus livros anteriores está ligada à encarnação do sagrado na humanidade, ao que chamei de "revolução do amor", uma herança da invenção do casamento por amor e da família moderna no Ocidente. Sem nem entrar em considerações filosóficas aprofundadas, todos os adultos que têm filhos e que os amam – o que afinal é o mais comum – compreenderão o que vou escrever aqui: esses pequenos seres nos arrancam sentimentos que ultrapassam todas as outras formas de amor ou de amizade que pudemos conhecer ao longo da vida. É preciso não ter tido filhos, não ter conhecido essa experiência tão particular e, no entanto, tão banal, para não ter se dado conta disso. Alguns pretenderão que o amor pelos filhos é "animal", interessado no sentido darwiniano do termo, no sentido de que teríamos interesse em transmitir nossos genes a uma descendência, uma objeção ritual nas doutrinas utilitaristas e materialistas, mas frágil, pois extremamente metafísica, quando refletimos mais seriamente sobre ela[12]. De todo modo, peço permissão para

12. O espírito de sacrifício e o amor aos filhos podem ser tudo, menos desinteressados? Essa é uma objeção clássica e bem conhecida que vem de imediato à mente do materialista e do utilitarista. O problema é que esse argumento, que tem todos os aspectos da racionalidade, não passa, na realidade, como Karl Popper demonstrou magistralmente no rastro de Kant, de um sofisma. Assim que nos propomos a expô-lo, ele se desenvolve de maneira tão previsível quanto os movimentos num jogo de xadrez que já foi jogado. Ele se baseia na ideia de que como o livre-arbítrio é pura ilusão, todas as nossas ações são necessariamente motivadas por causas eficientes, ou seja, por interesses conscientes ou inconscientes. Entretanto, ao contrário de uma ideia muitas vezes aceita pelos cientistas e, de modo mais geral, pelos pensadores que se dizem racionalistas, a começar pelos herdeiros de Espinosa, esse determinismo que nega qualquer possibilidade de uma ação livre e desinteressada não tem, no entanto, nada de racional. É, na verdade, uma ideologia tipicamente metafísica cujas pretensões de cientificidade são absolutamente exorbitantes. Para ser realmente científica, uma asserção qualquer deve, com efeito, poder ser testada experimentalmente, ou seja, se necessário, contradita por uma experiência real e, como diz Popper, "falseável". Ora, como ele escreve com tanta inteligência nas linhas iniciais de seu livro *Le réalisme et la science*: "a teoria segundo a qual 'todas as ações são egoístas, motivadas pelo interesse' é muito difundida: existem versões dela no behaviorismo, na psicanálise, na psicologia individual, no utilitarismo, no marxismo vulgar e na sociologia do conhecimento. Ora, está claro, no entanto, que essa teoria, e todas suas variantes, não é falseável: nenhum exemplo de ação altruísta pode refutar a ideia segundo a qual existiria uma motivação egoísta oculta" (Popper, 1990). Em outras palavras, a proposição segundo a qual todas as nossas ações seriam determinadas por causas que escapam da

me limitar a uma simples descrição fenomenológica desse amor que não se assemelha a nenhum outro. De fato, embora tenhamos amado nossos pais, irmãos, irmãs e amigos, ter, como dizem tão bem, "caído de amores" por homens ou por mulheres, o fato é que o amor pelos filhos é singular, diferente de qualquer outro, e gostaria de dizer aqui por que, pois esta é uma experiência que pode não ser percebida até mesmo por pessoas bem inteligentes.

Neste caso, penso em Milan Kundera, no entanto um dos maiores escritores de nosso tempo, que muitas vezes se irritou com a ênfase dada ao amor pelos filhos porque, em nossas sociedades modernas e ocidentais, eles teriam se tornado, mas segundo ele indevidamente, os únicos seres dignos de interesse e de compaixão. Em um de seus livros, *La lenteur* [*A lentidão*], Vera, sua mulher, questiona o marido sobre a fome que devastou a Somália no início dos anos de 1990: "Será que há velhos que também morrem nesse país?" A resposta de Kundera é evidentemente irônica, zombeteira para dizer a verdade:

> Não, não, o que foi tão interessante nessa fome severa, o que a tornou única entre os milhões de fomes severas que ocorreram nessa terra, é que ela ceifava somente as crianças. Não víamos na televisão nenhum adulto sofrer, mesmo que tenhamos visto os jornais todos os dias, precisamente para confirmar essa circunstância jamais vista (1995, p. 20).

---

nossa vontade consciente, portanto, por interesses confessados ou inconfessáveis, é por definição não falseável, impossível de testar, de contradizer por qualquer experiência e, consequentemente, no sentido próprio do termo, trata-se de uma opinião meta-física, situada para além da física e como tal não científica.

No mais, acrescenta o importante escritor, é lógico que confiaram também às crianças o cuidado de reunir os célebres sacos de arroz endereçados com grande pompa às crianças somalianas: a visão sentimental do mundo, abstrata e midiática, mergulha no infantilismo e no juvenismo, imperfeições lamentáveis nas quais hoje afundam nossas sociedades modernas.

Penso exatamente o contrário. De bom grado oporia às suas zombarias pessimistas as poucas páginas que Hans Jonas (1990) consagrou à infância no livro *Le principe responsabilité* [O princípio responsabilidade], algumas páginas que, com todo respeito, me parecem infinitamente mais justas e mais profundas do que a ironia, talentosa, mas falsa, praticada por Kundera. Com efeito, Jonas via no amor pelos filhos o modelo que permite perceber em sua essência a mais pura fonte de toda responsabilidade pelo outro, e isso por uma razão simples, muito menos tola do que Kundera imagina: a criancinha é não apenas vulnerável, frágil, mas sua vulnerabilidade é por assim dizer uma "vulnerabilidade *a priori* para o outro" no sentido de que sua vida não pode continuar sem a ajuda dos adultos. Como tal, ela sinaliza, portanto, sem passar pelo desvio de nenhum raciocínio, para uma resposta imediata da parte deles. Antes de qualquer demanda explícita (como o bebê poderia pedir algo?), ela encarna o que o cuidado do outro, e não somente de si, tem de mais profundo, uma responsabilidade que não poderia ser compensada, como no mundo dos adultos, por uma reciprocidade qualquer. Eis por que, como escreve Jonas, os estados têm para com as crianças que dependem ou poderiam depender deles "Uma responsabilidade bem diferente daquela do bem-estar dos cidadãos em geral". E ele continua:

> O infanticídio é um crime como qualquer outro assassinato, mas uma criança que morre de fome, isto é, uma criança que aceitamos que morra de fome, é um pecado contra a primeira e a mais fundamental de todas as responsabilidades que possam existir para o ser humano como tal (Jonas, 1990, p. 185)[13].

Acrescentaria que na ótica universalista que felizmente é a da ação humanitária, a criança encarna por excelência a categoria abstrata da vítima: não apenas sua responsabilidade não está implicada nos conflitos em que ela morre, como seu pertencimento a uma comunidade qualquer é ainda mais problemático, tal responsabilidade é na realidade apenas a de seus pais, e nesse sentido a criança não é de forma alguma responsável por eles.

Sob essa perspectiva, a intervenção na Somália à qual Kundera se refere, apesar do fracasso político e militar que foi amplamente destacado na época, é exemplar. Nenhuma solidariedade comunitária ligava os ocidentais aos somalianos. De fato, não se vê, na história da ação humanitária desde suas origens, outro exemplo de intervenção que seja a esse ponto isento de qualquer espécie de vínculo de tipo tradicional, étnico ou religioso, nesse sentido seu fracasso político e militar não deve levar a ocultar o sucesso humanitário[14]. No início do século passado, o mais provável é que todos os somalianos

---

13. Mas não compartilho da pretensa "demonstração" de Jonas quanto ao caráter "ontológico" do dever de responsabilidade perante a criança.

14. Como Mario Bettati já destacou várias vezes e com razão.

morressem na indiferença geral, ao passo que várias centenas de milhares deles foram salvos com a simpatia experimentada por todos os pais do mundo pelo destino das crianças tendo tido um efeito certamente tão eficaz quanto benéfico. Pretender aplicar esse amor ao mesmo tempo ilimitado e no início não recíproco à sua mera pessoa é não apenas ridículo, e na realidade felizmente impossível, mas ainda admitindo-se que alguém possa consegui-lo, seria certamente o sinal de um desarranjo mental extremamente inquietante e isso tanto mais porque esse apelo ao amor-próprio apoia-se em geral num menosprezo soberano pelo julgamento do outro.

Nem ligo para o julgamento dos outros, só o que eu mesmo penso de mim deve me interessar...

Em um livro que é considerado como texto sagrado na literatura dedicada à busca da felicidade, uma obra tanto mais intocável porque assume uma sabedoria ao mesmo tempo antiga e não ocidental, o Graal de alguma forma – falo do livro de Don Miguel Ruiz (1999) intitulado *Les quatre accords toltèques* [*Os quatro compromissos toltecas*] –, lemos entre os conselhos dados a seus discípulos pelo guru: "Aconteça o que acontecer, não transforme num assunto pessoal!" À primeira vista, esse "compromisso tolteca" tem sabedoria. É verdade que às vezes temos uma tendência paranoica a considerar um conselho bastante amigável como uma crítica, uma brincadeira como uma maldade, uma observação sobre sua atitude como uma desaprovação dolorosa. Tratando-se das palavras e dos julgamentos que nos parecem desagradáveis ou injustos, é bom aprender a deixar passar e, como dizem, "não fazer uma tempestade num copo de água". E é verdade também, e às vezes é útil zombar do "o que vão dizer", manter-se distante perante o olhar dos outros. Se fosse este o caso no "segundo compromisso tolteca", não teria mais nada a dizer.

Mas será que somos obrigados, aqui também, a ir para o lado oposto? Como sempre nas ideologias que adotam o ideal narcísico, é numa exaltação do indivíduo isolado, totalmente separado dos outros, que Don Miguel Ruiz acaba apoiando esse preceito de sabedoria, como se se libertar de toda relação com o outro e viver em sua bolha fosse o melhor meio de chegar a uma legítima e razoável autoestima: "Cada um vive em seu próprio sonho, em sua própria cabeça", escreve o gentil xamã, esse isolamento (que seria para mim, acrescento, uma imagem do inferno) sendo para ele um ideal a ser conquistado. E ele continua exaltando esse mundo onde os indivíduos não têm segundo ele mais nenhum vínculo entre si:

> Cada um está num mundo totalmente diferente daquele no qual você vive. Quando transformamos tudo numa questão pessoal, partimos do princípio de que o outro sabe o que há em nosso mundo e tentamos opor o nosso ao dele [...]. Ora, pouco importa o que você pensa de mim. Não tomo nada do que me é dito de maneira pessoal. O que você pensa, o que você sente, é problema seu, não meu. É sua maneira de ver o mundo. Isso não me afeta pessoalmente, porque você é confrontado somente com você mesmo, não comigo (Ruiz, 1999).

Tais argumentos não me parecem nem verdadeiros, nem sábios. Não, absolutamente não, não estamos encerrados numa bolha hermética. O real existe, vivemos no mesmo mundo, num mesmo planeta que começamos, aliás, a compreender que ele é bastante pequeno, num mundo comum, falamos a mesma língua quando vivemos na mesma sociedade, e quando não é o caso, pelo menos as línguas humanas podem ser traduzidas. Fora os grandes psicóticos, não estamos encerrados na prisão de uma mente hermética da qual os outros nada saberiam, nos comunicamos permanentemente com eles, nós os escutamos e nós os entendemos. Estamos mergulhados numa história comum, a de nosso país, mas também a do mundo, essa "*Weltgeschichte*" de que falava Hegel que nos liga uns aos outros. De forma ainda mais clara: seria bom que com mais frequência nós nos interessássemos pelos outros, pelo que eles pensam e pelo que eles dizem, que nos preocupássemos com eles e com o bem comum, que tentássemos se possível participar dele, uma dimensão de intersubjetividade que aparentemente escapa aos nossos gurus da felicidade.

Como era de se esperar, o que funda essa exaltação do recolher-se em si mesmo, esse soberano desprezo pelo que os outros podem dizer e pensar de nós, é o fato de que o sábio, o verdadeiro, adora-se tanto que não se preocupa mais com o olhar dos outros. É nesse ponto que encontramos esse narcisismo que o convida a se amar "assim como você é", sobretudo sem jamais buscar se aperfeiçoar, melhorar levando em conta o que seus próximos podem dizer sobre você, quer sejam seus amigos ou seus inimigos. Como escreve o promotor da sabedoria tolteca:

> Você ama qualquer coisa porque ama a si mesmo. Porque se aprecia assim como é, porque está satisfeito consigo mesmo [...]. Nesse estado de felicidade você faz amor permanentemente com tudo o que percebe. Não importa o que as pessoas façam, sintam, não transforme tudo numa questão pessoal. Se lhe disserem o quanto você é maravilhoso, não é por sua causa. Você já sabe que é maravilhoso. Não é necessário acreditar naqueles que lhe dizem isso (Ruiz, 1999).

Como o falecido Jean d'Ormesson poderia ter dito, quando se trata de modéstia, Ruiz não deve nada a ninguém. Fico contente em ver que ele já sabe, sozinho como um adulto, o quanto ele é maravilhoso. Para mim, experimento muitas vezes o sentimento contrário, a convicção de que me falta realizar infinitos avanços em muitos campos, e que esse caminho de perfectibilidade, por mais íngreme e rochoso que ele seja, vale a pena (cito aqui as palavras do mito da caverna de Platão, uma sabedoria que vale tanto quanto a de nossos narcisos...). Quando ouço os outros me recriminarem, forço-me a escutá-los, tento tirar algum proveito. Não digo que é fácil, que me agrada, nem mesmo que sempre consigo, mas devo confessar que é raro que não haja uma parte de verdade nas críticas que me dirigem, raro, mesmo quando elas me parecem injustas, que não haja algo de positivo a tirar delas...

Na esteira desse cuidado de si que, em vez de se limitar a denunciar os prejuízos do ódio de si, acaba por justificar o desprezo pelo julgamento do outro, um dos princípios mais fundamentais da psicologia positiva torna-se límpido: ele postula que a felicidade é um bem acessível para todos desde que ela não dependa mais nem dos outros, nem do estado do mundo exterior; mas unicamente, como já pretendiam os estoicos, de nossa vida interior, de nosso "mental", como dizem hoje os ideólogos da busca frenética da felicidade. Sendo assim, todo mundo deve poder aceder a ela, o que, portanto, aumenta consideravelmente a clientela possível dos gurus em relação à psicanálise tradicional à qual eles recriminam o fato de se interessar só pelas pessoas de algum modo "doentes"[15]. Vamos agora ver como essas promessas de felicidade por si, centradas unicamente no estado de ser interior, são simplesmente imposturas, e nesse sentido elas se revelam afinal profundamente perigosas.

15. Como Martin Seligman (2013) insiste constantemente, por exemplo, no preâmbulo de seu livro *Vivre la psychologie positive*: "No último meio século a psicologia se preocupou com um único tema, a doença mental [...]. Finalmente chegou a hora de uma ciência que busca entender as emoções positivas, construir e reforçar nossos pontos fortes e nossas virtudes e fornecer orientações para descobrir o que Aristóteles chamava de 'vida boa'".

2

Uma felicidade que dependeria somente de nosso estado de ser interior

E os outros, e o real?

No rastro de Narciso, do convite a amar a si mesmo como um outro, e até com um de seus filhos, é com efeito um velho tema estoico que a psicologia positiva tenta atualizar (todavia cortando-o, como veremos mais adiante e como o individualismo moderno exige, da dimensão cosmológica de transcendência e de esquecimento de si que lhe dava seu verdadeiro significado na filosofia antiga): alcançar a verdadeira felicidade, o soberano bem, suporia que façamos a separação entre o que depende de nós e o que não depende, que compreendamos afinal que nossa felicidade mais perfeita em nada depende do que pertence ao mundo exterior. Portanto, é preciso aprender a "desapegar" diante daquilo que não é de nossa alçada, a se concentrar apenas em nosso "estado de ser interior", assim como explica Frédéric Lenoir (2018) no livro intitulado *La sagesse expliquée à ceux qui la cherchent*

[A sabedoria explicada aos que a procuram] – observaremos então que esse título sugere que o autor do livro detém as chaves da sabedoria, pois como poderia ele, com efeito, nos explicá-la se ele mesmo já não a detivesse?

> A felicidade do sábio não depende mais principalmente dos eventos sempre aleatórios do mundo exterior, e sim da harmonia de nosso mundo interior. É porque ele soube encontrar a paz ou a joia em si mesmo que ele é feliz. Mais do que querer adaptar o mundo a seus desejos, o sábio consagra seus esforços a mudar a si mesmo. É por essa inversão que a felicidade se torna possível. O obstáculo à felicidade não é a realidade, mas a representação que temos desta última. Uma mesma realidade pode ser percebida de modo diferente por duas pessoas, uma se mostrará feliz com ela, a outra será infeliz com ela (Lenoir, 2018).

E então Frédéric Lenoir oferece o exemplo de uma doença mortal que mergulhará alguém no desespero, mas será para a outra pessoa a ocasião de aprofundar sua busca da paz interior. Aqui também, eu penso exatamente o contrário, ou seja, que para qualquer ser humano que não é prisioneiro do individualismo narcísico, do amor somente por si mesmo, o estado do mundo exterior, em particular daqueles que o povoam e que nós amamos ou poderíamos ao menos amar, é simplesmente crucial: impossível ser feliz quando os seres que amamos estão doentes ou infelizes. Ao fazer isso, tenho realmente consciência de dizer uma enorme banalidade, mas o bom-senso, mesmo em filosofia, nunca me assustou e, sendo claro, a ideia de que poderíamos nos regozijar com uma doença mortal e, pior ainda, ser felizes num mundo de terror e de horror, parece-me uma rara falta de bom-senso. No entanto, é o que Frédéric Lenoir (2013), na lógica do trecho que acabamos de ler, não hesita em afirmar no livro intitulado *Du bonheur, un voyage philosophique* [*Sobre a felicidade, uma viagem filosófica*], ao citar como ilustração estas palavras de Etty Hillesum, uma brilhante e infeliz filósofa assassinada em Auschwitz em 1943, com a idade de 29 anos:

> Quando temos uma vida interior, pouco importa, sem dúvida, de que lado das grades do campo nos encontramos [...]. Já passei por mil mortes em mil campos de concentração. Tudo me é conhecido. Nenhuma informação nova me angustia mais. De um modo ou de outro, já sei tudo. E, no entanto, eu encontro uma vida bela e rica de sentido. A cada instante. [...]. O grande obstáculo é sempre a representação e não a realidade (Lenoir, 2013).

E comentando essas palavras sob o ponto de vista da resignação e do *amor fati* espinosista, Frédéric Lenoir nos confia o seguinte:

> Como muitos, fiquei abalado com as cartas escritas pela jovem holandesa Etty Hillesum quando ela estava no campo de concentração de Westerbork, pouco antes de ser deportada e de morrer em Auschwitz. Ela afirma que seus carrascos não podem atingir sua paz e

> sua alegria interior. E eis a razão [Frédéric Lenoir cita então Hillesum]: "A vida e a morte, o sofrimento e a alegria, as bolhas nos pés machucados, o jasmim atrás da casa, as perseguições, as infinitas atrocidades, tudo, tudo está em mim e forma um conjunto poderoso, eu o aceito como uma totalidade indivisível". Eu dizia mais acima que a sabedoria é um ideal sem dúvida inacessível, o testemunho de Etty Hillesum mostra que por vezes ele pode ser alcançado (Lenoir, 2013).

A resignação? Ainda vá lá, se toda revolta for realmente impossível, mas a alegria? Permita-me duvidar. Na sequência desse trecho, Frédéric Lenoir me critica (amavelmente) por ter declarado que Etty Hillesum era "psicótica"[16]. Claro que nunca proferi tamanha insanidade. Tenho uma grande admiração por essa jovem filósofa e disse algo bem diferente, ou seja, que seria preciso ser psicótico para ser feliz num campo de extermínio e que em consequência não acreditava, nem por um segundo, que Etty Hillesum, apesar do que ela disse e

---

16. "Citei Etty Hillesum e meu amigo Luc Ferry respondeu-me que ela era 'psicótica'. Acredito, ao contrário, que ela assumia com perfeita lucidez o real, com um olhar de sabedoria e de amor que lhe permitia suportar o insuportável." Creio que ela fazia o impossível para suportar o insuportável, mas dizer que encontrara a felicidade em Auschwitz porque, como Espinosa nos convida a fazer, ela aceitava o real, todo o real, com alegria e bom humor, "com seus altos e baixos", há um abismo, aquele que separa o delírio da realidade, a ideologia do simples bom-senso. Não acredito que Etty Hillesum fosse psicótica, simplesmente acredito que ela fazia tudo para sobreviver, tudo para resistir ao colapso e que, como todos os prisioneiros do campo, ela não vivia evidentemente na alegria espinosista nem no *amor fati* nietzschiano, mas numa infelicidade indescritível.

do que tentou, tenha conseguido ser feliz nesse inferno sobre a terra. Somente o chefe do campo (e olhe lá, se for alguém extremamente perverso...), ou, na ausência deste, alguém particularmente paranoico, teria conseguido encontrar ali alguma alegria. Com certeza não um sábio, ainda que tenha lido Espinosa. Sendo bem direto: não acredito numa palavra dessa pseudossabedoria meio estoica, meio espinosista, que pretende que é possível permanecer imperturbável, e mesmo continuar mergulhando na alegria mais pura, em meio ao horror absoluto e, além disso, como mencionei mais acima, o próprio Epiteto, num vislumbre de lucidez, confessava que para ele, "um sábio estoico jamais existiu".

Estou convencido de que nossos momentos de felicidade, ou melhor, de alegria e de serenidade (pois a felicidade seria um estado estável e constante ao qual nenhum ser humano poderia aceder de forma definitiva, mais adiante voltarei a isso e explicarei o porquê), dependem sobretudo do estado do mundo exterior, e particularmente daquele dos seres que amamos, de forma que as palavras de Hillesum, por mais perturbadoras que sejam, não me parecem traduzir nem um pouco uma experiência real dos campos, somente uma negação sobre a qual nenhum de nós tem o direito de emitir qualquer julgamento de valor – o que, no entanto, não faz dela uma psicótica, somente uma pessoa infinitamente infeliz que tenta, bem ou mal, exorcizar o horror. Permita-me insistir, mas não posso renunciar a essa ideia de que, de tempos em tempos, seria interessante à filosofia abrir espaço para um pouco de bom-senso, um bom-senso que, neste caso, me parece ter singularmente sido posto de lado.

O fato é que esse tema da felicidade por si só, vinculado à nossa harmonia interior sem nenhum elo com o estado do mundo, tenta se legitimar evocando sabedorias antigas, especialmente o espinosismo e o estoicismo, doutrinas que nos recomendariam aceitar o real como ele é, e inclusive a amá-lo como ele se apresenta, com seus altos e baixos, o que vem completar a ideia de que a felicidade dependeria somente de nosso estado interior. Como escreve Lenoir em *La sagesse expliquée à ceux qui la cherchent*:

> "A felicidade não é simplesmente amar a vida que temos, mas amar a vida e ponto-final. Amar a vida com seus altos e baixos, seus momentos favoráveis e desfavoráveis, seu quinhão de alegrias e de tristezas. [...] É amar o que é", *e para transmutar nossas dores em serenidade*, "não existe um milhão de maneiras de consegui-lo", *continua a nos explicar o mestre em sabedoria espinosista:* "Trata-se unicamente de dizer 'sim' à vida, ou seja, amá-la e aceitar o real tal como ele é e não como gostaríamos que fosse. É um caminho de aceitação, de consentimento, que supõe um amor incondicional pela vida [...]. É a porta de entrada a qualquer sabedoria, a qualquer existência profunda e permanentemente feliz, não importando os eventos que ocorrerão [...]. É amar a vida com seus altos e seus baixos, seus momentos agradáveis, suas alegrias e suas dores" (Lenoir, 2018).

Dizer “sim” à vida em qualquer circunstância, “com seus altos e seus baixos”? Claro que não!

Também neste caso, decididamente, lamento dizer mais uma vez: penso o exato oposto, ou seja, que a sabedoria, e com ela muito simplesmente a dignidade humana, começam no dia em que somos capazes de dizer “não” ao real, não à injustiça e à ignominia, o que supõe não nos resignarmos jamais, não aceitarmos jamais o inaceitável, que, a exemplo de Churchill e de De Gaulle, nos recusamos a nos curvar diante da abjecção, uma recusa que não tem sentido algum no determinismo dogmático de Epiteto ou de Espinosa[17]. Também neste caso, tenho plena consciência de defender uma banalidade, mas às vezes, ao menos para mim, o filósofo deve ser também capaz de colocar os pontos nos ii. Ora, é de fato a essa resignação, no entanto por vezes indigna, que os teóricos da felicidade por meio do amor ao real, seja ele qual for, nos convidam. Frédéric Lenoir retoma insistentemente esse tema em cada um de seus livros, como nesta passagem edificante de seu livro *La sagesse expliquée à ceux qui la cherchent*, uma passagem que vem logo após as dedicadas a Etty Hillesum e que acabamos de ler:

> À maneira dos Antigos, Nietzsche defende um consentimento alegre a tudo o que é, sem exceção. Convida-nos a dizer “sim”, “Ja sagen” a amar o destino: *amor fati*. [...] Dizer “sim” à vida deve ser compreendido de maneira glo-

---

17. Cf. sobre esse ponto minha crítica radical do determinismo espinosista em meu livro *La vie heureuse. Sagesses anciennes et spiritualité laïque* (2022).

> bal, como acabo de mencionar: é amar a vida com todas suas cores, todas suas tonalidades, todos seus contrastes. Se já assimilamos essa perspectiva, então, quando ocorre uma terrível provação como a tortura, a consideraremos de outra forma. Não será o caso de amá-la, e de se regozijar com essa dor, e sim de considerá-la, por mais dolorosa que ela seja, como parte de um conjunto. Dizemos "sim" ao conjunto, à totalidade de nossa vida, e portanto também a esse suplício (Lenoir, 2018).

Eu os convido a observar cuidadosamente nesses propósitos o "sem exceção" que acompanha a injunção de amar o real *como um todo*, uma locução sem a qual o apelo a se resignar à totalidade do que é não teria, com efeito, sentido algum. Se o "consentimento alegre" valesse apenas quando o real é amável, com exceção daquilo que não é, a recomendação seria supérflua, não passaria de um lugar-comum desinteressante. Os propósitos de meu camarada levam-me irresistivelmente a pensar naqueles de Plutarco, por mim citados em outro livro e sobre os quais devo confessar, com todo respeito, que os considero de uma absurdidade que me parece nos antípodas de qualquer espécie de sabedoria:

> O homem que disse: "Eu o preveni, ó destino! E estou protegido contra suas incursões", esse homem apoia sua confiança e sua serenidade não em muralhas de pedra, mas em princípios que estão à disposição daquele que os quer consultar [...]. Talvez argumentem que

> é preferível "repousar num leito de rosas", segundo a expressão de Sêneca, do que estar deitado totalmente nu numa cama de torturas. Pois é justamente o contrário! Se formos mais virtuosos suportando a cama de tortura e se a constância na provação for superior à frivolidade nos prazeres, a tortura será para nós um bem.

Perdoe-me por mais uma vez ser tão banal e tão pouco sábio, pois confesso preferir ainda assim um leito de rosas à cama de tortura, mas é verdade, desculpe por insistir uma última vez, que certa propensão para o bom-senso nunca me desviou da busca do que creio ser a verdade. *Nobody's perfect*... Resumindo, não vejo razão alguma, quem sabe "razoável", para amar o real quando ele é detestável, iníquo ou atroz. Meu pai, que fez parte da Resistência, que fugiu quatro vezes dos campos nazistas, não amava nem o nazismo, nem o que viu de abominável nos campos, prisioneiros devorados vivos pelos cães, alemães jogando futebol com bebês, centenas de seres humanos fuzilados quando chegavam aos campos simplesmente porque não eram da boa raça ariana... Se lhe tivessem dito que, segundo certos livros de filosofia, a sabedoria consistia em amar tudo o que é "com seus altos e seus baixos", e isso "sem exceção alguma", ele teria concluído que se tratava de uma sabedoria de "colaboracionista". Talvez me digam que o real nem sempre é tão trágico quanto num campo nazista? Em um bairro tranquilo de Paris, sem dúvida, mas no resto do mundo as atrocidades infelizmente continuam a ocorrer e, no mais, sem chegar a exemplos extremos, há bastante sofrimentos, assassinatos sórdidos, miséria e injustiça em nossas tranquilas democracias para que o convite a amar tudo, a se interessar somente por sua harmonia interior, possa ser julgado mais obsceno do que sábio por aqueles que ainda conservaram um pouco do espírito da Resistência...

Claro, como sempre depois de ter enunciado uma tese de um radicalismo absoluto (amar o mundo tal como ele é, sem exceção, mesmo quando ele é ignóbil etc.), o que desperta muito mais a atenção do que uma verdade banal, é indispensável uma pequena manobra para retornar à autoestrada do bom-senso. O espinosista que negava qualquer espécie de livre-arbítrio, o nietzschiano que nos convidava a praticar o *amor fati* sem esmorecer e o estoico que nos afirmava que nada de exterior a nós depende de nós e que podemos tanto ser felizes numa sala de tortura quanto num leito de rosas, reintroduzem *in extremis* uma pequena margem de manobra, um estreito espaço de livre-arbítrio, o que lhes permite encontrar então o senso comum que tinham cuidadosamente dispensado quando se tratava de aceitar todos os horrores do mundo na alegria e no bom humor, e como nos garante nosso amigo Frédéric:

> Quando não podemos agir para ajudar uma pessoa, aliviar um sofrimento, lutar contra uma injustiça, a sabedoria nos convida a fazê-lo [...]. Mas quando nada podemos fazer, quando somos confrontados a uma força externa sobre a qual não temos qualquer domínio, mais vale aceitar alegremente o que é do que entrar na negação (Lenoir, 2018).

Meu Deus, mas é tão claro!, como dizia o inspetor de uma série de televisão de minha infância. Com efeito, não é necessário ter feito engenharia nem ter lido Espinosa para compreender que, quando podemos, nós podemos; quando não podemos, nós não podemos; e se podemos é necessário, e se não podemos, não é necessário, um truísmo sobre o qual observaremos que ele não tem mais relação alguma nem com a radicalidade demonstrada no início sob a égide do *amor fati* de Nietzsche e do determinismo absoluto de Espinosa, nem, e talvez menos ainda, com a distinção estoica entre o que depende de nós e o que não depende de nós, uma distinção estoica que conduzia no entanto de maneira radical a postular que as únicas mudanças que podemos realizar ao longo de nossas existências são aquelas que afetam nossa vida interior excetuando-se tudo o que depende do mundo exterior.

Como já sugeri, mas permita-me insistir porque é essencial, essas fórmulas encantatórias, esses convites a amar o real "em sua totalidade" repetidos infinitamente nos manuais de felicidade perfeita, teriam algum sentido apenas se valessem somente quando tudo é agradável, quando tudo vai bem. É preciso também, e até sobretudo, que elas se apliquem quando as circunstâncias são dolorosas, e até atrozes, num campo de extermínio, num período de luto, diante de uma doença incurável, da morte de um filho tanto quanto no terraço de um café, na doçura da primavera, quando a vida é boa e bela. Mas de repente, correção necessária, encontramo-nos num lugar-comum sem impacto (é preciso fazer aquilo que podemos quando podemos e não procurar fazê-lo quando não podemos fazê-lo: tudo bem, então!), a léguas do famoso "*ja sagen*" cujos méritos eram elogiados no início, a uma enorme distância do grandioso e radical "sim à vida" à maneira do *amor fati* ou do "amor intelectual a Deus" de Espinosa, do amor ao que está ali, bom ou mau, mas de todo modo ali, presente diante de nós. Já tivemos de aprender a amar o real em qualquer circunstância a fim de tentar sempre "saborear o instante presente", e eis que, de repente, um retorno necessário ao senso comum agora "depende"...

Cuidado de si antigo e cuidado de si moderno – Um dos erros de Foucault, denunciado por Pierre Hadot e retomado pelos mercadores da felicidade: para os Antigos, o cuidado de si convidava a se esquecer de si mesmo para chegar à transcendência do cosmos, e não ao individualismo narcísico!

Na tentativa de impressionar o leitor com um retorno a alguma sabedoria antiga que supostamente nos traria, das profundezas das eras, uma mensagem espiritual de amor ao real, há muitas vezes uma tática, para não dizer uma impostura. Em a *Histoire de la sexualité*, Foucault já havia tentado, muito antes de se falar em psicologia positiva e em desenvolvimento pessoal, enraizar a lógica do cuidado de si moderno, individualista e narcísico, na filosofia grega para lhe dar uma inegável legitimidade. O problema é que essa tentativa é simplesmente falaciosa, porque se apoia numa falsificação do verdadeiro significado do cuidado de si antigo. Pois apesar do que acabamos de ler sobre os propósitos estoicos, sua doutrina, ao contrário do narcisismo contemporâneo, justificava o cuidado de si apenas na perspectiva de um esquecimento de si para chegar a uma transcendência cósmica que a busca da felicidade tal como apresentada pelos nossos ideólogos atuais ocultou totalmente. Apesar das aparências, existe de fato uma diferença fundamental entre a versão antiga das filosofias da felicidade e a reinterpretação moderna dada por Foucault e em seguida pela psicologia positiva.

Com efeito, foi Foucault quem popularizou a noção de "cuidado de si", que combina tão bem com a atmosfera individualista e desencantada que caracteriza o mundo atual. Já era nessa direção que ele nos propunha retornar a fim de obter os ingredientes de uma maravilhosa receita, a da autenticidade e da "aplicação em si mesmo", uma alquimia que se impõe, segundo ele, após a "morte de Deus" se quisermos chegar ao soberano bem. Sem perceber, ele preparava o terreno para os temas importantes da psicologia positiva e do desenvolvimento pessoal. Como insiste no último tomo da *Histoire de la sexualité*, é com efeito no eudemonismo grego e romano que ele pretendia colher as ideias mais fundamentais sobre a necessidade dessa "harmonização de si consigo mesmo", única capaz de nos conduzir para a vida boa. Segundo uma tese por ele desenvolvida ao longo desse livro – e se proponho essa rápida reflexão é porque ela torna perfeitamente clara a revalorização do narcisismo que acabamos de mencionar –, a "cultura de si" já estaria onipresente no mundo antigo, não apenas no conhecido "conhece-te a ti mesmo" (*gnôthi seauton*) presente no frontão do templo de Apolo em Delfos antes de ser retomado por Sócrates, porém de forma mais geral naquilo que os gregos chamavam de "*épiméleia héautou*" e os latinos de "*cura sui*", fórmulas que podem ser traduzidas por "cuidado de si" ou "atenção a si".

Essa injunção, ele está convencido, e o cito, de "encontrá-la em muitas doutrinas filosóficas antigas". Ele a vê (ou acredita vê-la: na verdade observaremos que se engana redondamente) entre os platônicos e os epicuristas, porém mais ainda entre os estoicos, cujo fundador da escola, Zenão de Cítio, já afirmava que "aqueles que querem se salvar devem viver cuidando constantemente de si", cuidando de si e dando atenção a si todos os dias. Eis o que Foucault diz sobre isso num capítulo inteiramente dedicado a essa exigência do cuidado de si pela qual os Antigos teriam segundo ele anunciado o período atual:

> Conhecemos a extensão alcançada, em Sêneca, pelo tema da dedicação a si mesmo: é para se consagrar a esta que, segundo ele, é preciso renunciar às outras ocupações; assim seria possível se tornar "disponível" para si mesmo (*sibi vacare*). Mas essa "disponibilidade" assume a forma de uma atividade múltipla que exige que não se perca tempo e que não se economizem esforços para "constituir-se em si mesmo", "transformar-se em si mesmo", "retornar a si mesmo". *Se formare, sibi vindicare, se facere, se ad studia revocare, sibi applicare, suum fieri, in se redere, ad se recurrere, secum morari*: Sêneca dispõe de todo um vocabulário para designar as diferentes formas que o cuidado de si deve assumir e a pressa com a qual

se busca reunir-se consigo mesmo (*ad se properare*)[18] (1984, p. 64-65).

Ao meditar sobre essas expressões (que certamente é inútil traduzir: elas são bastante eloquentes mesmo para quem não estudou latim), medimos a que ponto elas podem dar, com efeito, o sentimento de estarem próximas do individualismo contemporâneo, dessa atenção a si pós-desconstrucionista que prepara o frenesi da felicidade ao qual assistimos hoje. Nesse aspecto, a psicologia positiva não se enganou, as publicações que a promovem consagrando regularmente artigos às sabedorias antigas, gregas, romanas ou orientais, e muito particularmente, claro, como em Foucault, ao estoicismo[19].

Se Foucault tivesse se limitado à ideia de que a Antiguidade greco-romana abria um espaço importante aos exames de consciência, aos exercícios de sabedoria e ao autoconhecimento concebido como um meio de entrar em contato com a

18. Ou ainda, no mesmo sentido: "O que se destaca nos textos do primeiro século [...] é a insistência na atenção que convém dar a si mesmo; é a modalidade, a extensão, a permanência, a exatidão da vigilância que é exigida; é a inquietude com todos os transtornos do corpo e da alma que é preciso evitar com um regime austero; é a importância de respeitar-se a si mesmo, não simplesmente em seu estatuto, mas em seu ser razoável" (Foucault, 1984, p. 57).

19. Cf., por exemplo, a edição de setembro-outubro de 2016 da revista *Psychologie positive* que, além da inevitável entrevista com Christophe André, contém um longo artigo sobre os estoicos, que supostamente detêm a "chave da felicidade". Nada mais que isso! O artigo em questão inclui um relato diário de uma "semana estoica", na qual o autor descreve sua aplicação escrupulosa dos princípios do estoicismo. Ele afirma, aliás, que "vários testemunhos de prisioneiros de guerra que encontraram refúgio no estoicismo demonstram que essa filosofia pode até mesmo ajudar a suportar a tortura e o isolamento prolongado". Em suma, se ela pode ser útil quando a vida está tranquila a uma dona de casa com mais de 50 anos, o público-alvo do artigo em questão...

transcendência do cosmo, ninguém teria contestado. O problema nessa leitura do mundo antigo é que, como exige a desconstrução, ele separa o cuidado de si daquele de um cosmo que o martelo de Nietzsche, seu mestre espiritual depois de Heidegger, explodiu há muito tempo. Portanto o cuidado de si está para ele, ao contrário do que realmente ocorreu entre os Antigos, separado do esquecimento de si, o que equivale a isolar a imanência ao ego da transcendência cósmica na ausência da qual essa imanência perde todo significado. Essa separação constitui um colossal erro de interpretação sobre o sentido verdadeiro da cultura de si antiga, um equívoco evidente para alguém que se interessa de forma minimamente séria pelos mundos grego e romano, dado que as diferentes figuras da introspecção não são entre os grandes pensadores da Antiguidade mais do que pré-requisitos ao objetivo último de se harmonizar, não somente consigo mesmo, mas sobretudo com a transcendência do universo, se harmonizar com a harmonia cósmica.

Como Pierre Hadot (2002) escreve de maneira muito correta no excelente artigo *Exercices de sagesse et philosophie antique* [Exercícios de sabedoria e filosofia antiga] consagrado aos erros de Foucault sobre o sentido real do cuidado de si grego, "Sêneca não encontra sua alegria em 'Sêneca', mas ao transcender Sêneca, ao descobrir que nele existe uma razão, parte da Razão universal interior a todos os homens e ao próprio cosmos". Por isso a crítica radical que ele faz à interpretação de Foucault, uma crítica sobre a qual vale meditar seriamente de tanto que ela mostra o quanto o narcisismo contemporâneo, do qual Foucault se encontra prisioneiro como discípulo da desconstrução nietzschiana da metafísica, está, na realidade, nos antípodas da relação grega com a transcendência da harmonia cósmica:

> De um ponto de vista histórico, é difícil admitir que a prática filosófica dos estoicos e dos platônicos não passou de uma relação consigo mesmo, de uma cultura de si, de um prazer consigo mesmo. O conteúdo psíquico desses exercícios me parece bem diferente. O sentimento de pertencimento a um Todo parece-me ser seu elemento essencial: pertencimento ao Todo da comunidade humana, pertencimento ao Todo cósmico [...]. Por exemplo, não é exato falar "de escrita de si" como faz Foucault. Não apenas ninguém escreve para si, mas a escrita não constitui o si: como os outros exercícios espirituais, ela leva, ao contrário, a mudar o eu de nível, ela o universaliza [...]. A interiorização é superação de si e universalização (Hadot, 2002, p. 305ss.).

Talvez digam que, com o epicurismo, o individualismo contemporâneo pudesse ao menos encontrar um ancestral mais crível do que com o platonismo ou o estoicismo. No entanto, não é nada disso, e mesmo no caso do epicurismo, a relação com o universo transcendendo o eu está onipresente nos exercícios espirituais. No jardim de Epicuro, a conhecida prática do exame de consciência é uma vez mais destacada por Hadot:

> [...] não pode ser definida somente como uma cultura de si, como uma mera relação de si

> consigo mesmo, como um prazer que se encontraria em seu próprio eu. O epicurista não teme confessar que ele precisa de outra coisa além de si mesmo para satisfazer seus desejos e encontrar seu prazer: ele precisa do alimento corporal, dos prazeres do amor, mas também de uma teoria física do universo para suprimir o temor aos deuses e à morte (Hadot, 2002).

Sem essa teoria física, à qual acedemos pelas vias de uma razão que nos faz de alguma forma "nos esquecermos de nós mesmos", é impossível chegar à famosa sabedoria do "quádruplo remédio", do *tetrapharmakos*: impossível 1) se livrar do temor aos deuses, 2) do temor à morte, 3) compreender a diferença entre os desejos naturais e os desejos artificiais e 4) perceber em que sentido as dores são em geral passageiras e os bens mais preciosos afinal bastante fáceis de obter.

Entre os estoicos, que Foucault sempre menciona como os principais teóricos do eudemonismo, a atenção dada a si mesmo tem na realidade um único objetivo: preparar com humildade, trabalhando essa razão que está em cada um de nós, o acolhimento da transcendência radical do cosmos a fim de conseguir entrar em harmonia com ela. Veja, entre muitas outras passagens que eu poderia citar, o que Cícero dizia no comentário sobre o pensamento estoico que se encontra em sua obra intitulada *Sobre os fins dos bens e dos males*: "Aquele que quer viver em acordo com a natureza deve partir da visão de conjunto do mundo e da Providência". Ora, essa visão de conjunto nós podemos conquistá-la graças à razão que está em nós (de onde a utilidade de um cuidado de si racionalista e não narcísico). "Aquele que quer viver em acordo com a natureza": este é, de fato, ao contrário desse egotismo neostendhaliano com o qual Foucault se compraz, o objetivo supremo da ética, bem como da doutrina da salvação. Trata-se sobretudo de se ajustar, ou melhor, de se "unir" à ordem natural do mundo, ao cosmos, por isso aquele que quer viver em acordo com a natureza deve antes partir da *théoria*, de uma contemplação racional e global da ordem cósmica, a fim de saber como encontrar nela seu justo lugar. Citando mais uma vez Cícero, ainda comentando a sabedoria estoica, "não conseguiríamos dar julgamentos verdadeiros sobre os bens e o males sem conhecer o sistema completo da natureza". E para tanto, é preciso procurar dentro de si, em sua razão, algo para compreender em que condições o ser humano pode de alguma forma "se esquecer de si mesmo", abstrair de seu pequeno ego para se colocar em acordo com essa natureza universal.

Quanto ao *épistrophè eis héauton*, o "voltar-se para si", bem como sobre o conhecido "conhece-te a ti mesmo", Foucault engana-se ainda mais ao fazer dele uma prova da antecipação de uma ética moderna da autenticidade, ele escreve:

> É preciso ter em mente que o objetivo principal que alguém deve se propor deve ser procurado em si mesmo, numa relação de si consigo mesmo. Essa conversão implica um deslocamento do olhar: não é preciso que este se disperse numa curiosidade ociosa, seja ela a das agitações cotidianas ou a que procura descobrir os segredos da natureza mais distantes da

> existência humana e do que importa para ela [...]. A *conversio ad se* é também uma trajetória, uma trajetória graças à qual, escapando de todas as dependências e de todas as sujeições, chega-se a si mesmo (Foucault, 1984).

O objetivo da conversão a si seria assim chegar ao

> [...] gozo de si como de uma coisa que se tem ao mesmo tempo em sua posse e diante dos olhos [...], e a experiência de si que se forma nessa possessão não é simplesmente aquela de uma força dominada, ou de uma potência prestes a se revoltar, é a de um prazer que se tem consigo mesmo. Aquele que chegou finalmente a ter acesso a si mesmo é, para si, um objeto de prazer. Não apenas se contenta com o que se é e aceita se limitar a ele, mas se aprecia a si mesmo (Foucault, 1984).

Essa leitura narcísica, que estabelece o vínculo entre o cuidado de si e a busca do prazer, é tão evidentemente falsa num plano histórico, filosófico e filológico que nos é difícil compreender como Foucault conseguiu divagar tanto. Ao contrário do que ele escreve, a fórmula délfica não tem nada a ver, rigorosamente nada, com uma filosofia individualista da introspecção. Na realidade é o contrário. Ela significa, como já mostrei antes e como vemos em todos os mitos gregos que estigmatizam a húbris, essa desmedida arrogante cujo modelo é o homem prometeico, que é preciso conhecer seu justo lugar na ordem cósmica: "Saiba quem você é e onde você está no mundo e sobretudo não se tome, como fez Tântalo, por um deus!": eis o que nos recomenda o famoso "conhece-te a ti mesmo". E nessa perspectiva, sobretudo, é que ele é imediatamente completado por outra fórmula, "Nada em excesso!" (*méden agan!*), uma injunção diretamente contígua ao "conhece-te a ti mesmo!" sobre o frontão do templo. Ela lembra que o maior erro consiste em tomar-se por aquilo que não se é, por mais do que se é na realidade, em querer se apossar de mais do que sua parte, em procurar ocupar na ordem cósmica um lugar que não é o seu, um lugar superior ao que nos cabe em função de nossa natureza. Se a questão é "conhecer-se a si mesmo", não é portanto, como numa psicanálise, para tentar ficar bem, para reconciliar-se consigo ao conseguir resolver os conflitos que nos dilaceram e provocam angústia, mas para encontrar em si, em sua razão, os meios de identificar seu justo lugar no cosmos a fim de se ajustar a ele como faz Ulisses quando compreende que seu destino está em Ítaca. Em outras palavras, ao contrário do narcisismo e do egotismo contemporâneos, o imperativo délfico significa: não peque por húbris, não caia na arrogância e na desmedida. Se Tântalo é punido, é porque se tomou por igual aos deuses, porque pecou por orgulho; ele não está em seu lugar, ele é "intruso", de alguma forma, e os deuses o recolocam brutalmente em seu lugar por meio de um terrível castigo[20].

---

20. A interpretação que Sócrates faz do "conhece-te a ti mesmo", do *gnôthi seauton*, contradiz ainda mais sua leitura foucaultiana sobre o cuidado de si, uma vez que ela constitui na realidade um mero momento de transição entre duas transcendências: a das ideias verdadeiras que, de acordo com Platão, nós contemplamos antes do nascimento, e a dessas mesmas ideias verdadeiras que o sábio vai redescobrir no final do caminho que leva para fora da caverna.

Não me estenderei aqui sobre esses temas platônicos, estoicos ou epicuristas que mostram demasiadamente o quanto a redução de seu pensamento a um cuidado de si individualista é falsa. Ao apagar a relação com a transcendência do cosmos, ao insistir apenas na conversão ao "eu profundo", nossos modernos mercadores de felicidade sintonizam apenas com, no início, a desconstrução dos ídolos com o martelo que caracteriza o pensamento daquele que Foucault sempre considerou como um verdadeiro mestre, ou seja, Nietzsche[21], mas

---

Portanto, não se poderia estar mais enganado sobre o sentido grego e romano do cuidado de si. Não só ele não se refere à "*conversio ad se*", como é exatamente o inverso: ele não tem outro propósito senão o de encontrar em nós o meio de nos arrancar de nós mesmos para entrar em relação com o cosmos e com as verdades que nos transcendem por todos os lados. Seja no Templo de Delfos ou na filosofia de Platão, o "conhece-te a ti mesmo" é um convite a se esquecer de si para entrar em relação com o que é superior e exterior ao nosso eu individual. Nessa cultura comum que é a mitologia grega, isso significa claramente: "Saiba quem você é, não se tome pelo que não é, não peque por húbris, por orgulho e por desmedida, e lembre-se de que você é apenas um ínfimo grão de poeira na ordem cósmica criada por Zeus". Em Platão, como vemos no *Mênon*, quando Sócrates convida o escravo a "refugiar-se em si mesmo", a conhecer-se a si mesmo, não é só para se contentar, para ter um gozo de si narcísico, mas, ao contrário, para descobrir uma verdade transcendente, a do Teorema de Pitágoras, um raciocínio matemático verdadeiro que, de acordo com a teoria platônica da verdade, todo ser humano conheceu antes de nascer, depois esqueceu, e que pode redescobrir pela introspecção, o que não significa evidentemente que a verdade esteja somente dentro dele, mas com toda certeza no céu das ideias transcendentes. Na teoria platônica da verdade, o momento do cuidado de si, da introspecção, do "conhece-te a ti mesmo" não é portanto nada mais do que um momento de transição entre uma verdade transcendente que já conhecemos e uma verdade que buscamos redescobrir dentro de nós, mas que ainda assim existe radicalmente fora de nós.

21. Em uma entrevista ao *Magazine littéraire* em 1º de março de 1968, Foucault não hesitou, aliás, em reconhecer sua dívida para com os grandes desconstrutores alemães, em especial Nietzsche e Heidegger: "[Heidegger] sempre foi para mim o filósofo essencial, todo meu desenvolvimento filosófico foi determinado pela leitura de Heidegger, mas reconheço que Nietzsche prevaleceu". E acrescentou: "Sou simplesmente nietzschiano, tento, na medida do possível, em cer-

também, no final, com a busca frenética e narcísica da felicidade que mais tarde será trazida pela psicologia positiva e pelas teorias do desenvolvimento pessoal, doutrinas que, além do mais, já estão em germe nos Estados Unidos no momento em que Foucault escreve seus livros. O importante aqui não é seu erro como tal, é o vínculo que ele demonstra claramente entre a desconstrução das transcendências (a crítica nietzschiana aos ídolos), o nascimento do individualismo democrático-narcísico (quando não há mais transcendência, nem regras de moral[22], resta ao menos uma "estética da existência", para não dizer simplesmente: uma estética do umbigo), e a emergência em nossas sociedades liberais da busca frenética e desesperada da felicidade[23]. Como mostrarei no próximo capítulo, é apoiado nessa tripla base que se produz o vínculo nessas ideologias contemporâneas entre o retorno aos Antigos e as modernas ideologias da felicização do mundo, que nos convidam a "desapegar", a amar o real assim como ele é, a saborear o instante presente ("*carpe diem*") e

---

to número de pontos, ver com a ajuda dos textos de Nietzsche, mas também com as teses antinietzschianas, que ainda assim são nietzschianas, o que pode ser feito neste ou naquele campo. Não estou procurando nada de diferente, mas estou procurando por isso".

22. Como Foucault escreve com evidente satisfação: "Se me interessei pela Antiguidade é porque, por uma série de razões, a ideia de uma moral como obediência a um código de regras está, agora, desaparecendo, já desapareceu. E em resposta a essa ausência de moral há uma busca de uma estética da existência" (1978, p. 1551).

23. Citemos uma vez mais Foucault, que atribui ao "cuidado de si" a missão de permitir que "os indivíduos realizem, sozinhos ou com outros, certo número de operações em seu corpo e em sua alma, seus pensamentos, suas condutas, seus modos de ser; que se transformem a fim de alcançar um certo estado de felicidade" (1978, p. 1604).

a nos amarmos a nós mesmos tal como somos, em vez de procurar nos melhorar, visar a excelência em nome da perfectibilidade.

Além do mais, não há surpresa alguma, uma vez que esse narcisismo nos chega do outro lado do Atlântico[24], do país onde Foucault se tornou uma estrela, onde o individualismo neoliberal impera, pois a desconstrução das transcendências é, como veremos no próximo capítulo, o principal efeito da história do capitalismo schumpeteriano reforçado pelo esquerdismo cultural segundo um paradoxo que merece uma reflexão. Não era a diferença fundamental que ressaltamos entre o cuidado de si contemporâneo e o dos Antigos que preparava o esquecimento de si para chegar ao cosmos, um vínculo poderoso se estabeleceu entre a desconstrução, no século XX, das grandes narrativas e certo retorno ao que as sabedorias antigas, uma vez separadas de sua dimensão de transcendência cosmológica, podiam oferecer a um individualismo orientado para a felicidade *per si*. O que fica claro é que esse frenesi da felicidade nasceu apoiado numa desconstrução das grandes narrativas que davam um sentido à existência humana a partir de um vínculo com o sagrado, com a transcendência. Portanto, no próximo capítulo eu proponho abordar as causas e as consequências dessa grande desconstrução.

---

24. Sobre esse ponto indico o livro de Edgar Cabanas e Eva Illouz (2018).

3

A desconstrução das grandes narrativas e a busca da felicidade

As causas e as consequências da "desconstrução"

"Outro dia, na casa de René Fortuny, um idiota disse: 'Afinal, o objetivo é ser feliz'. Quando entramos no carro eu disse a Nancy: 'Você já ouviu um comentário mais medíocre?' Ao que Nancy respondeu finamente: 'E qual seria o objetivo, na sua opinião?' Para ela, a felicidade é legítima..."
Yasmina Reza, *Une désolation* (2016)

"O lugar dado ao autoconhecimento torna-se mais importante: a tarefa de se testar, de se examinar, de se controlar numa série de exercícios bem-definidos coloca a questão da verdade – da verdade de quem somos e do que somos capazes de fazer – no centro da constituição do sujeito moral."
Michel Foucault, *Histoire de la sexualité*, t. III, *Le Souci de soi* (1984)

A desconstrução, ao longo de todo o século XX, das grandes narrativas e das grandes causas transcendentes que davam sentido à vida individual e também coletiva, terá tido como principal efeito que o céu agora pareça vazio para a maioria de nossos concidadãos. E se não existe nada depois, nem paraíso, nem futuro radiante que poderiam justificar que sacrifiquemos algo do presente para no futuro tirar proveito de uma vida mais plena, é aqui e agora, não num outro mundo nem numa sociedade a ser reconstruída, que devemos encontrar nossa felicidade. Quer gostemos delas ou não, quer lamentemos seu desaparecimento ou nos alegremos com ele, é inegável que as três grandes ideologias sacrificiais que dominavam a Europa nos séculos XIX e XX – nacionalismo, comunismo e cristianismo – perderam no mínimo sua soberba.

Embora já o tenha mencionado na introdução, permita-me voltar ao assunto para evitar um mal-entendido: minhas palavras poderiam sugerir que eu também entoo, como a maioria de meus colegas, a melodia da decadência e do declínio. Para mim, o fato de as grandes narrativas sacrificiais terem abandonado a paisagem espiritual do Ocidente não significa, no entanto, que toda forma de transcendência e de sagrado tenha desaparecido. Os que leram meus livros sabem que defendo a ideia de uma espiritualidade laica, uma visão de mundo que se apoia numa transcendência "horizontal", a da "revolução do amor" e da "sacralização do humano". Essa ideia eu a desenvolvi nos livros anteriores, especialmente, como já mencionei, no *La vie heureuse. Sagesses anciennes et spiritualité laïque*, portanto não a retomo aqui. Proponho ir mais adiante, analisar neste capítulo a natureza, as causas e as consequências da grande desconstrução das transcendências "verticais", que tempos atrás ainda envolviam "do alto" a vida dos indivíduos, o que para mim supõe o exame de três grandes questões:

1) Em que consistiu exatamente a desconstrução dos valores e das autoridades tradicionais, a dos princípios que implicavam, para além do cuidado de si, um cuidado do bem comum e do interesse geral?

2) Quais são suas causas, por quais razões de fundo o esquerdismo cultural ("Pensamento 68") veio paradoxalmente reforçar a lógica da desconstrução criativa, ou melhor, da inovação destrutiva, que constitui a essência íntima deste capitalismo globalizado cuja crítica radical ele pretendia, no entanto, fazer?

3) Por fim, *last but not least*, quais são as principais consequências desse maremoto em nossa vidas diárias, quais metamorfoses do tempo presente ele engendra? Abalos cuja análise aprofundada será tratada nos próximos capítulos, mas que eu gostaria de assinalar desde já.

Citei inúmeras vezes esta sentença de Hegel segunda a qual a filosofia é sobretudo "seu tempo percebido nos pensamentos" (*ihre Zeit in Gedanken erfasst*). Ela me parece mais apropriada do que nunca. Antes de nos lançarmos em diatribes moralizadoras, e tão apreciadas no mundo intelectual desde Voltaire, convém começar por compreender o real de sua época. E se quisermos "perceber" hoje sua natureza essencial, se quisermos especialmente compreender por que o frenesi da felicidade "aqui e agora" já ocupa o principal lugar, por que ela também nos veio dos Estados Unidos, o país por excelência da "destruição criativa", mas também aquele no qual a *French Theory* ("Pensamento 68") recebeu a repercussão mais extensa e mais favorável, é indispensável ter uma visão clara dos motivos que a favoreceram. Ora, como vou mostrar agora, eles são de uma profundidade abissal, e nada têm de evidente nem de anedótico.

I. O maremoto da desconstrução das grandes narrativas sacrificiais: nacionalismo, comunismo e cristianismo

Durante uma conferência dada no outono de 2022 em São Paulo para um público composto de universitários, de políticos e de líderes empresariais, um dos participantes pediu-me para desenvolver uma ideia que eu já expusera antes, mas rápido demais: "O senhor falava, ele disse, de uma sequência de três tempos, levada por um maremoto que seria a chave da compreensão de nosso mundo ocidental, poderia falar mais a respeito?" Percebo que, com efeito, mencionei às vezes os três tempos dessa sequência em minhas conferências, assim como falei em meu último livro, *La vie heureuse*, mas sem nunca realmente expô-la com mais profundidade. Ora, ela parece-me mais e mais operacional. Para dizer a verdade, estou convencido de que ela não era "uma", mas "a" chave de compreensão do mundo narcísico cuja tendência é a de se tornar o nosso no Ocidente, do universo social, político, moral e espiritual no qual nossos filhos vão viver. E como eu os amo, gostaria que eles compreendessem, e nós também, o que os espera a fim de que possam encontrar seu lugar, escolher seu destino e, se necessário, corrigir a rota se ainda houver tempo.

Em primeiro lugar é o patriotismo à moda antiga que passou por uma erosão sem igual em nossa história. Quando digo "à moda antiga", refiro-me a algo relacionado à ideia de nação, neste caso a França, que supunha que estaríamos dispostos a dar a vida por ela, caso necessário. Pouco tempo atrás conversei sobre esse assunto com um de nossos generais. Ele me dizia que em suas tropas, e em seu coração, o patriotismo ainda estava bem vivo. Com certeza ele ainda existe, e isso é bom, numa grande parte do exército, mas e no resto do país? Para refletir sobre isso, lembre-se do que foi o patriotismo durante a Primeira Guerra Mundial. Lembre-se, por exemplo, da famosa "ofensiva Nivelle" de abril de 1917 ao longo do tristemente famoso Chemin des dames. Permita-me lembrá-lo em poucas palavras o essencial desse drama. O Chemin des dames é na realidade um platô, um vasto espaço de terreno situado entre dois vales, o do Aisne e do Ailette. Desde 1914 ele estava ocupado pelos alemães, que decidiram construir ali subterrâneos e instalar vários ninhos de metralhadoras habilmente camuflados. O General Nivelle, contra a opinião da maioria de seus colegas, quer a todo custo abrir nesse terreno uma passagem para que seus soldados possam atravessar o platô e se reunir a outras tropas francesas. Às 6 horas da manhã do dia 16 de abril a ofensiva foi lançada e, como dirá pouco depois um deputado na Assembleia Nacional, às 7 horas ela já estava perdida!

Resultado: 200 mil mortos em apenas dois meses no lado francês, provavelmente o mesmo tanto no lado alemão, e tudo sem qualquer efeito notável sobre o desenrolar de uma guerra que todos reconhecem hoje, seguindo nesse sentido as análises proféticas de Jaurès, que ela era absurda e que poderia e deveria ter sido evitada. Em suma, foram, em nome do patriotismo e do nacionalismo, 400 mil rapazes, por vezes ainda garotos, que morreram por nada, em condições horríveis (sempre nos esquecemos de falar do horror dos ferimentos, da agonia dos feridos que morrem entre duas trincheiras sem que seus camaradas possam socorrê-los, das execuções sumárias, das torturas infligidas aos prisioneiros etc.). Não importa se pensamos, se consideramos esse patriotismo admirável ou estúpido, se sentimos nostalgia ou nos alegramos com seu fim, quem consegue seriamente acreditar que essa carnificina ainda seria possível em nossa velha Europa, entre duas democracias pacíficas, acostumadas à paz, ao respeito pelos direitos humanos e preocupadas, sobretudo, com a prosperidade econômica e social? Sejamos francos: nenhuma família a aceitaria mais, e se ainda somos muitos a amar nosso país, a amar a França, certamente não é mais nesse sentido mortífero que ainda era evidente no início do século passado.

E em seguida assistimos ao colapso da ideia revolucionária – e seja lá o que pensamos sobre ela (mal, quanto a mim, em razão das dezenas de milhões de mortos que essa ideia funesta causou, desde o Terror de 1793 até a Revolução Cultural Chinesa), ainda assim essa ideia definia uma causa superior aos indivíduos, um ideal transcendente que dava sentido à vida, uma grande causa que podia ainda seduzir uma boa parte da juventude, da classe operária, mas também do mundo intelectual dos anos de 1970. Ora, para mencionar apenas ele, o comunismo passou na França, entre 1950 e hoje, de 25% do eleitorado a 2%. Estou convencido de que ainda não mensuramos o efeito desse colapso, não apenas sobre o conjunto da esquerda (o Partido Socialista também acabou definhando de tanto que seu destino estava ligado ao de seu irmão inimigo), mas sobre o conjunto de uma vida política que, órfã de "grandes desígnios", parece se satisfazer em não ser mais do que uma questão de gestão do dia a dia. Por fim, a terceira visão de mundo portadora de sentido e de transcendência é o catolicismo que passou pela mesma impressionante erosão: hoje, apenas 4% dos franceses vão à missa aos domingos ao passo que eram 30% em 1950 e ainda 15% em 1980; 95% dos franceses eram batizados em 1950 (o que, aliás, inclui também muitos comunistas!), hoje não passam de 30%, ao passo que a própria Igreja definhou a uma velocidade vertiginosa: 45 mil padres em 1960, 25 mil em 1990, 6 mil em 2014, e, nesse ritmo, quantos em 2030?

Nessas condições, é preciso confessar nossa dificuldade de defender a noção de sacrifício por uma grande causa, a ideia de se responsabilizar pela preparação dessa vida futura que as grandes narrativas que povoavam o universo moral, político e espiritual do século passado prometiam não faz tanto tempo assim. Daí a pretender que, se não há nada a esperar do futuro, a lógica do *carpe diem* e do frenesi da felicidade deve tomar o lugar agora vago, que uma renúncia plena e total ao espírito de sacrifício se impõe, é só um passo, um passo alegremente dado pelos mercadores de uma felicidade finalmente não adiada.

II. As causas da desconstrução: a aliança paradoxal entre o capitalismo e o esquerdismo cultural

Voltemos então às fontes desse maremoto. Ele está sobretudo ligado à história do capitalismo, à emergência de sociedades dominadas por um imperativo de inovação permanente e, por essa razão, de ruptura incessante com as tradições. Como sempre, no entanto, a realidade histórica é mais complexa, e num sentido mais interessante do que se poderia pensar à primeira vista. Com efeito, desde seu surgimento nos anos de 1830, não são uma e sim duas faces antitéticas da burguesia que despontaram, uma conservadora, a outra inovadora, e até "revolucionária" segundo as próprias palavras de Marx[25]. Essa data não é escolhida ao acaso. Trata-se de uma referência simbólica dotada de um significado forte. Ela evoca sobretudo as "Três gloriosas", as jornadas revolucionárias que vão colocar um fim ao reinado do rei mais reacionário, mais ridiculamente contrarrevolucionário que a França conheceu, Carlos X, antigo Conde de Artois. Mas é também ao longo do ano de 1830 que nasce Monsieur Prudhomme, personagem teatral criado por Henry Monnier nas *Scènes populaires dessinées à la plume*[26] [Cenas populares desenhadas com pluma], na mesma época em que François Guizot se torna ministro. Nos séculos seguintes, Prudhomme e Guizot vão encarnar as duas faces opostas da burguesia: de um lado, o notável provincial, rechonchudo, conservador e tolo, que defende com unhas e dentes os valores da tradição, do outro o liberal apaixonado pela inovação.

Para compreender melhor todos os aspectos da grande desconstrução, vamos traçar seu breve retrato.

---

25. Muitas vezes esquecem que Marx considerava o capitalismo como um sistema de "revolução permanente", e nesse sentido a tese de Schumpeter sobre a destruição criativa é, pelo menos neste ponto preciso, mas essencial, nada mais do que um prolongamento da tese de Marx.

26. Os traços do personagem serão desenvolvidos mais tarde em *Grandeur et décadence de Monsieur Joseph Prudhomme* (1852) e depois em *Mémoires de Monsieur Joseph Prudhomme* (1857).

A dupla face conservadora e revolucionária da burguesia a partir de 1830

De Guizot, o imaginário popular na maioria das vezes guardou somente uma sentença com tonalidade mercantil, o conhecido "enriqueçam!" Mas isso é deixar de lado que ele foi sobretudo um escritor talentoso e também um excelente historiador. André Guizot, seu pai, próximo dos girondinos, foi condenado à morte durante o Terror, enquanto sua mãe, grande leitora de Rousseau, obrigou seu filho, seguindo assim os princípios expostos no *Emílio*, a aprender uma atividade manual, no caso a marcenaria, o que não o impediu de adquirir uma sólida formação de humanista. Ele traduziu a *Histoire de la décadence et de la chute de l'Empire romain*, principal obra de Gibbon, foi o brilhante titular da cadeira de História da Sorbonne, situação que, aliás, sua oposição aos ultras e a Carlos X o levará a perder um pouco mais tarde. Embora eleito deputado liberal em 1830, e depois nomeado ministro do Interior no mesmo ano, é em 1831, como novo ministro da Instrução Pública, que ele conseguirá demonstrar toda sua paixão pela inovação. Com efeito, é graças à Lei Guizot de 1833 que são criadas na França as escolas normais que se encarregarão da formação de professores primários e do corpo de inspeção, mas sobretudo é por meio dessa lei que são instauradas pela primeira vez em nossa história escolas primárias em todas as comunas com mais de 500 habitantes, uma revolução de uma modernidade incomparável à época. Além disso, Guizot trabalhará toda sua vida para o desenvolvimento dos estudos superiores, em especial da filosofia e da história.

Ele é, portanto, o perfeito oposto dessa outra encarnação da burguesia representada no mesmo ano por Joseph Prudhomme, o personagem burlesco criado por Monnier que rejeita as inovações "perigosas" e defende os "verdadeiros valores", os da tradição sustentados por uma classe social empenhada em fazer avançar seus peões entre uma "aristocracia decadente" e uma "democracia subversiva". Em suas *Mémoires*, o já famoso Monsieur Prudhomme (a peça de Monnier obteve um formidável sucesso, em particular com a juventude "boêmia", artistas, intelectuais, escritores, que acabara de "colonizar" certos bairros de Paris) está além do mais consciente e orgulhoso com essa atitude, e declara já nas primeiras linhas:

> [...] disseram que eu era o burguês típico; não rejeito esta qualificação, pelo contrário: quem tem, portanto, mais direito de falar neste século de burguês do que o próprio burguês? Pois ainda que digam e façam, tudo é burguês hoje em dia. A aristocracia não existe mais, a democracia ainda não existe, só a burguesia!

E essa que ele representa de forma maravilhosa está nos antípodas daquela, inventiva e audaciosa, encarnada por Guizot. E Verlaine tão logo compreende e descreve, num de seus mais conhecidos *Poèmes saturniens*, Monsieur Prudhomme como o arquétipo do cretino insensível à arte e à poesia, como o burguês imbecil hostil a tudo o que pudesse ser minimamente inovador, e portanto subversivo a seu ver:

> O que é para ele o astro rei, o que são as aleias onde os pássaros cantam à sombra? E o que é o firmamento [...]? Monsieur Prudhomme deseja casar sua filha com Monsieur Machin, um jovem abastado. Ele é moderado, botânico e barrigudo. Quanto aos poetas, esses malandros, grosseirões, preguiçosos barbudos, descabelados, ele os odeia mais do que sua eterna coriza [...] (Verlaine, 1866).

Prudhomme, para Verlaine, constitui o modelo dessa direita provinciana que perde tempo com futilidades, com clichês que o "humor burlesco" endossado pelos jovens boêmios se compraz em ridicularizar, com os lugares-comuns com os quais Monnier adorna as observações sentenciosas de seu personagem. Aliás, eis alguns exemplos famosos que levam as pessoas às gargalhadas nas "camaradagens" e nas "cervejarias de putas" parisienses onde essa juventude se reúne: "O tanque do Estado navega sobre um vulcão"; "A estratégia consiste em continuar a atirar para que o inimigo acredite que ainda temos munição"; "É a ambição que perde os homens: se Napoleão continuasse oficial da artilharia, ainda estaria no trono"; "Essa espada é o mais belo dia de minha vida [agradecimento por um presente de aniversário]"; A natureza é previdente: ela faz nascer a maçã na Normandia sabendo que é nessa região que se bebe mais cidra": "Um soldado deve estar pronto para morrer por sua pátria. Ainda que o preço seja sua vida etc...

Em contrapartida, Marx, no *Manifesto do Partido Comunista* (1848), percebe, e bem antes de Schumpeter, que outra figura da burguesia acaba de entrar em cena, não a do notável de província encrostado nos valores de sua classe social, mas a de Guizot, representante da lógica liberal, a rigor "revolucionária", da "inovação pela inovação", um dado novo, inseparável do nascimento de uma sociedade de competição e de consumo. É então, não como fiador, e sim como destruidor implacável das tradições que Marx descreve o burguês:

> A burguesia representou na história um papel eminentemente revolucionário. Por toda parte em que conquistou o poder, ela destruiu as relações feudais. A burguesia não pode existir sem revolucionar constantemente os instrumentos de produção, portanto a organização da produção e o conjunto da organização social (Marx, 1848).

Hoje podemos pensar que é realmente essa face da burguesia que acabou vencendo a outra: Elon Musk ou Mark Zuckerberg estão, e até em suas maneiras ostensivamente jovens e antiburguesas, nos antípodas de Monsieur Prudhomme, os *jeans* e as camisetas o demonstram *urbi et orbi*. Aliás é desse burguês "revolucionário" de que fala Marx que os boêmios barbudos e cabeludos de Théophile Gautier, Gérard de Nerval ou Paul Verlaine acabarão se aproximando, o que constitui uma das principais chaves de compreensão da história da arte moderna, e mais ainda contemporânea: o artista considera-se de bom grado "de esquerda", no mínimo anarquista e revolucionário, porque ele "transgride" e "subverte" as regras da figuração e da tonalidade estabelecidas pela Academia e pelos clássicos, mas o comprador, ao contrário, é um grande capitão de indústria, portanto um liberal e um homem de direita[27]. É nessa perspectiva que a reconciliação entre o boêmio e o burguês logo ocorrerá dentro do conceito comum de inovação e de ruptura com a tradição, à esquerda na figura do "descolado", à direita na do empreendedor entusiasta da criatividade e das tecnologias de ponta, ambos comungando num amor tão elitista quanto pouco popular pelas "audácias" que a arte contemporânea exibe. A título de exemplo, lembremos que foi Georges Pompidou que levou Picasso ao Louvre e que Jacques Chirac pediu a Pierre Boulez que criasse, em 1969, o Ircam (Instituto de pesquisa e coordenação de música e acústica)...

Quando o Pensamento 68, ancestral do wokismo, faz o jogo do capitalismo ou como a desconstrução foi obra de um capitalismo fortalecido pela onda do esquerdismo cultural...

No entanto, a burguesia "reacionária" evidentemente não desapareceu. Na verdade, o burguês de hoje guarda ainda mais ou menos alguma coisa das duas figuras originais, a do conservadorismo que tende a andar para trás diante da lógica de progresso que ele julga funesta[28], a da inovação que sempre se vê, inclusive muitas vezes erroneamente, "progressista". Aliás, é numa perspectiva conservadora que a direita

27. Sei que há patrões de esquerda, mas, como Gabin disse numa frase famosa, se há peixes voadores, eles não constituem a maioria do gênero!

28. Nesse sentido, o conservadorismo, embora nem sempre reacionário, tem a constante tendência a se tornar assim...

muitas vezes se deleitou acreditando que a desconstrução dos valores e das autoridades tradicionais era obra, não do capitalismo de inovação herdeiro de Guizot, mas daquilo que foi chamado em meados do século XIX "a vida de boêmio"[29], uma aventura que começa também na década de 1830, continua na arte moderna, e depois contemporânea, antes de se concluir com o "Pensamento 68" que acompanha e justifica o alegre mês de maio. De fato, é incontestável que a boêmia foi também uma das faces do liberalismo, um dos aspectos da grande desconstrução que ia marcar o fim do século XIX e a história cultural do século XX. No mais, é exatamente nesse espírito que Monnier inventa seu personagem para ridicularizá-lo. Mas não nos enganemos, os boêmios só foram desconstrutores como complemento ao capitalismo de inovação. Na verdade, embora o vilarejo de minha infância tenha mudado mais em 50 anos do que em cinco séculos, nem Picasso, Braque, Schönberg, Guy Debord ou, *a fortiori*, Dany Cohn-Bendit são responsáveis por isso. É o movimento do capitalismo globalizado que está por trás da aparência de desconstrução boêmia, vanguardista ou pseudorrevolucionária. Desse ponto de vista, os boêmios e os esquerdistas foram apenas auxiliares dos burgueses, para não dizer os cornudos da história. Pois sob seus paralelepípedos não era a praia ensolarada que incubava, e sim a globalização liberal que começava a levantar voo.

---

29. Dediquei meu livro *L'Invention de la vie de bohème* [A invenção da vida boêmia] (2012) ao relato dessa fabulosa história dos primeiros grupos de jovens boêmios, Fumistes, Hirsutes, Jmenfoutistes, Vilains Bonhommes, Incohérents etc. etc., entre 1830 e 1900.

Como prova o fato de que todos meus "camaradas" de 1968, ou quase todos, foram para os negócios ou para a social-democracia bem-comportada, quando simplesmente não se tornaram de direita, e até, como alguns deles, de extrema-direita. Há muito a sociedade de consumo deixou de ser o inimigo. Marx estava certo pelo menos neste ponto: o capitalismo é a revolução permanente, e os boêmios, os desconstrutores que se pretendiam de "esquerda", executaram maravilhosamente bem o trabalho fazendo *tabula rasa* de tradições que afinal só serviam para brecar o movimento do consumo universal... Volto mais adiante a esse ponto crucial, mas já observaremos que, em geral, o povo *old school*, o da França profunda hoje chamada de "periférica", pouco se reconhece (é um eufemismo) nessa herança paradoxal[30] da boêmia do século XIX representada pela arte contemporânea, assim como não se reconhece nessa burguesia "revolucionária" encarnada hoje pelas GAFAMI (Google, Amazon, Facebook, Apple, Microsoft e IBM) que abalam o mundo com suas inovações tão incompreensíveis quanto ameaçadoras para aqueles que não pertencem nem ao universo dos jovens *geeks* nem à chamada "elite" (penso especialmente no metaverso e na IA generativa de que falarei num próximo capítulo).

Na verdade, a burguesia é hoje amplamente esquizofrênica, as duas faces que acabo de mencionar coabitando bem

---

30. Paradoxal, porque, como mostro em meu livro sobre a invenção da vida boêmia, os boêmios do século XIX eram sobretudo românticos que desejavam reencantar o mundo recorrendo em particular ao humor fumista, já os do século XX, à imagem de Tzara, Picasso ou Breton, são antes comunistas que se viam como a vanguarda da revolução proletária, que, deve-se admitir, é menos cômica e menos alegre...

ou mal no mesmo personagem: muitas vezes conservador no plano moral e societal, portanto no plano político mais à direita, o burguês moderno é um inovador compulsivo no campo da arte, do comércio e da economia. Alguém poderá me dizer que ainda assim existem patrões de esquerda, confesso, no entanto, ver poucos capitães de indústria na Nova União Popular Ecologista e Social (Nupes), no Partido Comunista Francês (PCF) ou entre os eleitores da ecofeminista Sandrine Rousseau... Mas sigamos e consideremos agora com mais profundidade as três razões pelas quais as sociedades capitalistas estão fadadas à desconstrução das tradições, das grandes narrativas e das grandes causas transcendentais que alimentavam a humanidade dos tempos antigos no plano moral e espiritual.

Por três razões básicas as sociedades capitalistas estão fadadas à desconstrução das tradições

A primeira razão está ligada à lógica do crescimento que por sua própria natureza domina a economia liberal, uma lógica que a opõe sob todos os aspectos à do costume que reinava no seio de sociedades tradicionais nas quais a inovação estava simplesmente proibida. Nessas sociedades que antes eram chamadas de "primitivas", são de fato os costumes ancestrais que eram principalmente valorizados, e até sacralizados, regras e hábitos que durante séculos convidavam os indivíduos a usar os mesmos tipos de roupas, ou a utilizar as mesmas ferramentas, as mesmas armas para a caça ou a guerra, a celebrar as mesmas cerimônias e os mesmos rituais transmitidos de geração em geração sem que nada fosse autorizado a mudar. Por essa razão, os antropólogos falavam de "sociedades sem história". Era sem dúvida excessivo num plano factual, claro que existiam algumas mudanças ao longo do tempo, mas quanto ao princípio, era absolutamente justo. Por exemplo, nas tribos ameríndias descritas pelo etnólogo Pierre Clastres, o costume era realmente vivido como uma herança que remontava a um passado imemorial, o dos ancestrais que se confundem, quando remontamos no tempo, com os deuses. A dimensão do futuro, da inovação, da reforma, para nem falar da revolução, era ali cuidadosamente bloqueada e quem desafiasse o interdito corria o risco de simplesmente morrer.

Ao contrário dessas sociedades, o que alimenta o crescimento numa economia liberal é a invenção incessante de novidades em todos os campos da produção capitalista: os produtos, é claro, mas também a organização do trabalho, a conquista de novos mercados, os novos métodos de produção, a gestão do pessoal, os novos meios de transporte, a informatização, as novas fontes de matérias-primas etc. Acrescentemos que existem também inovações "globais", mutações "multiusos", como dizem os economistas, inovações que abalam literalmente nossos modos de vida e suscitam novas maneiras de produzir e de consumir, portanto novos vetores de crescimento e de emprego. O exemplo da internet é evidentemente um dos mais surpreendentes no período recente. Ela mudou de fio a pavio as condições de operação no plano econômico e social numa infinidade de campos, da livraria ao turismo, da publicidade à informação passando por todas as formas de venda on-line e de download legal ou ilegal. O do metaverso e da IA generativa vai representar uma nova mutação da mesma ordem, ainda mais importante do que a invenção do *smartphone*[31]. O capitalismo é realmente, como Marx já havia percebido, uma sociedade de revolução permanente que abre perspectivas sem dúvida entusiasmantes para os "ganhadores", mas infinitamente angustiantes para os outros, para aqueles que estão apegados a seu território, a seu cantinho do passado ou a seu estatuto em vias de extinção e que, é compreensível, percebem somente os efeitos deletérios da inovação em suas existências abaladas.

A segunda razão pela qual o capitalismo não pode evitar a desconstrução das heranças do passado deve-se ao fato de ele se globalizar e que a globalização acelera mecanicamente a lógica da competição, portanto a obrigação de inovar para

31. A César o que é de César, e citemos, para registro, o que Schumpeter já escrevia sobre a lógica da inovação ou, como ele mesmo dizia, da "destruição criativa", nos anos de 1940 do século passado: "O impulso fundamental que mantém a máquina capitalista em movimento é fornecido por novos objetos de consumo, novos métodos de produção e de transporte, novos mercados, novos tipos de organização industrial – todos elementos criados pela iniciativa capitalista [...]. A abertura de novos mercados nacionais ou estrangeiros e o desenvolvimento das organizações produtivas são outros exemplos do mesmo processo de mutação industrial – se é que posso usar essa expressão biológica – que revoluciona incessantemente a estrutura econômica por dentro destruindo continuamente seus elementos ultrapassados e criando continuamente elementos novos. Esse processo de 'destruição criativa' constitui o dado fundamental do capitalismo: em última análise, ela constitui o capitalismo, e toda empresa capitalista deve, querendo ou não, adaptar-se a ela". O que mais chama a atenção no resumo feito por Schumpeter de sua própria teoria é o fato de ele associar corretamente inovação e destruição, o que aliás explica os elementos de freio, de inquietude e de reticências ligados à destruição de tradições, que formavam um casulo reconfortante, mas também das "vantagens conquistadas" às quais, como sabemos, os sindicatos estão, por sua própria natureza – e essa é uma de suas missões – ligados.

permanecer na corrida. Como já tive a ocasião de explicar de maneira aprofundada num livro anterior (que me limito a resumir aqui da maneira mais breve possível), existem duas globalizações, ou melhor, duas eras da globalização. A primeira, a do Iluminismo, da revolução filosófica e científica do século XVIII, dirigia-se a todos os seres humanos, fossem eles ricos ou pobres, aristocratas ou plebeus, franceses ou estrangeiros. De fato, as verdades científicas valem para todo o mundo, elas atravessam as classes sociais e as fronteiras. Nessa primeira era, a globalização podia ainda aparecer como dotada de uma finalidade grandiosa, ela visava o progresso humano, a emancipação e a felicidade da humanidade. Aquela que vivemos hoje, induzida pela concorrência globalizada, é bem diferente. Ao contrário da do Iluminismo, sua finalidade tornou-se no mínimo opaca, para não dizer invisível.

Ninguém mais pode dizer com toda certeza que sabemos para onde vamos, que dominamos conscientemente o curso da história, ainda menos que ele caminha forçosamente para o melhor. Agora são as grandes empresas que fazem o mundo andar, que o transformam muito mais do que as políticas, as GAFAMI e suas equivalentes chinesas, as BATXH (Baidu, Alibaba, Tencent, Xiaomi, Huawei), citando um só exemplo, sendo mais poderosas e mesmo mais ricas do que muitos estados. Elas inventam constantemente novos objetos, novos modos de consumo, e até novos modos de vida (teletrabalho, redes sociais, metaversos, comércio on-line, plataformas de *streaming*, videoconferência, *videogames*, softwares de inteligência artificial etc.), de forma que modificam profundamente a paisagem mundial. Mas os patrões desses oligopólios, para retomar a famosa frase de Marx, "fazem a história sem saber a história que eles fazem", uma vez que encarnam a multiplicidade quase infinita dos vetores da história sem ser, no entanto, sua resultante visível e previsível. Quanto aos políticos, pelo menos os das democracias, presos entre as limitações interiores de suas opiniões públicas e as limitações exteriores da globalização, eles veem seu poder real definhar ano após ano.

Por fim, a terceira razão, embora em certos aspectos mais perversa, nem por isso deixa de conferir pleno sentido à necessidade, para uma sociedade capitalista, de acabar tanto quanto possível com os valores e as autoridades tradicionais, aquilo que a arte contemporânea se encarregou no campo da cultura ao desconstruir a figuração e a tonalidade. Poderíamos designá-la com uma expressão marcusiana, a "dessublimação repressiva", mas num sentido ainda assim muito diferente daquele que Marcuse lhe dava: era preciso, com efeito, que os valores e as autoridades tradicionais fossem destruídos, ou ao menos desconstruídos, para que nós, e sobretudo nossos filhos, possamos entrar na era do hiperconsumo sem o qual o capitalismo globalizado não poderia girar a todo vapor. Por quê? Porque, muito simplesmente, o que Freud designava como o processo de "sublimação", em suma a criação de valores religiosos, morais, estéticos e espirituais, acalmava a libido e brecava consequentemente o desejo incessante de consumir sempre mais. Se ainda tivéssemos os valores de nossos avós, claro que não consumiríamos tanto quanto o universo moderno requer. Se minha bisavó voltasse à terra e visse um grande *shopping center*, *a fortiori* uma pecuária industrial, ela acharia isso – e posso garantir –, eu a conhecia bem – algo que transpira estupidez e obscenidade. Ela pensaria que essa incitação permanente a um consumo desenfreado nos afasta dos verdadeiros valores, dos deveres para com o outro, mas também dos deveres para consigo mesmo.

A desconstrução no campo da vida intelectual

Portanto, foi na esfera dessa superestrutura da economia que com tanta frequência é a história do pensamento que a "desconstrução", reivindicada sobretudo pela filosofia contemporânea, e depois pelo esquerdismo cultural, ocorreu. Muito antes de Heidegger e de Jacques Derrida, seu discípulo francês mais conhecido nos Estados Unidos e que popularizou entre os estudantes americanos a noção de "desconstrução", Nietzsche explicou numa passagem conhecida de sua obra que é preciso "filosofar com o martelo" a fim de "desconstruir" as ilusões da filosofia clássica e da religião. Heidegger, apesar de tudo que o opõem a Nietzsche, o acompanhará neste ponto, todo seu projeto adquirindo ares do que ele próprio chama de "desconstrução metafísica" ("*Abbau der Metaphysik*"). Ao retomar seu vocabulário, Derrida se tornará nos Estados Unidos o papa do feminismo diferencialista e do politicamente correto, o ancestral do wokismo atual. Nesse país ele explicará diante de uma plateia de estudantes fascinados pela *French Theory* (na verdade, uma repetição de jargões bem pouco fecundos de Heidegger) como é preciso "desconstruir" o que ele chama de "falologocentrismo".

Esmiucemos o jargão derridiano, hoje retomado até na esfera política por alguém como Sandrine Rousseau que se felicita de viver com um "homem desconstruído": desconstruir o "falo" é sobretudo combater a dominação do "macho branco heterossexual" sobre as mulheres, os homossexuais e os "racializados", e nesse sentido a desconstrução vai se tornar a "*flagship*" do feminismo radical, dos LGBT, bem como das ideologias trans, não binárias ou decoloniais; desconstruir o "logos" significa combater a face que lhe foi dada pelo capitalismo e o mundo tecnológico na economia moderna, ou seja, a da rentabilidade a qualquer custo associada a um projeto total, e até totalitário, de dominação técnica tanto do mundo humano quanto do mundo natural; quanto à "centralidade", trata-se, é claro, da pretensão do Ocidente, masculino, branco e capitalista, de colonizar o resto do mundo. Nesse sentido, a "desconstrução do falologocentrismo" contém o resumo de todos os ingredientes da *cancel culture* encontrada hoje em todas as variantes do wokismo, entre os fundamentalistas verdes, os antifascistas, os decoloniais, as ecofeministas e os indigenistas: anticapitalismo radical, ecologia "profunda", decrescimento, teoria crítica da raça e denúncia do universalismo republicano como "*colorblind*", cego às cores, e como uma nova face do racismo incapaz de praticar uma, no entanto necessária, discriminação positiva, em suma, a peça-chave da "interseccionalidade" ou "convergência das lutas".

O paradoxo, é claro, como Alain Renaut e eu já havíamos explicado no livro *La pensée 68* [O pensamento 68], em 1985, é que os grandes artesãos da desconstrução, começando por Foucault e Derrida, pensadores que estiveram, no entanto, entre os mais eminentes companheiros de estrada das diversas variantes da esquerda radical, nunca tomaram consciência do fato de que seu projeto filosófico fazia, na verdade, o jogo não da crítica da alienação que imaginavam defender, mas sim do consumo de massa exigido pelo capitalismo globalizado, a dessublimação hiperconsumista sendo na verdade a primeira consequência da erosão dos valores tradicionais. É um fato, não um julgamento de valor: a geração Z, apesar de suas "tonalidades" "decrescentistas", é no Ocidente a mais consumista de toda a história da humanidade. Tire os *smartphones* – um dos objetos no entanto mais poluentes do mundo quando se leva em conta seu ciclo de vida completo – dos jovens militantes ecologistas que furam os pneus dos belos carros nas ruas de Paris, que picham as obras de arte nos museus ou destroem os campos de golfe em nome do decrescimento, e veja se não enlouquecem...

Exemplos não faltam sobre essa lógica da inovação desconstrutiva na vida diária, e não mais apenas numa esfera cultural, política ou filosófica à qual poderiam me contrapor que ela ainda continua elitista. Menciono aqui um sentimento ao mesmo tempo pessoal e comum. Já comentei como o vilarejo de minha infância, com seus lavadouros e suas charretes de feno puxadas por cavalos havia mudado mais em 50 anos do que em 500 anos. Menciono outro indício, e bem importante, a condição feminina dessa época, no entanto não tão distante, também mudou, pelo menos na Europa, muito mais em 50 anos do que em 500. Quando digo às minhas filhas que até meados dos anos de 1970, na França, uma esposa, salvo contrato de casamento específico, devia pedir autorização ao marido para abrir conta num banco ou para tomar a pílula, isso as faz pensar muito mais em Jurassic Park do que em sua vida atual. E se acrescento que o último cantão da Suíça – no entanto um país moderno e democrático – a conceder o direito de voto às mulheres só o fez em abril de 1991, talvez elas até caiam da cadeira... Na mesma linha, mas para inverter os papéis entre jovens e velhos, se tivessem dito a meus avós que um dia haveria mulheres almirantes, generais ou mesmo pilotas de caça, decerto teriam gargalhado.

Mil outros exemplos dessas inovações/desconstruções me vêm ainda à mente, especialmente no campo da ciência e da tecnologia, inovações que, como essas que acabo de mencionar, são às vezes positivas, às vezes negativas – o que prova então que o julgamento moral é geralmente demasiado simples, e até simplista. Pois, com certeza, a inovação oferece tanto aspectos positivos, talvez mais, como negativos. Para se convencer basta pensar nos avanços da medicina ou ainda nos da expectativa de vida desde 1900! O que está claro, pelo menos, e é aí que quero chegar, é que a segunda metade do século XX terá agido não só sobre as tradições, as grandes narrativas e as grandes transcendências verticais, mas também sobre os objetos de consumo, os empregos e os modos de vida passados, como um ácido superpoderoso, uma erosão hoje tão profunda que não temos, a rigor, mais consciência dela – o que não a terá impedido de ter sido também, em muitos campos, os da tecnologia, das ciências, da medicina, mas também no campo social e, ousemos a palavra, da democracia, um século de progresso como nenhum outro. Para evitar um mal-entendido que acabaria comprometendo a compreensão daquilo que a seguir esclareço pela última vez: embora eu tema nosso declínio diante de impérios iliberais que se aliam atualmente contra o Ocidente no rastro da guerra na Ucrânia, não sou um partidário do "era melhor antes". Tento primeiramente compreender antes de julgar, e se disparo o alarme sobre o frenesi da felicidade é porque talvez ela nos desarme por seu narcisismo tolo diante do mundo que está chegando…

III. As consequências da grande desconstrução: do individualismo democrático ao individualismo narcísico

Embora as grandes narrativas estejam hoje em declínio sob o efeito da lógica dessa desconstrução universal, é bastante lógico que acabemos nos conscientizando do fato de que agora estamos sozinhos diante de nós mesmos, sozinhos diante de um destino que não é mais guiado pela referência às transcendências que poderíamos chamar de "verticais" porque se apoiavam em entidades (Deus, a nação, a revolução…) exteriores e superiores ao indivíduo, em grandes causas que podiam, por se originarem no alto e fora de nós, dar sentido aos nossos engajamentos e por isso mesmo às nossas vidas. De fato, se resumo pela última vez o que acabamos de ver, a erosão das grandes narrativas deveria inevitavelmente, é a própria essência desse terceiro momento da sequência, o das consequências, conduzir a esse "cuidado de si", a esse indivíduo narcísico em busca frenética da felicidade, cuja apologia Foucault fazia erroneamente em sua *Histoire de la sexualité*. Se temos apenas uma vida, e o colapso das grandes religiões de salvação terrena bem como celeste nos incita, portanto, a pensar que é aqui e agora que é preciso vivê-la na alegria, não depois da revolução ou da existência terrena. E nessas condições seria estúpido perder esta vida tão breve e tão única tendo como único objetivo "ganhá-la" por meio de um trabalho penoso e desinteressante, pois os paraísos terrenos ou celestes da felicidade adiados para mais tarde não passam de meras ratoeiras.

Razão das metamorfoses mais fundamentais do tempo presente às quais voltarei mais adiante. Mudanças que afetam hoje nossa relação com o real, o turismo, a educação, a política, a doença, o final da vida, o trabalho, em suma, com quase todos os aspectos de nossas vidas cotidianas. Podemos apostar, sem grandes riscos de errar, que essas evoluções, trazidas pelos maremotos que aqui tento descrever, estão apenas começando a mostrar as garras em nosso país[32], podendo provocar, às vezes, um isolamento funesto dos indivíduos.

Narciso, privado desse satélite vertical constituído pelas grandes narrativas, é um indivíduo que corre o risco de se isolar...

De fato, são impressionantes os números fornecidos pelas pesquisas de opinião sobre o crescimento do sentimento de solidão em nossas sociedades polarizadas pela busca frenética da felicidade. Se, por método e para não dar ao assunto uma interpretação enviesada, remontarmos às pesquisas

---

32. Escrevo propositalmente "nossos país", pois em outras regiões, no Sudeste Asiático ou na China principalmente, elas estão longe de desfrutar do mesmo benefício que temos em nossa velha Europa adormecida.

feitas antes da pandemia e dos confinamentos que, evidentemente, acentuaram de maneira muito forte esse sentimento, elas já denotavam um sério problema. Segundo um estudo da Cruz Vermelha francesa publicado em 2019:

> [...] na França, 6 milhões de pessoas são afetadas pelo isolamento social. Muitas vezes ligado a um "acidente da vida" ou ao envelhecimento, esse flagelo moderno afeta todo mundo: jovens, famílias monoparentais ou não, crianças, pessoas idosas, provocando um cruel sentimento de abandono e de ensimesmamento.

Segundo um artigo publicado por Cécile Van de Velde em 2018, pesquisadora da Universidade de Montreal, portanto também antes da pandemia:

> [...] a solidão fez recentemente sua estreia na política: um primeiro ministério da Solidão foi criado no Reino Unido em 2018, seguido, algumas semanas mais tarde, de uma proposição similar na Rússia. Se a questão social da solidão está longe de ser nova, sua instituição como desafio de políticas públicas é recente e confirma uma real mudança de escala na maneira de apreender esse fenômeno. Considerada por muito tempo como enigmática, subjetiva e difusa, exigindo exclusivamente ações locais e focadas, ela é cada vez mais considerada como um fato social pleno e, portanto, como um objeto legítimo de políticas públicas ao mesmo tempo nacionais e transversais: a soli-

> dão, experiência íntima por excelência, pode agora ser da competência de um ministério de Estado.

Na sequência de seu artigo, Cécile Van de Velde menciona a difícil questão das causas dessa situação. Ela cita então os trabalhos de Durkheim e, segundo o que ele diz em seu livro sobre o suicídio, elas estariam intrinsecamente ligadas à lógica da modernidade, à erosão das estruturas tradicionais de solidariedades associativas e familiares. De acordo com Maurice Halbwachs, sociólogo francês da escola durkheimiana, também citado por ela, são as mudanças de vida inerentes à flexibilidade do mundo empresarial que estariam na origem da solidão, a perda de um emprego criando um vazio devastador dentro do qual o indivíduo, só e desamparado, pode pensar em suicídio. No período recente, o debate que opõe aqueles que pensam que o digital separa os indivíduos e aqueles que sustentam, ao contrário, que ele constitui, particularmente com as plataformas de videoconferência, um fator de vínculo social, tomou o lugar dessas análises sociológicas já antigas, e Cécile Van de Velde, prudente, conclui pela impossibilidade de resolver essa discussão, uma vez que cada uma das opiniões opostas tem bons argumentos a serem enaltecidos.

Se considerarmos agora as pesquisas realizadas durante a pandemia, elas tendem a mostrar, o que não surpreenderá ninguém, que os jovens foram os que mais sofreram de solidão durante os confinamentos, em particular os alunos e os estudantes, pois a obrigação de acompanhar as aulas à distância, bem como a impossibilidade de estudar ou de encontrar seus amigos foram particularmente maltoleradas. Aliás, observa-se a mesma reação entre os assalariados obrigados ao teletrabalho mais de dois dias por semana. Daí a afirmar que o mundo moderno, o do *Homo numericus,* é responsável por essa situação, é um passo que não creio que eu deva dar. Por todos os lados asseguram-nos que a sociedade das redes sociais e dos *smartphones,* longe de nos conectar, nos isolaria uns dos outros. O que até se tornou uma banalidade, um lugar-comum. Segundo essa tese pessimista, Google Meet, Zoom ou Teams, sob o pretexto de oferecer a possibilidade de um novo tipo de vínculo social, estariam apenas nos trancando na esfera privada: não é mais preciso sair de casa para participar de um "evento", para assistir a uma conferência (ou para dar uma), nem mesmo para pedir a comida, os livros ou o jornal que pode ser lido num *tablet*.

Nessa mesma perspectiva, Daniel Cohen oferece, numa entrevista dada à revista *L'Express* em 2022 sobre seu livro *Homo numericus,* o exemplo do Tinder, um aplicativo de encontros que *a priori* poderíamos considerar como orientado para o vínculo humano, mas sobre o qual esse economista pensa, ao contrário, que ele é um vetor de isolamento e de separação:

> O Tinder é a maneira de reduzir drasticamente o custo de tentar conquistar alguém. É a promessa de um número ilimitado de encontros. Em um primeiro momento, tudo bem se isso permite se libertar do quadro estreito da vida social, abrir novos horizontes de encontros. O problema é que a cultura da quantidade acaba rapidamente vencendo. Entra-se no registro

> do trabalho em cadeia. Os encontros presenciais são reduzidos a um mínimo necessário, ao que Eva Illouz chama de *just fuck*. A pessoa com a qual você se encontra não passa de um número numa série. A promessa de multiplicar os encontros resulta numa perda de sensibilidade da relação com o outro. É a imagem da sociedade do digital: ela promete aproximar as pessoas, mas as leva a viver de maneira muito mais solitária. O fenômeno vai muito além dos aplicativos de encontros. As grandes instâncias que misturam as classes sociais, como foram as fábricas e as empresas industriais dos anos de 1950-1960, estão desaparecendo.

O que Daniel Cohen diz sobre a desumanização das relações humanas através do Tinder é bastante plausível, ainda que se trate muito mais de um julgamento de valor do que de uma análise objetiva apoiada em fatos. Confesso que, espontaneamente, minha tendência seria a de pensar como ele. No entanto, não estou certo de que aquilo que vale para um aplicativo de encontro valha da mesma maneira para as plataformas de videoconferência. De fato, durante a pandemia, de confinamento em confinamento, elas ajudaram a vencer a solidão, uma vez que os encontros em família ou entre amigos permitiram que milhões de pessoas não estivessem totalmente separadas umas das outras. O que me parece mais justo, em contrapartida, no que Daniel Cohen diz, é o impacto claramente negativo da erosão dos espaços de trabalho "presencial".

O fato é que a esse apagamento do vínculo social nas fábricas e nas empresas sob o efeito da expansão do teletrabalho é preciso acrescentar o colapso da frequentação das igrejas, das associações e dos partidos políticos, o que, para mim, nos obriga a ir muito mais longe na análise do fenômeno da solidão: se, como diz Daniel Cohen, as empresas e as fábricas misturavam as classes sociais e permitiam verdadeiros encontros, é também, para não dizer principalmente, porque partidos militantes animados por um ideal, começando pelo Partido Comunista, ali organizavam reuniões que resultavam, se necessário, em lutas sociais por meio de seus intermediários sindicais. Podemos não gostar do comunismo, mas sua ideologia dava sentido e impedia a solidão ao reunir milhões de militantes. O comunismo e o catolicismo desempenhavam de alguma forma o mesmo papel que um satélite desempenha quando sua posição elevada permite reunir as redes digitais entre elas: a transcendência vertical da causa revolucionária, bem como a de um Deus criador da terra e do céu, reunia os indivíduos. Claro, o trabalho "à distância" nunca equivalerá ao "presencial" (perdão por essas palavras, agora horríveis, pois consequências desastrosas da pandemia...), mas é o colapso desses vínculos poderosos que explica o crescimento do sentimento de solidão, é muito mais isso do que as plataformas digitais que bem ou mal tentam impedi-lo. Como sugere uma das etimologias (falsa, mas sensata) da palavra religião (*religere* = religar), o comunismo e o catolicismo, religiões de salvação terrena ou celeste, cumpriam uma função literalmente "associativa" como nenhuma outra visão de mundo. O maremoto da desconstrução e do cuidado de si é para mim a verdadeira causa desse sentimento de isolamento que conquista hoje milhões de indivíduos no novo mundo em que agora estamos mergulhados.

4

Uma ciência da felicidade, sério?

A impossível definição da felicidade

A questão é evidentemente fundamental na perspectiva que nos interessa aqui: Aqueles que defendem o cuidado de si, que elogiam o narcisismo e nos convidam a desconstruir a ideia de sacrifício a fim de colocar a busca da felicidade pessoal acima de qualquer outra finalidade da vida humana, nos garantem que o fazem em nome de uma "ciência da felicidade", uma disciplina nova que seria enfim capaz de definir, de medir e de obter esse sentimento que como todos nós sabemos, no entanto, é tão subjetivo quanto relativo? Esse tipo de ciência é realmente possível? Segundo as grandes doutrinas utilitaristas anglo-saxãs, cujas teses são retomadas pela psicologia positiva sem o menor espírito crítico, a resposta é "sim": um "cálculo dos prazeres e das dores" é absolutamente possível. Jeremy Bentham, pai fundador dessa filosofia que ainda hoje domina, na verdade mais do que nunca, o mundo anglo-saxão, enunciou seu princípio fundamental: uma ação é boa quando sua tendência é aumentar a soma de felicidade no universo, e má no caso contrário – simples questão de avaliação custo-benefício. É justamente a possibilidade dessa medição que Kant e os republicanos franceses contestarão. Não apenas a ação moral não é necessariamente aquela que é guiada pela busca da felicidade, como ela pode até ser sacrificial e desinteressada, mas, além disso, a felicidade é por essência indefinível, portanto impossível de medir[33], visto que sua definição é por natureza subjetiva: uma pessoa sonha com uma volta ao mundo num veleiro, outra detesta o mar; aquela outra adora a caça, enquanto seu vizinho cuida dos animais feridos pelos caçadores; uma outra vive a vida sem se preocupar com o amanhã, enquanto o irmão constrói a dele levando em consideração o longo prazo. Como calcular seja o que for nessas condições?

É possível realmente falar de "ciência da felicidade" e de "medida da felicidade"?

A pretensão das ideologias mais nebulosas de aceder ao estatuto desejável de ciência verdadeira sempre me fascinou. Como no caso da "ciência da história" que aqueles que reivindicavam as diferentes variantes do marxismo pretendiam possuir. A pretensão fracassou, mas ainda estamos pagando o preço pelos prejuízos causados. Afinal, como este célebre "sentido da história" era certamente conhecido graças à

33. Talvez digam que as imagens cerebrais provam o contrário, mas isso é evidentemente superficial e falso: o que elas medem, quando necessário, é uma sensação de prazer, não de felicidade, uma noção que, como veremos, implica essência, abrangência e, acima de tudo, durabilidade, já que a felicidade, ao contrário do prazer, é por natureza qualquer coisa, menos fugaz.

teoria marxista das revoluções, nossos pseudocientistas estavam absolutamente convencidos de que agora era necessário confiar a um partido único, e mesmo a um "guia genial", a direção dos assuntos públicos. Não há mais necessidade, portanto, de fazer qualquer concessão ao pluralismo porque, como declarara Simone de Beauvoir (1947) no livro *Pour une morale de l'ambiguïté* [Por uma moral da ambiguidade], com a conhecida fineza com a qual abordava seus temas, "a verdade é una, somente o erro é múltiplo, eis por que a direita é pluralista". Ora, ora! Nessas condições, por que se privar, por que lhe deixar ainda um espaço na vida política? Meu velho amigo Cornelius Castoriadis (1975), com outro tipo de lucidez, já havia analisado muito bem esse mito mortífero em *L'Institution imaginaire de la société* [*A instituição imaginária da sociedade*]. Como ele explicava de maneira concisa numa entrevista dada a uma pequena revista da esquerda antitotalitária cujo divertido título é *L'Anti-mythes*:

> [...] se existe uma teoria verdadeira da história, se existe uma racionalidade em ação nas coisas, está claro que a direção do desenvolvimento deve ser confiada aos especialistas dessa teoria, aos técnicos dessa racionalidade. O poder absoluto do partido – e, no partido, dos "corifeus da ciência marxista-leninista", segundo a admirável expressão forjada por Stalin para seu próprio uso – tem um estatuto filosófico, e por essa razão é fundado na "concepção materialista da história" [...]. Se essa concepção é verdadeira, o poder deve ser

> absoluto, toda democracia não passa de uma concessão à falibilidade humana dos dirigentes ou procedimento pedagógico cujas doses corretas somente eles podem administrar.

Nada a acrescentar...

Em um gênero mais leve, certamente menos mortífero, mas tão falacioso quanto, nossos novos gurus não hesitam mais em falar de "ciência da felicidade", como se pudessem não apenas definir com rigor e precisão o objeto dessa ciência, mas além disso administrar os meios certos para aqueles que tivessem a oportunidade de se beneficiar dessa ciência conseguissem conquistá-la. O graal, em suma, na realidade aquele cujas chaves os filósofos não conseguiram fornecer apesar de seus esforços, certamente louváveis, mas ainda presos na infância da humanidade. Nossos mercadores de felicidade, com o ar sério que convém aos verdadeiros eruditos, referem-se assim aos conhecimentos tão indubitáveis quanto objetivos, às conquistas que eles correm para certificar com fórmulas do tipo "os estudos mostram que...", "a ciência prova que...", "a pesquisa nos ensinou que...", "pesquisadores evidenciaram que..." etc. Se prestar atenção, você constatará que na maior parte do tempo, talvez sempre, essas sentenças solenes que pululam nos tratados de psicologia positiva continuam perfeitamente vazias, como se, numa espécie de retorno ao pensamento mágico, bastasse evocá-las sem jamais citar uma fonte sequer para que o leitor se impressione.

É dessa maneira que procedem desde sempre os ideólogos, e aqueles da busca frenética da felicidade não são exceção.

Seus conselhos são fiáveis, sérios, não uma reflexão filosófica, como garante também Christophe André (2013) num artigo realmente intitulado: "Une Science du bonheur" [Uma ciência da felicidade]:

> Desde a Antiguidade grega, em que a filosofia tinha como objeto principal ajudar os homens a construir uma vida feliz, e até hoje, a busca da felicidade continua atual. Exceto que a ciência contemporânea, depois da filosofia, fez dela um objeto de estudo fecundo: de fato, certamente nunca a felicidade terá sido tão bem conhecida em suas mínimas engrenagens, biológicas e psicológicas, como também o caminho para a alcançar nunca terá sido tão bem marcado.

Infelizmente, é preciso reconhecer que a sequência do artigo é no mínimo decepcionante, para não dizer de uma indigência e de uma confusão que deixam perplexo, a conhecida "ciência da felicidade" fracassando em definir seu objeto de outra maneira que não seja vaga e minimalista. Julgue por si mesmo: "A maioria dos cientistas", continua André sem citar um único, ou provar minimamente por meio dessa fórmula típica que se trata realmente de cientistas,

> [...] ao estudar o que compõe a percepção de ter uma vida feliz, mostra que esse sentimento corresponde à repetição de pequenos estados de alma agradáveis; sentimo-nos felizes quando experimentamos essas "pequenas" felicidades caras aos poetas, em vez de grandes, mas

> raros, momentos de alegria intensa. Desse modo, é um tecido de instantes de bom humor e a tomada de consciência desses instantes que representam a felicidade: momento passado com um amigo, passeio num belo lugar, leitura estimulante, música que comove. Paramos um instante nossa atividade, saboreamos e nos sentimos felizes.

Como minha avó poderia ter dito, eis uma definição da felicidade que "não custa caro": no fundo, estamos felizes quando estamos felizes, quando a vida é simpática, porque nos oferece bons momentos; mas cuidado, quando isso se torna intenso demais, mais raro ou, *a fortiori*, quando isso se transforma num pesadelo, então aí, necessariamente, as coisas não vão tão bem. Muito profundo, com efeito. Um dia quando perguntei a Boris Cyrulnik o que ele pensava desse tipo de pseudociência, ele me respondeu, com seu sorriso cheio de malícia e de ironia, mas também com o bom-senso que o caracteriza: "É tão ridículo!" Ainda mais porque, para pretender ao belo título de "ciência", uma disciplina, seja ela qual for, deve ser ao menos capaz de definir seu objeto de outra maneira que não seja por meio de alguns clichês melosos. Não, a felicidade não é nem prazer, demasiado fugaz para estar no nível do que essa noção nos promete, e muito menos uma sucessão de pequenos momentos de alegria por essência efêmeros e frágeis. Se levarmos o conceito de felicidade minimamente a sério, ele implica algo bem diferente do que nos diz Christophe André, ou seja, um estado de satisfação com sua vida ao mesmo tempo global e permanente. A felicidade, como diz Espinosa, apoia-se na promessa de uma "eternidade de alegria", por isso sempre pensei que essa promessa só poderia ter sentido numa perspectiva metafísica, e até religiosa, certamente não científica e laica. Ainda assim, a psicologia positiva nasceu na ideia de que iria oferecer ao mundo todo o rigor de uma ciência nova.

Vejamos então de mais perto os argumentos do pai fundador, Martin Seligman.

O nascimento da psicologia positiva e das teorias do desenvolvimento pessoal

Em uma "conferência TED" [Tecnologia, Entretenimento, Design] realizada em 6 de julho de 2013, Martin Seligman, ex-presidente da Associação Americana de Psicologia, que hoje é considerado como "o inventor" da psicologia positiva, quis dar uma definição simples, mas "científica", da nova disciplina que ele havia criado em 1998. No início da "TED Talk", como importante profissional desse tipo de *performance*, Seligman se esforça, é a regra implícita desse tipo de exercício nos Estados Unidos, para fazer seu público rir. Ele menciona então uma entrevista que teria dado à CNN quando ainda dirigia a associação. O jornalista responsável pela entrevista teria comentado que, pelo fato de estar na televisão, ele tinha de ser breve, muito breve, tão breve que disporia apenas de uma palavra para responder à seguinte pergunta: "Qual é o estado atual da psicologia?", e Seligman, jogando o jogo, responde com uma perfeita concisão: "*Good*". Risadas na plateia. O jornalista, considerando que a resposta fora curta demais, repete a mesma pergunta, mas concedendo-lhe agora duas palavras, e a resposta é: "*Not good*" – muitas risadas na plateia, e o conferencista muito contente com o seu efeito que, habilmente preparado, funcionou bem. Então, ainda segundo o psicólogo, que claro inventou toda a anedota para seduzir seu público, o jornalista deu-lhe três palavras para formular sua resposta, mas desta vez ela não provoca risadas, pois criou uma expectativa e anuncia o conteúdo da conferência que vem a seguir: "*Not good enough*" ("não bom o bastante"). Seligman, depois desse pequeno sucesso alcançado, tenta dar enfim uma definição "científica" da psicologia positiva, uma tentativa à qual daremos ainda mais atenção porque como inventor dessa nova disciplina que, segundo ele, é afinal "rigorosa", ele é decerto o mais indicado para falar sobre ela.

Retomando suas três respostas ele dá os seguintes esclarecimentos, os quais permitirão compreender com muita exatidão como a psicologia positiva pretende se situar em relação às diferentes correntes que até então animaram a história da psicologia. Primeira resposta, portanto, se o estado da psicologia é "bom", se é possível até mesmo, segundo Seligman, se sentir orgulhoso dele, é porque partindo daquilo que ele chama o "*disease model*", o de uma psicologia/psicanálise/psiquiatria centrada no doente, nas patologias, conseguiu-se, tanto com remédios físicos (medicamentos) quanto psíquicos, tornar pessoas "miseráveis" menos "miseráveis" (em inglês, o termo "*miserable*" remete sobretudo a uma depressão psíquica, a questão do dinheiro não sendo aqui abordada). Tudo bem. Segunda resposta: "Não é bom", porque ao se centrar nas doenças mentais, nas neuroses, nas psicoses ou na depressão, a psicologia apareceu como "vitimizante e patologizante". Ela se esqueceu, ao menos segundo Seligman, de que as pessoas tomam decisões e de que são, ao menos em parte, responsáveis pelo que se tornaram. Mas não para aí: o "modelo patológico", o *disease model*, impediu que os psicólogos se interessassem pela grande questão que agora vai ser a da psicologia positiva, a das "vidas normais": Como, não para acalmar a "miséria" das pessoas afetadas por patologias mais ou menos graves, e sim como tornar as pessoas ditas "normais" mais felizes? E Seligman explica então que 30 anos atrás, quando era ainda um jovem psicólogo, estava convencido de que se conseguisse tratar a depressão e a angústia, ele tornaria seus pacientes mais felizes. Hoje, não pensa mais assim, porque compreendeu que os "trunfos" e as "aptidões à felicidade", a uma vida ao mesmo tempo agradável, apaixonante e plena de sentido, são diferentes daqueles que permitem somente aliviar a miséria.

Eis por que a terceira resposta se impõe: o estado atual da psicologia não é "bom o bastante", pois ainda não leva em conta essa questão que vai ser a da nova "ciência da felicidade para todos", e não apenas para os doentes. Trata-se agora de tornar as pessoas mais felizes interessando-se, não mais apenas por suas fraquezas, como fazia a psicologia tradicional obnubilada pelo "*disease model*", mas sobretudo por seus pontos fortes, por suas "*skills*", por seus talentos, seus trunfos e suas aptidões potenciais à felicidade desde que os atualize e os desenvolva. Portanto, a nova ciência da felicidade vai se ocupar essencialmente com medir, sobretudo graças à imagem cerebral, a taxa de felicidade sentida pelos indivíduos. Com efeito, não há ciência verdadeira sem instrumentos de medição. Em seguida, será uma questão de classificar os diferentes tipos de pontos fortes, de aptidões e de trunfos para ter certeza de conseguir amplificá-los. É nessa perspectiva "classificatória" que Seligman propõe então distinguir três tipos de vidas mais ou menos próximos da felicidade, ou melhor dizendo, três tipos de vidas que deveriam se completar entre eles para chegar a uma felicidade completa e permanente. Há de início a "*pleasant life*", a vida agradável, isto é, aquela que consegue encadear de maneira bastante hábil momentos de prazer. É um primeiro passo, mas ainda muito insuficiente, sobretudo porque, segundo Seligman, a capacidade de experimentar prazeres e de encadeá-los é 50% genética, portanto pouco maleável, de forma que não temos muito domínio sobre ela. Em seguida, porque, como se sabe desde Aristóteles, os prazeres são por natureza ao mesmo tempo frágeis, fugazes e além do mais adictivos. Como em toda adicção, habituamo-nos rapidamente e, portanto, também nos cansamos rapidamente. A segunda vida, a "*good life*", a boa vida, já está mais próxima da verdadeira felicidade. É aquela que consiste em satisfazer, não seus desejos pontuais para deles tirar prazer, e sim suas paixões sólidas e profundas, por exemplo pela sua vida familiar, por seus filhos, mas por que não também por um esporte ou um jogo, e até por um engajamento numa associação. Nesse segundo tipo de vida, somos felizes porque estamos de certa forma totalmente apaixonados, absorvidos por suas atividades, por aquilo que Seligman designa como o "*flow*", um estado de absorção total de seu psiquismo pela atividade que se está realizando.

Por fim, o ápice é atingido pela "*meaningful life*", a vida plena de sentido que supõe que, para sua própria felicidade, é proveitoso se engajar a favor de uma causa que de alguma forma vai além de você – esta transcendência tendo a finalidade de ser tão logo abolida como tal ao ser reintegrada na problemática inteiramente imanente da felicidade pessoal. Seligman pede então às pessoas da plateia à sua frente que fechem os olhos e pensem numa pessoa que um dia lhes trouxe uma ajuda verdadeira, algo insubstituível, realmente positivo para sua vida. Uma vez essa pessoa identificada, seria conveniente, aconselha o simpático guru, telefonar-lhe, marcar um encontro, mas sem mencionar o motivo desse telefonema, depois ir vê-la simplesmente para agradecer, para expressar toda sua gratidão. Observaremos que neste caso o que poderia se assemelhar a uma forma de altruísmo desinteressado é na realidade o exato oposto: se a questão é demonstrar seu reconhecimento, este não é para agradar à pessoa com a qual de certa forma temos uma dívida, para lhe prestar uma homenagem, e sim, como em toda filosofia utilitarista, para aumentar sua própria felicidade e compreender que é nesse caminho que será preciso continuar a trabalhar – um altruísmo por egoísmo, portanto, uma noção fundamental à qual retornarei num próximo capítulo a fim de esclarecer seu sentido e alcance. Seligman conclui então apoiando-se em três muletas que podem ajudar a encontrar seu caminho para a "vida plena de sentido": as tecnologias (por exemplo os aplicativos de psicologia positiva no *smartphone* ou computador), o "*design*", entendido aqui no sentido literal como a busca de objetivos a cumprir, e o divertimento ("*entertainment*"). Em uma perspectiva utilitarista que é fundamentalmente a da psicologia positiva americana e do liberalismo que a subentende, o cálculo dos prazeres e dos dissabores aparece então como uma atividade mental que se impõe e que não poderia ser negligenciada caso se queira aceder ao soberano bem.

Para ele, infelizmente, foi nessa perspectiva de um cálculo dos prazeres e dos dissabores que Seligman suscitou duas polêmicas, uma por ter consideravelmente enriquecido graças à sua notoriedade, o que, afinal, não é em si uma falha moral, mas a outra, muito mais discutível, por ter participado em benefício da CIA de inúmeras experiências sobre a tortura, algo que muitos de seus colegas não conseguiram perdoar apesar das tentativas feitas para se justificar explicando que não havia nada de desonroso em trabalhar para seu país. De todo modo, o que me interessa aqui é essa definição da psicologia, não mais como tratamento das patologias, e sim como uma pretensa "ciência da felicidade para todos", um tema que também se encontra nas teorias do desenvolvimento pessoal, por essa razão eu não distinguirei fundamentalmente essas duas disciplinas, além do mais nascidas quase no mesmo momento e no mesmo país, o do liberalismo e das grandes doutrinas utilitaristas. No fundo, poderíamos dizer que a psicologia positiva visa o desenvolvimento pessoal, e que este por sua vez utiliza de bom grado os trabalhos da psicologia positiva para alcançar seus fins. Aliás, eis a interessante definição encontrada na Wikipédia – e refiro-me a ela não por preguiça, mas porque ela é apenas um copiar e colar daquelas encontradas entre os defensores mais autorizados, bem como entre os críticos mais radicais dessa corrente:

> O desenvolvimento pessoal é um conjunto heteróclito de práticas, pertencentes a diversas correntes de pensamento que têm como objetivo a melhoria do autoconhecimento, a valorização dos talentos e potenciais, a melhoria da qualidade de vida, a realização de suas aspirações e de seus sonhos. Desse modo, para a revista *Sciences humaines*, "as técnicas de desenvolvimento pessoal visam a transformação de si: seja para se desfazer de certos aspectos patológicos (fobia, ansiedade, depressão, timidez), seja para melhorar seus desempenhos (comunicar melhor, gerenciar seu tempo, afirmar-se)". O desenvolvimento pessoal não tem definição institucional e essa fórmula pode ser utilizada para legitimar métodos muito variados sendo que alguns deles envolvem charlatanismo que explora a miséria emocional humana quando outros constituem pseudociências que envolvem trapaças ou manipulação mental e até desvio sectário.

Claro que é preciso questionar essa definição, cujo final é evidentemente redigido de forma virulenta, sem dúvida inspirado pelas últimas publicações da Miviludes (Mission interministérielle de vigilance et de lutte contre les dérives sectaires) [Missão interministerial de vigilância e de luta contra os desvios sectários], às quais também retornaremos. O fato é que os pontos comuns com a psicologia positiva são evidentes: nos dois casos, trata-se de trabalhar sobre si, sobre seu "eu profundo", não para solucionar, como numa psicoterapia ou numa psicanálise, problemas patológicos partindo do "*disease model*", e sim para desenvolver seu potencial e para aumentar sua felicidade. É claro que, no entanto, nos dois casos, a pretensão à cientificidade é um problema para qualquer pessoa que tenha ao menos refletido no campo da epistemologia.

A promessa de uma felicidade constante, e talvez até de uma eternidade de alegria no céu, mas aqui nesta terra, neste mundo?

Para um não crente pode decerto existir em nossas vidas alguns momentos de prazer, de alegrias compartilhadas com aqueles que amamos, e até períodos plenos de serenidade durante os quais nos sentimos bastante felizes, mas a felicidade como um estado global, estável e definitivo é evidentemente impossível nesta terra para nós simples mortais. Pelo menos foi o que Rousseau (1782) compreendeu, como ele afirma no *Les rêveries du promeneur solitaire* [*Os devaneios do caminhante solitário*], com uma profundidade diferente da de nossos mercadores de felicidade em 15 lições: "A felicidade, escreveu, é um estado permanente que aqui neste mundo não parece feito para o homem: tudo está sobre a terra num fluxo contínuo que não permite que nada aqui tome uma forma constante". Não há nada a acrescentar, com efeito, e na verdade todo indivíduo dotado de bom-senso sabe disso perfeitamente, todo mundo que compreende bem que a felicidade, que inclui em sua definição a ideia de um estado definitivo, não passa de uma ideia reguladora, de um ideal da imaginação, não uma realidade acessível aqui nesta terra. As religiões, é claro, nos prometem a felicidade sob certas condições, mas nenhuma é tão estúpida ou mentirosa para nos garantir sua conquista nesta terra, aqui e agora. Acreditar nisso para mais tarde ter essa esperança plantada no coração pode, é claro, embelezar desde hoje a vida dos crentes, a fé é sem sombra de dúvida um fator de apaziguamento diante do trágico de nossa existência, mas é sempre numa relação com o céu, num vínculo com o depois da vida terrena, que esse apaziguamento e essa alegria encontram sua fonte e seu sentido.

Além do mais, Frédéric Lenoir (2015), em seu livro *La Puissance de la joie* [*O poder da alegria*], sente-se obrigado, apesar de sua admiração por Christophe André e de sua proximidade com ele, a reconhecer que não se poderia confundir o que é forçosamente pontual e efêmero com o que pretende ser permanente:

> Evocamos "momentos de felicidade" ao passo que, para os filósofos e os sábios, a felicidade não pode ser fugaz, é um estado permanente, o resultado de um trabalho, de uma vontade, de um esforço. Na verdade, confundimos prazer e felicidade, e estamos muito mais em busca de prazeres renovados do que de uma felicidade profunda e permanente (Lenoir, 2015, p. 27).

Uma felicidade como aquela proposta, segundo ele, pela verdadeira sabedoria, a de Espinosa com sua "eternidade de alegria", se afinal formos pelo menos capazes de dizer "sim" ao real em sua totalidade. Como mais uma vez Lenoir esclarece:

> [...] como o prazer é efêmero e dependente de causas exteriores, uma nova questão se coloca: Como tornar a felicidade constante? Os filósofos da Antiguidade respondem que é preciso conseguir dissociar a felicidade de suas causas exteriores e encontrar para ela novas causas desta vez em si mesmo. É o estágio superior da felicidade chamado de sabedoria. Ser sábio é dizer sim à vida e amá-la como ela é. É não querer a todo custo transformar o mundo segundo seus próprios desejos [...]. A sabedoria, dizem os estoicos, consiste em aceitar aquilo sobre o qual não podemos agir. Eles a ilustram com a parábola do cão puxado por uma carroça. Se o cão resistir e se recusar a seguir a carroça, ainda assim ele será puxado à força [...]. Se não se debater, ele seguirá o movimento da carroça sofrendo muito menos (Lenoir, 2015, p. 23).

Em todos seus livros, Lenoir retorna ao tema:

> A felicidade não é mais simplesmente amar a vida que amamos, mas amar a vida. Amar a vida, com seus altos e baixos, seus momentos favoráveis e desfavoráveis, seu quinhão de alegrias e de tristezas. O objetivo da sabedo-

> ria, sem negar o caráter imprevisível e frágil da felicidade, é tentar torná-la mais profunda e o mais permanente possível, para além dos acasos da vida, dos eventos exteriores, das emoções agradáveis ou desagradáveis do cotidiano (Lenoir, 2015, p. 24).

Não tenho palavras para expressar o quanto essa visão espinosista-estoica da sabedoria me revolta, o quanto ela é contrária à herança que recebo das filosofias da liberdade, o quanto essa moral de escravo (Epiteto, como sabem, era um escravo...), para não dizer de "colaboracionista", parece-me não apenas insustentável de um ponto de vista ético, mas simplesmente delirante no plano intelectual, no sentido literal do termo: como todo delírio, fora do real. Ainda hoje de manhã vi imagens de guerra, uma mulher cuja neta foi estraçalhada diante dela por uma explosão de um obus: explicar-lhe que ela deveria dizer "sim" à vida, que se é infeliz é simplesmente porque lhe falta sabedoria, que se tivesse compreendido Espinosa e Epiteto, tivesse tido a sorte de ter um bom guia espiritual, ela saberia enfim que nem a felicidade, nem a infelicidade não devem depender de causas exteriores, que ela deveria se concentrar em sua vida interior etc. etc., é apenas absurdo, para não dizer obsceno. A culpabilização da infelicidade, sua redução a uma falta de sabedoria é para mim o que se pode fazer de pior tanto de um ponto de vista moral quanto espiritual e intelectual. É negar em nome de uma metafísica tão dogmática quanto impraticável o trágico da existência, é negar a legitimidade da tristeza, a alegria "em qualquer circunstância" tornando-se o novo imperativo categórico das ideologias do frenesi da felicidade, um imperativo neste caso tão indecente quanto impraticável, tão insuportável quanto culpabilizante.

Então, o que significam esses convites para "saber apreciar o que temos", para saborear no momento presente, para dizer "sim" à vida "com seus altos e baixos", não importa o que aconteça, quando o que temos é a morte de um filho adorado ou um câncer do pâncreas, como um de meus colegas que acaba de morrer depois de nos ter deixado um livro perturbador sobre sua doença e as "imbecilidades *new age*" (*sic*! são suas palavras...) daqueles que pretendem que dela se pode tirar algo de bom ao passo de que se trata de um horror irremediável? O que querem dizer essas afetações quando o que se tem na vida é uma irmã assassinada no Bataclan, quando se está na Síria ou na Ucrânia, cercado de uma família petrificada pelo medo, pela fome e pela sede, ou muito simplesmente numa situação pessoal destruída por um irreversível acidente da vida, uma injustiça, uma perda de emprego, uma separação insuportável? Qual é o real valor dessa psicologia de butique, realçada de teorias do desenvolvimento pessoal e enfeitada com uma pitada de estoicismo, de espinosismo ou de budismo, fora de um confortável bairro de Paris, e ainda por cima num dia ensolarado?

Pois em caso de tempestade ela se torna muito simplesmente derrisória, para não dizer imunda, a culpabilização da infelicidade que ela implica de maneira subterrânea, como se não dizer "sim" ao real em qualquer circunstância fosse uma falta de sabedoria, tornando-se insuportável. A imagem à qual recorrem os estoicos, a do cãozinho puxado por uma carroça, que Frédéric Lenoir propõe como uma bela antecipação desse espinosismo no qual ele vê o ápice da sabedoria, desde sempre pareceu-me ser um motivo suficiente para condenar definitivamente sua metafísica dogmática. Que essa alegoria miserável possa hoje ser considerada como um modelo de sabedoria não prenuncia, para mim, nada de bom. Pois quando nossos desejos são legítimos e a ordem do mundo injusta, o sábio não é aquele que se ajoelha como Pétain diante do ocupante, mas aquele que se levanta, que acusa como Zola, que diz "não" como De Gaulle, que se revolta contra o curso do mundo. O que nos falta de forma cruel hoje não é decerto o *amor fati*, a rendição incondicional ao real, e sim a lucidez e a coragem. Sem essas qualidades, a transformação e o reencantamento do mundo podem ainda esperar.

A dissimetria entre a felicidade e a infelicidade

Ainda há um ponto em que, apesar de tudo, me uno a Frédéric Lenoir: está claro, com efeito, que em sua definição da felicidade, Christophe André se permite uma facilidade, uma falta de rigor que consiste em confundir "pequenos momentos de alegria" e felicidade constante, o que na realidade não tem nada a ver. Insisto nesse ponto, pois ele é crucial: a noção de felicidade inclui por definição aquelas de duração definitiva, de globalidade e de estabilidade, o que a torna, pela sua própria essência e com todo o rigor, absoluta e definitivamente indefinível, pelo menos fora da religião, para seres que são, como diz Rousseau, a um só tempo mortais e estão imersos no fluxo do tempo que passa. Por consequência está bastante claro que a ideia de felicidade não poderia em caso algum fazer parte do campo das ciências exatas.

Essa verdade evidente ficará ainda mais clara se compararmos o ideal da felicidade com a realidade da infelicidade. Com efeito, seria preciso ser cego para não ver que existe uma dissimetria radical entre essas duas noções, como aliás entre o bem e o mal. De fato, todos nós somos capazes, e sem muita dificuldade, de identificar em alguns segundos o que poderia nos mergulhar numa infelicidade absoluta, começando pelo luto de um ser amado, uma separação irreversível e dolorosa, uma deficiência repentina causada por um acidente, uma doença mortal, talvez até a perda de um emprego, e mesmo uma humilhação insuportável, em suma, um acidente da vida. Em contrapartida, não posso nunca estar absolutamente certo do que vai me tornar feliz nesse longo prazo que diferencia prazer (curtíssimo prazo), alegria (um pouco mais duradouro) e felicidade (a eternidade da alegria de nossos espinosistas e de nossas religiões): O amor, a justiça, o dinheiro, o sucesso social, a notoriedade, a inteligência, os conhecimentos, as posses e as propriedades de todos os tipos? Tudo isso pode facilmente se reverter em calamidades. Este é um argumento que Kant, nos *Fundamentos da metafísica dos costumes*, apoiou num raciocínio difícil de refutar assim que refletimos de forma minimamente séria:

> O conceito de felicidade é um conceito tão indeterminado que, apesar do desejo que todo ser humano tem de conseguir ser feliz, ninguém jamais pode dizer em termos precisos e

coerentes o que verdadeiramente ele deseja e quer. A razão para tal é que todos os elementos que fazem parte do conceito da felicidade são necessariamente empíricos, isto é, eles devem ser emprestados da experiência e que, contudo, para a ideia da felicidade, uma totalidade absoluta, um máximo de bem-estar em meu estado presente e em toda minha condição futura é necessário. Ora, é impossível que um ser finito, por mais perspicaz e poderoso que o imaginemos, elabore um conceito determinado do que ele quer verdadeiramente sobre esse assunto. Quer riqueza? Quantas preocupações, quantas invejas, quantas armadilhas ele não pode atrair sobre si! Quer muitos conhecimentos e esclarecimentos, talvez eles lhe deem somente um olhar mais lúcido sobre males que agora ele interpretará da maneira mais aterradora ao passo que antes se desviavam do seu olhar, mas eram, no entanto, inevitáveis – a menos que não lhe tragam ainda mais desejos enquanto já não era fácil satisfazer aqueles que já possuía [...]. Em suma, ele é incapaz de determinar com uma total certeza derivada de algum princípio o que o tornaria verdadeiramente feliz, pois para tanto ele precisaria da onisciência [...]. O problema que consiste em determinar de uma maneira certa e geral qual medida pode favorecer a felicidade de um ser razoável é um problema absolutamente inso-

> lúvel [...] porque a felicidade é um ideal, não da razão, mas da imaginação, fundado exclusivamente em princípios empíricos que esperaríamos de forma vã que eles possam determinar uma ação pela qual seria alcançada a totalidade de uma série de consequências na realidade infinita.

Não há nada a acrescentar e é preciso insistir nisso: ao passo que a infelicidade é, infelizmente, bem fácil de identificar, a felicidade é, para nós mortais, sempre situados, como diz Rousseau, no fluxo permanente do tempo, impossível de definir de maneira certa e duradoura. Confundi-la com uma série de "pequenas alegrias" é uma facilidade que em nada resolve o problema de fundo. O dinheiro, os conhecimentos, o sucesso social, a notoriedade ou o amor nunca impediram a doença, a morte, nem garantiram uma vida bem-sucedida. Como também insiste Kant na *Crítica da razão prática*, embora todos nós procuremos ser felizes, a sabedoria verdadeira consiste em reconhecer a impossível harmonia entre nossos desejos e a realidade, o que implica na impossibilidade de definir a felicidade como uma alegria permanente, *a fortiori* eterna, pelo menos nesta vida:

> A felicidade é o estado, no seio do mundo real, de um ser razoável para quem, ao longo de sua existência, tudo caminharia segundo seu desejo e sua vontade. Apoia-se, por consequência, no acordo entre a natureza e o objetivo totalmente perseguido por esse ser [...], mas o ser razoável que age no mundo

> não é decerto ao mesmo tempo a causa do mundo e da própria natureza[34].

A menos que nos transformemos, que mudemos nossos desejos e não a ordem do mundo, que pretendamos que a felicidade em nada depende das realidades exteriores a nós, e sim apenas de nossa vida interior, o que é simplesmente delirante, Kant tem evidentemente razão: ao contrário da resignação sistemática à qual nos convidam o estoicismo e o espinosismo, a lei moral, o ideal do direito natural e o simples cuidado mais elementar da justiça nos ordenam por vezes, para não dizer a maior parte do tempo, a agir de maneira não conforme à natureza, a combater a realidade se necessário, a lutar contra a lógica dos interesses particulares que não raro triunfam sobre o bem comum. Nesse sentido o acordo entre o real e meus desejos que a felicidade perfeita e permanente suporia, se ao menos não a reduzirmos de maneira fictícia a um assunto puramente interior, não passa desse ponto de

---

34. Até mesmo o modesto *Dictionnaire de philosophie en ligne* é mais razoável nesse aspecto do que nossos mercadores da felicidade. O que ele nos oferece me parece ter muito bom-senso: "O 'conteúdo' da felicidade é indeterminado. Não há consenso sobre elementos particulares e precisos que seriam constitutivos da felicidade. Riqueza, beleza e poder não fazem a felicidade. Nenhum elemento concreto pode ser destacado. Acreditar que é preciso ter uma Ferrari ou aparecer na TV para ser feliz é uma ilusão. Quando há um consenso sobre o que faz feliz, ele se refere apenas a elementos vagos, alguns princípios gerais. O amor, a amizade, o prazer são certamente componentes da felicidade. Mas esses elementos são profundamente abstratos. Saber que a amizade é importante não me dá amigos bons e verdadeiros. Muitas vezes ignoramos o que pode nos levar à nossa felicidade. O que me permitiria, pessoalmente, ser feliz não está claro para mim. Posso pensar que certas coisas me farão feliz (um bem material, realizar um projeto etc.), é claro. Mas nunca posso ter certeza de que esses elementos realmente me farão feliz (agora ou no futuro)".

vista de uma utopia, para não dizer um conto de fadas, no máximo um ideal regulador. Em suma, a menos que nos refugiemos no solipsismo e no narcisismo ao qual nos convida Fabrice Midal, nossa relação com o real, e não é um exagero, nem sempre é harmoniosa, com frequência é dilacerada, trágica. Poderemos "desapegar" o tanto que quisermos, nos entregarmos aos exercícios de sabedoria e de psicologia positiva visando praticar o que Espinosa chamava de "inteligência da necessidade" e Nietzsche de "*amor fati*" enquanto tivermos desejo e força para tal, ainda assim o real continuará a não dar a mínima para nossas aspirações profundas. Ele não está nem aí, de modo que nossa relação com o mundo é forçosamente marcada num momento ou outro por um caráter conflitual, atravessado por oposições e combates necessários, e até legítimos e de todo modo impossíveis de ocultar ou de contornar não importa o que façamos.

Como Max Weber, Freud estava convencido, ao contrário de Marx, de que não existe sociedade perfeita, sociedade sem conflito, não existe real transparente, desprovido de contradições, de frustrações e de privações. Além do mais, uma sociedade sem proibições, e mesmo admitindo que fosse concebível, seria simplesmente aterrorizante: nada é mais atroz, se refletirmos um pouco, do que a fórmula "é proibido proibir!" Não proibir as pulsões de ódio, a difamação, o racismo, o estupro, o roubo, o antissemitismo, o sadismo, e paro por aqui, seria simplesmente uma abominação... Portanto, muito ao contrário de Marx, Freud pensava que, não importa o que digam, revolução ou não, sociedade sem classes ou não, o real é trágico, intrinsecamente contraditório. Quase nunca temos a escolha entre uma boa solução (uma sociedade sem conflitos, sem proibições? Que piada!), e uma má (o capitalismo pleno de contradições e de tabus), mas temos a escolha apenas entre várias más soluções, pois a realidade é sempre mais ou menos frustrante, o ideal é da ordem do compromisso, não da transparência perfeita. Tal é também o sentido profundo da famosa distinção entre o "princípio de realidade" e o "princípio de prazer", distinção que me parece ser um primeiro passo necessário em direção à lucidez, isto é, ao abandono em plena consciência dessas falsas sabedorias em benefício de outras preocupações segundo as quais a aspiração a uma vida digna e boa não se reduz forçosamente a uma busca desesperada da felicidade, porque uma vida realmente boa é muito mais da ordem da liberdade, da inteligência, da coragem e, mais do qualquer outra coisa, do amor e do sentido, noção essa inseparável da do sagrado, do que define o sacrifício e o sacrilégio.

Ainda assim, será que conseguiríamos chegar a uma definição coerente da felicidade se identificássemos sua "natureza profunda"?

Um de meus colegas e dos mais conhecidos representantes da psicologia positiva e, claro, fervoroso discípulo de Espinosa, do estoicismo e das sabedorias antigas, escreveu-me certa vez numa carta sobre seu desacordo quanto à distinção que faço depois de Rousseau e de Kant (mas também de Popper, que a respeito desse tema é excelente) entre infelicidade (fácil de definir) e felicidade (impossível de definir de outra forma que não negativa e não científica): "Não concordo com sua primeira afirmação, segundo a qual, de um lado, a infelicidade é mais facilmente identificável e definível do que a felicidade, de outro lado que a felicidade é e sempre será impossível de definir *a priori*. Em nossas existências cotidianas, tanto a felicidade quanto a infelicidade me parecem igualmente identificáveis e definíveis: globalmente estou feliz quando amo a vida que levo e sou infeliz quando não amo a vida que levo. E existem também momentos intensos de felicidade, quando por exemplo um desejo profundo se realiza: um encontro amoroso, o nascimento de um filho, passar num exame, um êxito profissional etc. Assim como existem momentos intensos de infelicidade: perda de um amigo, doença grave, fracasso profissional [...]".

Espero que meu leitor compreenda que essa resposta oscila uma vez mais entre proposições puramente tautológicas (do tipo "Globalmente sou feliz quando amo a vida que levo": quem diz o contrário e em que sentido isso nos conduz minimamente a uma definição da felicidade, *a fortiori* a uma "ciência da felicidade"?) e uma vez mais uma confusão entre momentos de alegria por essência fugazes e uma felicidade por essência permanente. Com efeito, não é preciso ser um gênio para concordar com a ideia segundo a qual "sou feliz quando sou feliz". A tese é implacável, mas não nos diz nada, rigorosamente nada, nem sobre a questão de saber se isso vai durar toda a vida, nem sobre o que nos fez feliz, nem em que sentido os constituintes desse "momento de felicidade" poderiam nos trazer essa "eternidade de alegria" que define a felicidade segundo o próprio autor dessa carta, uma vez que ele se diz espinosista. Que possamos conhecer em nossas vidas "anos de felicidade" é uma sorte que, muito felizmente, pode ser oferecida a alguns de nós, mas daí a dizer que isso vai durar eternamente há um abismo, aquele que separa a ciência autêntica das miragens da metafísica. E quando saímos das tautologias indigentes ("A felicidade é quando estamos felizes, quando amamos nossas vida" etc.), é para cair mais uma vez na confusão entre momentos de alegria e felicidade constante. Portanto, sendo bastante claro: a resposta de meu colega não acrescenta nada, ela em nada contradiz a distância que separa a facílima identificação da infelicidade da impossível definição da felicidade.

E então nós continuamos a conversa, ele aprofundou seus argumentos e propôs um novo: segundo ele, ainda assim poderíamos definir a felicidade partindo de uma identificação de suas aspirações mais profundas e mais pessoais, aquelas que nos definem, tentando assim identificar primeiramente a nossa natureza íntima. Aliás, é o que propõe Frédéric Lenoir em seu livro *La sagesse expliquée à ceux qui la cherchent*, uma obra que já no início interpela seu leitor para convidá-lo a encontrar aquilo que constitui sua natureza mais profunda, mais íntima, aquilo que o define em sua particularidade irredutível:

> Pergunte-se: quem sou eu? Não apenas sua identidade animal ou familiar (você é um ser humano, você se chama, é filho ou filha de etc.). Nem mesmo sua identidade social (exerce tal profissão, tem tal reputação etc.). Não, pergunte-se sobre sua identidade profunda: quem é você para além de todas essas identi-

> dades? Quem é você como ser singular? Qual é sua natureza verdadeira? [...]. Esse questionamento é fundamental, pois nenhum caminho de sabedoria pode ser seguido apoiando-se num "falso *self*", num desconhecimento de si, de sua natureza profunda, de suas verdadeiras aspirações (Lenoir, 2018).

Essa injunção pode parecer *a priori* sensata e razoável: ela sugere que é identificando sua natureza singular que se poderia afinal conseguir ser feliz, por assim dizer "realizando-a", a felicidade definindo-se então pela capacidade de dar à sua natureza o que lhe convém: a profissão que lhe convém, a vida afetiva que lhe convém, as leituras e os encontros que combinam com ela e que lhe farão bem, em suma, a realização de todas as aspirações que por sua vez estão em harmonia com sua harmonia mais íntima.

A felicidade residiria então na harmonização de si consigo mesmo assim como explicado por Frédéric Lenoir na sequência do livro: "Ao aprender a nos conhecer aprendemos a descobrir o que é bom para nós e o que não é, o que condiz e o que não condiz, o que é favorável para a saúde de nosso corpo e de nossa alma e o que os envenena". No mais, podemos dar a essa opinião um valor assentado numa tradição muito antiga, neste caso a do espinosismo, mas também da sabedoria estoica, como vemos no ensaio de Plutarco intitulado *A serenidade interior* (*peri euthumias*), que desenvolve longamente um tema semelhante. Com efeito, em cada um de nós existiria, segundo Plutarco, uma natureza humana profunda e singular que seria necessário aprender a conhecer a fim de satisfazê-la, de contentá-la, como damos a uma flor colocada num vaso a água e os nutrientes que favorecem sua vida:

> É preciso aprender a se conhecer a si mesmo, e depois agir segundo seus dons naturais em vez de arrastar a contragosto sua natureza para o desejo de imitar ora um tipo de vida, ora outro violentando-a [...]. Assim como o sapato toma a forma do pé e não o contrário, assim também as disposições de cada um moldam sua vida à sua imagem.

Plutarco vincula então esse projeto de apreender sua natureza profunda ao conhecido "conhece-te a ti mesmo" que orna o frontão do templo de Apolo em Delfos.

Devemos, seguindo então o que nos ensina a inscrição délfica, aprender a nos conhecer a nós mesmos e nos consagrarmos em seguida a um objeto único, ou seja, aquele para o qual temos uma aptidão natural. Evitemos nos apaixonar ora por um tipo de vida, ora por outro, evitemos violentar nossa natureza [...]. A natureza deu às diversas classes de homem diversos meios de subsistir. É preciso escolher o estado que nos convém, fazer dele o objeto exclusivo de nosso trabalho sem nos ocuparmos do resto.

Ao identificar nossa natureza mais íntima, ao perceber o que verdadeiramente lhe convém, cada um de nós poderia assim aceder à sua própria definição de uma felicidade completa e permanente.

Depois de ter distinguido êxito, prazer e felicidade, é portanto, ao contrário do que diz Christophe André, não na direção da ciência contemporânea, e sim na direção dessas sabedorias antigas que deveríamos nos voltar, em particular para esse estoicismo cujos grandes temas serão retomados por Montaigne, pensador que será então necessário acrescentar, como convida Frédéric Lenoir, à lista dos autores que deveriam, como Espinosa, nos permitir chegar a uma definição coerente da felicidade:

> Toda a sabedoria de Montaigne resume-se a uma espécie de grande "sim" sagrado à vida. Conhecer e aceitar sua natureza própria para aprender a desfrutar melhor da vida. Afastar qualquer sofrimento evitável e suportar com paciência as provações inevitáveis embora tentando desfrutar daquilo que nos contenta. Compensar a brevidade da existência pela qualidade e a intensidade das experiências. Aliás, é somente assim que poderemos enfrentar a morte sem arrependimento (Lenoir, 2018).

O problema, e veremos que não é insignificante, é que, para assentar essa ideia de que a felicidade é definível em função de um conhecimento de sua própria natureza, é preciso evidentemente, é o mínimo, postular que existe realmente alguma coisa como uma "natureza humana" estável à qual certas coisas conviriam e outras não, como a cenoura convém ao coelho, os grãos de trigo ao pombo ou o atum do Atlântico a meus gatos (parece que não é bom para a saúde deles, mas eles gostam tanto...). É essa adequação entre, de um lado, esse receptáculo que seria a natureza humana e, de outro, o que viria preenchê-la, que permitiria então identificar e definir a felicidade e também os meios de a ela aceder com a ajuda de um guia, de um mestre espiritual que nos ajudará a nos conhecer melhor. Se admitirmos que existe uma natureza humana estável, desejos naturais bem identificáveis, então torna-se fácil definir a felicidade como o conjunto de receitas que trazem respostas adaptadas a esse horizonte de expectativa, respostas que impedirão que nos lancemos na corrida dos artifícios, mergulhar na lógica artificial de consumismo que confunde o ser e o ter.

Como insisto em quase todos os meus livros ao me colocar do ponto de vista das filosofias da liberdade, portanto numa perspectiva radicalmente oposta ao determinismo estoico e espinosista, essa ideia de natureza humana revela-se para mim como um puro mito, um mito que nega de maneira dramática a diferença entre humanidade e animalidade porque, ao contrário dos animais, somos sobretudo seres de história mais do que de natureza. Por mais que eu saiba como fazer meus gatos felizes dando a eles o que lhes convém "por natureza", com minhas filhas é completamente diferente: elas não têm os mesmos desejos nem as mesmas necessidades aos 5, 10, 15 ou 20 anos, e algo me diz que isso não vai parar tão cedo. Esta é pelo menos a tese, para mim justa e lúcida, que já aparece no mito de Prometeu assim como contada por Protágoras no diálogo de Platão que lhe é consagrado, uma tese de rara profundidade que será retomada, desenvolvida e conceitualizada mais tarde nas filosofias da liberdade desde Pico de la Miradola, Rousseau e Kant até Husserl, Sartre e mesmo Heidegger[35]. Compreendemos enfim por quais razões a essência do ser humano é não ter essência, sua natureza de não ter natureza, pois é nisso que reside sua liberdade que engendra a dupla historicidade que ele demonstra, ao contrário dos animais: historicidade da educação ao longo de sua vida no nível individual, historicidade da cultura e da política no nível coletivo. Daí o fato de que, para o ser humano, a defi-

35. Para aqueles que não se lembram, aqui está o significado desse famoso mito. Tudo começa com um desejo do rei dos deuses. Zeus pediu aos dois irmãos Epimeteu e Prometeu, filhos do titã Jápeto, que "fizessem" mortais para acabar com o tédio dos deuses, que estavam se lamentando da "calma olímpica" desde que a guerra contra os titãs terminara. Epimeteu, cujo nome significa "aquele que pensa depois do fato", em outras palavras, o idiota da família, implora ao irmão que o deixe praticar com esses mortais de nível inferior, os animais. Prometeu, aquele que, ao contrário, antecipa as coisas, o mais inteligente dos dois, fica um pouco preocupado, mas acaba concordando em deixar seu irmão fazer o que quer. Epimeteu usa água e argila para esculpir figuras que servirão de modelo para cada espécie. Para construir um reino animal bem equilibrado e viável, ele atribuiu três qualidades aos animais: um arquétipo, ou seja, uma natureza pròpria, e um tipo de software comum à espécie, de modo que o gato, a abelha e o coelho tivessem cada um seu próprio modo de vida; um lugar específico no mundo (na água para os peixes, no céu para os pássaros, no chão para os mamíferos, alguns em regiões frias, outros em regiões quentes etc.); e, por fim, dons específicos para sobreviver num mundo difícil (asas, nadadeiras, garras, pelos, conchas, velocidade ao correr etc.). Quando ele distribuiu tudo e seu irmão, Prometeu, vem examinar seu trabalho, este fica consternado ao descobrir que não há mais nada para os humanos: nenhum modelo, nenhum arquétipo, nenhum programa específico, em suma, nenhuma "natureza humana", como também nenhum lugar, nem dom específicos – sem nadadeiras, sem asas, sem pelos, sem carapaças, sem garras etc., de modo que aquele pobre homem, ao contrário dos animais, está completamente desprovido ao nascer, privado de qualquer software que lhe prescrevesse um modo de vida em vez de outro. A lição filosófica do mito: é justamente porque o homem não tem nada de bem definido, porque não há natureza humana, nenhum software imperativo que formaria previamente um destino, que ele pode se tornar tudo; é porque ele não é determinado por nenhuma natureza que, ao contrário do que os estoicos e, mais tarde, Espinosa afirmaram, ele é livre.

nição da felicidade só pode ser subjetiva, relativa à sua história pessoal, incessantemente evolutiva e, como tal, de modo algum estável e definitiva, de modo algum objeto de uma ciência exata – e é decerto por essa razão que os humanos inventaram as religiões para poderem extrair delas, em sentido contrário, a ideia de uma possível eternidade de alegria após a vida terrena.

Mercadores da felicidade, gurus e *coachs* autoproclamados: os graves alertas da Miviludes

Referindo-se à psicanálise em seu livro *La Sagesse expliquée à ceux qui la cherchent*, Frédéric Lenoir deixa claro que, para se conhecer melhor, para trazer à claridade o que está recalcado no inconsciente e que pode assim perturbar nossas vidas, é preciso uma ajuda externa, a de um analista. E logo depois acrescenta algo que me parece bem mais problemático, ou seja, que no contexto das sabedorias tradicionais às quais se referem a psicologia positiva e as teorias do desenvolvimento pessoal,

> [...] essa ajuda externa poderá vir do mestre espiritual, personagem-chave das grandes correntes espirituais hindu, budista, cristã ou sufi. O analista, ou o mestre espiritual, é um guia que já percorreu o caminho da sombra para a luz e que está, portanto, apto a nos guiar, a nos apoiar, a nos reconfortar (Lenoir, 2018).

Consciente de que essa noção de "mestre espiritual" que teria "percorrido o caminho da sombra para a luz", que seria então de alguma forma onisciente, praticamente igual a um deus, aproxima-se singularmente daquela do guru e que, num mundo mercantil onde milhões de pessoas se encontram num estado de solidão e de fragilidade psíquica, a questão da dominação não pode ser deixada de lado, Frédéric Lenoir toma o cuidado, se não de corrigir seu argumento, ao menos de esclarecê-lo: "É bem evidente, nos diz ele, que é preciso também um grande discernimento para escolher a pessoa em quem desejamos nos apoiar para efetuar esse caminho iniciático da autorrealização". O mestre espiritual deverá, segundo ele, preencher três critérios: "A experiência, a benevolência e o desinteresse. O guia, quer seja psicólogo ou espiritual, deve ter experimentado o que ele ensina", ele deve "tornar o paciente ou o discípulo o mais autônomo possível. É o contrário do guru sectário ou do terapeuta perverso que busca, consciente ou inconscientemente, tornar o outro cada vez mais dependente dele" (Lenoir, 2018, p. 58-59).

Muito bem. Mas quem o julgará? E como ter garantias, como proteger as pessoas em sofrimento dos "gurus sectários" e dos "terapeutas perversos"? Esse é o grande problema que a Miviludes apresentou em seu relatório do ano de 2021 sobre "a formação, o desenvolvimento pessoal, o *coaching* e o culto de si". Ora, esse relatório denuncia, apoiando-se em fatos e em argumentos, as técnicas sofisticadas de persuasão que tentam se passar por uma ciência verdadeira da felicidade ao passo que não têm nenhum desses atributos:

> Atingir a "melhor versão de si mesmo", explorar seu "pleno potencial", tornar-se seu "próprio líder", "venerar seu ideal de si", são muitas das promessas valorizadas por empreendedores com

> títulos e diplomas variados, muitas vezes sem reconhecimento de um organismo oficial, e que alcançam um sucesso crescente [...]. Esse ideal só seria acessível através do ensinamento de um "guia" detentor de um método milagroso para se libertar de seus defeitos, de seus arrependimentos, de seus entraves etc. A realização pessoal torna-se um produto pré-fabricado que poderia ser comprado e a riqueza estaria simplesmente ao alcance da mão para aquele que se engajar o suficiente no programa forjado pelo "guia". Este último se colocaria numa posição dominante em relação a seu aprendiz, ele seria o único a poder responder às suas esperanças. A Miviludes observa assim graves situações de dominação mental através dessas novas formas de desvios sectários. Há vários anos que o desenvolvimento pessoal desperta um forte entusiasmo do público e representa vários bilhões de euros em todo o mundo... (Miviludes, 2021).

Um dia de reflexão sobre os desvios sectários foi organizado no Ministério do Interior em 9 de março de 2023 em torno dos trabalhos da Miviludes. A missão descrevia as denúncias que havia recebido ao longo do ano anterior, em geral vindas de famílias não sabendo mais o que fazer para tirar um parente das garras dos "guias" que pretendem ter "percorrido o caminho da sombra para a luz". Segundo a Miviludes, de pouco mais de mil denúncias vindas de horizontes diversos, mais de um terço foi gerada "pelo desenvolvimento pessoal e o *coaching* (173 apelações), o xamanismo e as psicoespiritualidades (159 apelações)"...

A indústria da felicidade, um fenômeno neoliberal ligado à lógica da "destruição criativa"

Como sempre, desde seu nascimento no século XVIII, as doutrinas utilitaristas que pretendiam que a felicidade é a única finalidade de toda vida alimentaram vínculos estreitos e poderosos com o liberalismo anglo-saxão de modo que a busca frenética da felicidade não podia deixar de lado o mundo da empresa e do dinheiro. Nicolas Bouzou e Julia de Funès (2018) no livro *La Comédie (in)humaine,* trabalharam com talento na desconstrução das ilusões da "felicização" crescente da empresa. Dois universitários, Edgar Cabanas e Eva Illouz (2018), seguiram os mesmos passos a fim de destruir um bom número de fantasias que a psicologia positiva, as teorias do desenvolvimento pessoal, a moda do *coaching* e da "meditação de atenção plena" se esforçam de propagar. Em seu livro *Happycratie. Comment l'industrie du bonheur a pris le contrôle de nos vies* [Happycracia. Como a indústria da felicidade tomou o controle de nossas vidas], esses dois pesquisadores mostram que a felicidade tornou-se uma formidável mercadoria que gera a cada ano bilhões de dólares através de livros de sucesso, palestras em empresas, financiamentos de centros de pesquisa e, *last but not least*, um crescente número de aplicativos pagos que acompanham as promessas extraordinárias de felicidade em 15 lições e desenvolvem de bom grado três temas principais: o "*self-help*", ("o autogerenciamento emocional" ou "ecologia do eu"), a busca da autenticidade e a realização de si, tudo enfeitado com um discurso pseudocientífico que pretende não apenas medir, como também engendrar a felicidade. Por isso as receitas de fácil consumo que ela destila sob forma de exercícios práticos cuja puerilidade, que não raro deixa perplexo, não parece desencorajar os adeptos: trata-se sempre, como todo bom narcisismo, de se colocar discretamente em evidência a fim de "criar sua marca pessoal" (*personal branding*) e, para tanto, é conveniente sempre aparecer "no topo", em forma e, não importa o que aconteça, sorrindo e de bom humor[36], o que, então, tende a fazer da infelicidade uma doença, e até uma falha moral, uma vez que apenas o otimismo é valorizado segundo os critérios falsamente *cool*, mas no final demasiado normativos, das ideologias da felicidade: se a felicidade só depende de nós, não do real (que pode ser hostil), mas somente do olhar que lançamos sobre ele, então ser infeliz é um sinal de fraqueza, e até sintoma de um caráter grosseiro que não merece muito um lugar na cidade, e menos ainda na empresa...

Rumo a uma definição muito mais modesta da felicidade... como simples ausência de infelicidade

Se insisto na diferença que separa de maneira evidente a definição da infelicidade daquela da felicidade é também por uma razão de fundo, ou seja, é somente partindo da identi-

36. Sobre este ponto consulte o excelente livro de Julia de Funès (2019) *Développement (im)personnel. Le succès d'une imposture* [Desenvolvimento (im)pessoal. O sucesso de uma impostura].

ficação da infelicidade que por contraste poderia surgir uma definição da felicidade simplesmente negativa e desprovida de qualquer pretensão à cientificidade, não a serenidade infinita e sem mácula do estoico ou a eternidade de alegria do espinosista, menos ainda um estado de satisfação e de autoamor completo e permanente, e sim o sentimento muito humilde de que numa manhã qualquer não excluímos a possibilidade da alegria[37], a eventualidade de que talvez o dia não termine sem que a tenhamos cruzado num momento ou outro. Claro que não estamos obcecados com essa perspectiva, temos consciência de que essa alegria será momentânea, efêmera e provisória. Será um café tomado na cumplicidade de umvelho amigo, um instante de criatividade no trabalho, de amor com a pessoa que amamos, o sorriso de um dos filhos que conseguiu superar uma dificuldade, uma boa notícia sobre a saúde de um ser querido que nos causava inquietação ou, muito simplesmente, um desses instantes de graça, uma noite, numa varanda aconchegante, quando o mundo parece excepcionalmente repleto de doçura e de beleza.

Talvez digam que essa definição da felicidade é demasiada "frágil" para corresponder ao que os dicionários entendem por essa palavra que supõe duração e completude ao longo da vida, e estarão absolutamente certos. Mais uma vez, não acredito de forma alguma no projeto nebuloso de chegar a uma definição positiva e científica da felicidade. Acordar de manhã e se dizer "simplesmente" que a alegria é possível, que pode ser encontrada, já está de bom tamanho. Espinosistas

37. Neste ponto concordo com o que meu amigo André Comte-Sponville (2001) diz sobre a felicidade no *Dictionnaire philosophique*.

e ideólogos da felicidade dirão que é insuficiente, que o que eles nos prometem é algo fiável, eterno. Por que e como eles chegam a ela? E uma vez mais, ao nos garantir que tudo depende de nós, apenas de nós, não dos outros nem do mundo exterior, que a sabedoria da felicidade está ao nosso alcance porque está totalmente em nós e porque não depende do real. Sobretudo, não acredite neles! Aqueles que acreditam nessas promessas correm um grande risco de se decepcionarem um dia, de que essa tirania da felicidade, essa obrigação de êxito não os culpabilize e os humilhe com restrições e exigências irrealizáveis. Prefiro me contentar com um ideal mais sensato e mais modesto. Uma ausência de infelicidade não é pouco, momentos de serenidade que entreabrem a porta para momentos de alegria cuja lembrança deve ser que, de todo modo, eles são infinitamente mais dependentes dos outros e do real do que de nosso pequeno ego, eis o que nos é permitido esperar. Pois é a lucidez que salva, uma vez que as miragens das ideologias têm invariavelmente efeitos patógenos e duvido que elas possam tornar qualquer um autenticamente feliz.

Por que dá certo? Grandes temas do frenesi da felicidade e por que eles podem seduzir

Como, nessas condições, explicar o extraordinário sucesso das ideologias da felicidade? Que o contexto de que falamos, o da desconstrução das grandes narrativas que conduzem ao cuidado de si, possa ser um terreno mais do que favorável à busca frenética da felicidade, está bastante claro. Resta que, se os conselhos desses guias que levam seus infelizes discípulos a acreditarem que eles "percorreram o caminho da sombra até a luz" não tivessem efeito, nada disso daria certo. Ora, o mínimo que podemos dizer é que os livros que propõem "desenvolver seu potencial" para chegar à felicidade suprema invadiram as prateleiras das livrarias no mundo ocidental e que para isso existem forçosamente razões que só podem ser negativas. Eis por que eu gostaria, no próximo capítulo, de propor uma análise "crítica", no sentido etimológico do termo, dos grandes temas da psicologia positiva e das teorias do desenvolvimento pessoal. A palavra "crítica" vem do verbo grego *krinein* que em sua origem não significa "recriminar", menos ainda "criticar duramente", assim como é compreendido hoje, mas "separar", "triar", como na fórmula evangélica que nos convida a "separar o joio do trigo". Ora, as recomendações dos mercadores da felicidade são muitas vezes bem moldadas. Apresentadas com habilidade, elas formam um todo bastante coerente para convencer pessoas em sofrimento ou simplesmente desejosas de caminhar para o melhor. Certos conselhos vêm às vezes do simples bom-senso, o que lhes dá certa força de persuasão, e até de sedução, depois de embalados numa linguagem que parece científica e apresentados com humor e compaixão por um *coach* cheio de gentileza e de empatia. É evidente que eles podem trazer, pelo menos num primeiro momento, reconforto às pessoas frágeis em busca de um estado melhor, o que aliás é tão compreensível quanto legítimo. Eis por que uma análise crítica, no sentido que acabo de definir, se impõe quando se trata das vigas mestras e dos temas fundamentais das ideologias do frenesi da felicidade

5

Por que dá certo?

O joio e o trigo

A busca frenética da felicidade que se apodera do *Homo occidentalis* traz, para mim, duas questões de fundo. A primeira é muito simplesmente a da verdade, e veremos por quais razões nossos novos autoproclamados "guias espirituais" preferem a noção de utilidade[38]: Como distinguir nos grandes temas trazidos pelas ideologias da felicidade entre o que pode nos ajudar a nos aproximar da lucidez e o que vem de logros destinados a atrair os "comedores de vento"? É aqui que a palavra "crítica" adquire todo seu sentido, que sua prática se torna salutar, e até salvadora, pois os perigos levantados pela Miviludes são reais, uma vez que só o espírito crítico pode proteger contra os fenômenos de dominação exercidos por gurus sobre pessoas frágeis. A segunda é de ordem moral mais do que teórica: Em que medida o que nos faz bem no curto prazo é forçosamente bom no longo prazo? Como já

38. Aliás, as falsificações que vimos em ação nas análises delirantes do mito de Narciso são um exemplo disso: desde que uma leitura evidentemente falsa possa ser útil do ponto de vista terapêutico, ela está então "certa".

sugeri, mas teremos de voltar ao tema, existe uma quantidade de coisas prejudiciais que nos trazem um alívio rápido diante das dificuldades da vida, mas que em seguida se revelam desastrosas. Ora, neste caso, os estudos de campo que citei abundantemente no meu livro *7 façons d'être heureux* [*7 maneiras de ser feliz*] publicado em 2016 mostram que a busca da felicidade torna a maioria daqueles que se lançam de corpo e alma profundamente infelizes. Ela fixa para eles ideais inacessíveis, como a promessa de uma felicidade finalmente permanente, pois estaria ligada apenas a nosso estado de ser interior, não passa de uma miragem portadora de frustrações e de culpas, o esforço permanente para se tornar feliz, em plena forma, com a cabeça boa e à vontade consigo mesmo, torna-se depressa extenuante[39], as pessoas que garantem ser "plenamente felizes" estando muitas vezes com patologias mentais graves que as conduzem a fracassos calamitosos[40].

---

39. Em apoio a essa constatação, Mickael Mangot (2014) no livro *Heureux comme Crésus?* [Feliz como Creso?] fornece inúmeras referências a uma longa série de estudos de campo. Os títulos são edificantes: "*Can seeking happiness make people unhappy? Paradoxical effects of valuing happiness*" [A busca da felicidade pode tornar infeliz? Sobre os efeitos paradoxais da valorização da felicidade?] ou "*The pursuit and assessment of happiness can be self-defeating*" (A busca da felicidade pode ser autodecepcionante etc.

40. "Os pesquisadores puderam observar que, em determinadas situações, as pessoas que exibem o nível máximo de felicidade declarada (10/10) parecem sofrer suas consequências negativas. Por exemplo, seus estudos são menos brilhantes do que os das pessoas moderadamente felizes, ganham menos, têm mais dificuldade para encontrar um emprego e exibem uma taxa de mortalidade mais alta. Uma explicação é que um nível crônico de felicidade extrema, muitas vezes um sinal de uma patologia mental, leva a uma superestimação de suas competências, uma subestimação dos perigos e uma menor inibição diante da tomada de riscos, o que pode impedir que adaptem seu comportamento de forma adequada às características de seu ambiente."

Essas duas questões estão interligadas. Coloco por princípio, nesse sentido acompanhando Freud, e na verdade toda a história da filosofia crítica antes dele, que somente o que nos torna mais conscientes e mais lúcidos é em última instância bom para nós, tudo o que nos distancia da verdade, uma vez que tudo o que vem das fantasias inacessíveis acaba por ser um dia ou outro um patógeno. Como já pressentia La Fontaine ao descrever os infortúnios de Perrette com seu pote de leite, os sonhos acordados geralmente acabam mal. É raro (e isso é uma litote) que pessoas que contam frivolidades, *a fortiori* os neuróticos e os psicóticos graves, sejam felizes. Ora, visar um ideal inacessível, uma quimera – e o ideal de uma felicidade estável e permanente ligada apenas a seu estado de ser interior é uma de primeira grandeza –, conduz de maneira inelutável a decepções cujos estudos que acabo de mencionar (apoiados em referências), mas também os trabalhos da Miviludes, mostram que às vezes elas viram pesadelos. Segundo um processo que poderia ser chamado de "dialético", a tese eudemonista se transforma então em seu contrário: um estresse angustiante. Fazendo os discípulos acreditarem que podem consegui-lo com alguns exercícios físicos e espirituais cotidianos, fazendo-os acreditar que "tudo depende deles", que são capazes de melhorar sua vida trabalhando sobre eles mesmos mais do que sobre o mundo exterior, eles acabam criando um ideal do eu tão elevado que se torna devastador.

Eis por que proponho agora uma exposição crítica dos principais temas das ideologias da felicidade. Com exceção de alguns truísmos sobre os quais não vale a pena insistir (do tipo: preferir ser a ter, do qualitativo ao quantitativo, aumentar as emoções positivas e fugir das negativas – uma insignificante herança do método Émile Coué –, cuidar de sua saúde e de seu bem-estar, ser gentil com os outros etc.), as ideologias da felicidade desenvolvem certo número de temas-chave que tentam vincular às sabedorias antigas a fim de lhes dar mais legitimidade – mas geralmente, como já vimos, cortando-as da dimensão de transcendência cosmológica que lhes dava seu verdadeiro significado na Antiguidade. Ainda assim, mesmo desprovidos da potência que lhes conferiam as grandes cosmologias, esses conselhos conservam certo poder de sedução, e até alguma verdade que não é forçosamente negligenciável, uma vez que o problema está em conseguir separar o joio do trigo... Nesse sentido, vamos, portanto, examinar alguns daqueles que aparecem como os mais fundamentais por sua onipresença nas obras de psicologia positiva e de desenvolvimento pessoal. Para começar, no entanto, é preciso recolocar essas doutrinas que se veem como radicalmente novas no contexto filosófico que lhes serve de base: o utilitarismo, pois é ele, como vou mostrar, que dá todo seu sentido às vigas mestras das ideologias da felicização do mundo.

Uma filosofia utilitarista segundo a qual, como os humanos agem sempre por interesse, o altruísmo não passa de um egoísmo bem-aceito...

As grandes doutrinas utilitaristas, desde seu nascimento no século XVIII, foram concebidas como uma reabilitação moderna das doutrinas antigas, epicurismo ou estoicismo principalmente, que se definiam como "eudemonistas". Como a psicologia positiva e as teorias do desenvolvimento pessoal, elas nos vieram do mundo anglo-saxão em oposição radical à moral do dever, quer sejam cristãs ou laicas e republicanas. Na moral do dever, sendo a de Kant seu arquétipo, a noção de virtude era inseparável das de generosidade e de desinteresse, de sacrifício e de "dom de si". O pai fundador do utilitarismo, Jeremy Bentham, filósofo inglês, tinha uma visão exatamente oposta, sobretudo numa obra publicada em 1789, *Introduction aux principes de la morale et de la législation* [*Uma introdução aos princípios da moral e da legislação*], um livro que até hoje é considerado como a verdadeira bíblia do eudemonismo moderno. Indo direto ao ponto, nesse livro ele desenvolve, muito antes de nossos psicólogos positivos, que em muitos aspectos são seus herdeiros, a ideia de que a finalidade última e exclusiva da existência reside na busca da felicidade. Ao longo de nossas vidas e em qualquer circunstância, não faríamos nada além de visar a felicidade mais perfeita possível. Por reciprocidade (o que *in fine* é a mesma coisa), podemos dizer que os humanos são seres que preferem fugir da dor e do sofrimento de modo que não há, que não pode haver, nunca, ações desinteressadas – nesse sentido a oposição é de fato radical, não apenas com a moral republicana do "dom de si", como a moral kantiana, retomada pelos fundadores da 3ª República, mas também com toda uma parte da herança do cristianismo, a noção de sacrifício sendo, como vimos nas menções aos livros de Fabrice Midal, jogada na lata de lixo da história, e até assimilada a uma herança do nazismo e do stalinismo.

Querer basear uma visão moral do mundo nessa convicção primeira de que os seres humanos são sempre e em todas as circunstâncias seres interessados, incapazes de se afastar de seu egoísmo mesmo quando parecem se preocupar com os outros, de ser altruístas, não é, no entanto, evidente. Isso até parece *a priori* bastante contrário ao senso comum, à ideia que muitos têm da virtude, uma noção que tendemos espontaneamente, pelo menos no Ocidente moldado por séculos de cristianismo, a associar àquelas de generosidade e desinteresse. Ora, segundo os utilitaristas, nenhum ato é gratuito. Por trás de todas nossas ações, esta é sua tese mais fundamental, esboça-se sempre essa insaciável preocupação de satisfazer seus interesses, essa exigência irreprimível de realizar suas necessidades ou seus desejos para alcançar a felicidade. Essa busca pode, é claro, revelar-se mais complexa do que previsto: por exemplo, existem prazeres sofisticados, intelectuais, estéticos, espirituais e até altruístas, como insistem os utilitaristas em sua teoria da "simpatia"; outros, ao contrário, são considerados materiais, e mesmo vulgares e baixos. Mas essa distinção não tem afinal um grande sentido, pois em todos os casos nossas ações são sempre dominadas pela lógica dos interesses e da busca da felicidade. O que acaba então complicando as coisas e, aliás, reforçando a tese utilitarista é que esses interesses podem ser conscientes ou inconscientes, certas ações que podem parecer desinteressadas ou altruístas à primeira vista, certos indivíduos que chegam a sacrificar sua vida para salvar outras, sendo secreta ou inconscientemente determinadas por interesses ocultos. Mas também neste caso pouco importa, pois na realidade o desinteresse demonstrado nunca passa de uma aparência, de uma ilusão: nas éticas utilitaristas, que encontraremos, antes até de se infiltrarem nas teorias do desenvolvimento pessoal e na psicologia positiva, no evolucionismo darwiniano, os seres que parecem altruístas, aqueles que sacrificam seu tempo ou mesmo sua vida pelos outros, atestam somente o fato de que têm interesse na felicidade do outro. Se se preocupam com os outros é apenas porque em última instância perseguem uma felicidade que passa pelo outro, e nesse sentido buscam, como todos, apenas satisfazer seus interesses conscientes ou inconscientes.

Nessa visão de mundo, podemos então sacrificar a vida por interesse pelos outros, por amor, por desejo de glória, por culpa, porque a felicidade deles, por uma razão ou outra, faz parte da nossa e porque, portanto, embora a vida deles possa até nos parecer mais importante do que a nossa, o sacrifício consentido, o dom de si, nunca é desinteressado, mesmo quando parece grandioso ou heroico. Em suma, que os interesses ocultos por trás de nossas ações sejam conscientes ou inconscientes, confessáveis ou inconfessáveis, sublimes ou vulgares, materiais ou intelectuais, pouco importa: o que conta, no final, é que todas as nossas ações são interessadas e visam a felicidade. Já mostrei, numa nota de um capítulo anterior, ao mencionar a crítica do utilitarismo feita por Popper, por que essa tese extremamente metafísica era "infalseável" e nesse sentido tudo, menos científica. Sendo assim, não volto a esse assunto[41]. Em contrapartida, o que me interessa

41. Desenvolvi de forma mais longa essa crítica em diversas obras, especialmente no *Dictionnaire amoureux de la philosophie*.

aqui é que esse eudemonismo utilitarista é retomado sem qualquer espírito crítico pelos nossos modernos teóricos da busca da felicidade. É evidente que os defensores da psicologia positiva e do desenvolvimento pessoal replicarão que de forma alguma eles defendem o recolher-se em si mesmo, nem um egoísmo generalizado. Quem sabe até acrescentem que o cuidado de si, a harmonização consigo mesmo, é a primeira e principal condição de uma boa relação com o outro, bem como de uma relação fecunda e benevolente com o coletivo: para ser capaz de ajudar e de amar os outros é preciso que eu também esteja em bom estado de saúde psíquica e moral, reconciliado com meu "eu profundo", pois aquele que não se ama nunca poderá se interessar pelo outro de maneira útil e positiva.

Conheço o argumento e, na ótica crítica que é a deste capítulo, não contesto evidentemente sua parte de verdade. Aponto apenas o fato, para mim essencial porque em oposição radical à moral da liberdade, do dever e do dom desinteressado de si, de que nas atuais ideologias da felicidade o altruísmo e o cuidado do outro não são jamais recomendados em nome de exigências sacrificiais[42]. Na realidade, como todas as doutrinas utilitaristas, a psicologia positiva só nos convida a cumprir boas ações para garantir melhor nossa própria felicidade. É nesse espírito que Christophe André, por exemplo, ressalta, no livro já citado, o quanto

42. Quando elogia o espinosismo, Frédéric Lenoir (2017) não perde uma oportunidade de esclarecer o quanto com a ética de Espinosa, e o cito, "estamos muito longe de uma moral do dever baseada na repressão da afetividade, do desejo e dos instintos".

fazer o bem ao outro é um ato positivo como meio eficaz de fazer o bem a si mesmo:

> O que existe de bom nos trabalhos da psicologia positiv é que eles mostram que a prática de gestos altruístas aumenta lentamente a felicidade daqueles que os realizam. Prestar um serviço aos outros nos torna mais felizes e ser mais feliz nos leva a prestar um serviço aos outros. Existem vínculos indissociáveis e recíprocos entre altruísmo e felicidade. O altruísmo tem todo interesse em ser alegre, em nunca se separar da alegria de ajudar (André, 2013).

Está claro, portanto, que tenho *interesse* (e essa palavra empregada tem muito sentido, não tem nada de anódina, remete à estrutura mais fundamental das doutrinas utilitaristas) em me comportar como altruísta, uma vez que fazer o bem aos outros aumentará minha própria felicidade e que, por sua vez, esse aumento será a causa que me levará a ser ainda mais altruísta. Podemos ver que este último, ao contrário do que ocorre nas filosofias da liberdade e da virtude desinteressada como a de Kant, é de fato, *in fine*, um egoísta que compreendeu que sua felicidade passava pela dos outros, uma visão de mundo que se alinha ao liberalismo anglo-saxão de onde nos veio a psicologia positiva. Portanto, não saem nunca, mesmo quando cuidam dos outros, das preocupações egocentradas, do elogio a Narciso e desse cuidado de si que preocupa totalmente nosso "querido eu".

Por que o útil é nessas condições bem preferível ao verdadeiro

Compreendemos então por que, numa perspectiva eudemonista, o útil deve, se não substituir o verdadeiro, ao menos roubar-lhe se necessário o principal lugar na busca da felicidade. Para chegar à felicidade suprema existe um princípio que nossos psicólogos, *coachs* e guias de desenvolvimento pessoal não hesitam em sugerir a seus discípulos, ou seja, que é benéfico acabar com a sacralização da verdade que subtende os valores republicanos herdados do Iluminismo. Já é tempo de romper com esses enciclopedistas que haviam concebido o projeto insensato, na verdade repressivo e culpabilizante, de tornar os conhecimentos sólidos enfim acessíveis à maioria para que todos possam por sua vez transmiti-los a seus filhos, e mesmo ao resto da humanidade. É por isso que em *Les antisèches du bonheur* de Jonathan Lehmann, que se apresenta como um dos pais fundadores da psicologia positiva, encontramos um capítulo intitulado muito simplesmente: "Je privilégie l'utilité sur la vérité" ["Eu privilegio mais a utilidade do que a verdade"]. Nesse capítulo ele nos convida a compreender enfim o quanto o útil é preferível ao verdadeiro, o quanto é vital para nosso bem-estar que consigamos nos "emancipar" daquilo que o autor chama a "tirania do verdadeiro", e nos garante:

> O milagre acontece quando um dia, como num desenho animado, uma lâmpada acende acima de nossa cabeça: eureca! De repente, compreendemos que a maioria das ideias

> que considerávamos como verdadeiras não passa de perspectivas e que somos livres para decidir quais escolher [...]. Em vez de avaliar um pensamento em função de sua verdade ou de sua falsidade, aplico um novo prisma, pergunto-me se esse pensamento é útil ou não (Lehmann, 2020).

Por exemplo, entre a proposição segundo a qual "a Terra é redonda" e essa outra que pretende que ela é plana, uma vez que o "terraplanismo" ganha todos os dias mais terreno entre os jovens obcecados pelas redes sociais, eu tenho o direito de escolher livremente em função de meus interlocutores e de sua utilidade em relação ao cálculo dos prazeres e das dores. Da mesma forma, posso escolher tão livremente quanto entre uma tese negacionista segundo a qual as câmaras de gás não existiram e aquela que pretende que elas serviram para assassinar milhões de judeus. Tudo depende do contexto, das pessoas que tenho diante de mim, dos seres que se eu lhes causasse dor provocando um conflito eu me detestaria, e isso tanto mais porque, no final, uma disputa também me causará prejuízo.

Não pense que estou inventando, que caio na facilidade da *reductio ad hitlerum* para desqualificar um interlocutor: é o próprio Jonathan Lehmann que utiliza este último exemplo, o de um chofer de táxi que lhe fez comentários antissemitas perfeitamente insuportáveis. Mas como afinal de contas trata-se apenas de "perspectivas", não de verdades, Lehmann escolhe, ele que no entanto é judeu, não responder para evitar um conflito doloroso que estragaria o dia de ambos. Uma questão, aqui também, de cálculo, como em toda filosofia utilitarista, de cálculo dos prazeres e das dores, de utilidade e não de verdade, ele nos confia, pois

> [...] se postulamos que a função do mental é nos permitir viver felizes e compartilhar essa felicidade respeitando o outro, podemos considerar que *a priori* tudo o que cria conflito e tristeza em nós e ao nosso redor é inútil e que, inversamente, podemos chamar de úteis todos os pensamentos que nos permitem fazer o bem a nós mesmos e fazer o bem aos que nos rodeiam (Lehmann, 2020).

Lehmann escolheu, portanto, não contrariar o chofer de táxi, o que afinal o teria cansado e tornado as coisas ainda mais difíceis para ele, pois esse tipo de discussão revela-se muitas vezes ainda mais doloroso para si mesmo do que para a outra pessoa.

Tentemos, como prometido, separar o joio do trigo. Afinal, se estou convencido de que de todo modo a discussão com esse taxista não serviria para nada, se digo para mim mesmo que, de qualquer forma, esse tipo é um imbecil irrecuperável e que não estou ali para dar lições a alguém que com elas não fará nada de bom, por que ficar irritado, bancar o Don Quixote, o justiceiro num combate tão inútil quanto difícil? Alguns podem pensar que é uma covardia, e até, paradoxalmente, uma forma de desprezo pelo outro que imaginamos ser estúpido demais para merecer nossa sabedoria, mas, enfim, isso pode até ser defensável. O problema é que ao nos propor universalizar esse princípio, Lehmann acaba considerando que se for a coisa mais útil a ser feita, sempre será preferível se vergar diante da mentira, do ódio e da calúnia, uma vez que a busca da felicidade deve triunfar sobre qualquer outra consideração. Imagine agora que se leve essa recomendação a sério, que um dia se viva (mas não é o que já ocorre no caso das *fake news* e dos milhares de rumores absurdos que invadem todos os dias as redes sociais?) num mundo em que nossos vizinhos, nossos amigos, nossos concidadãos escolhessem não lutar contra a mentira e a infâmia porque estão preocupados em aplicar constantemente esse princípio que, segundo Jonathan Lehmann, é essencial para nossa busca da felicidade? Não veem que essa ladeira escorregadia nos conduziria, não para uma definição do soberano bem e da felicidade, mas ao inferno? Não compreendem que para resistir ao mundo vindouro, o da repressão das mulheres que têm a coragem de retirar o véu no Irã, o de uma aliança entre os monstros iliberais como a China, a Índia, a Rússia, a Coreia do Norte e o Irã, nossa velha Europa precisará de tudo, menos dessa filosofia da resignação que se rebaixa diante da ignomínia em nome do bem-estar? Não é evidente que em vez disso precisaremos demonstrar, como jamais desde a Segunda Guerra Mundial, lucidez e coragem, que será necessário um dia nos resignarmos a defender a verdade ao mesmo tempo que, é inseparável, as liberdades ameaçadas pela desinformação e o ódio nas redes sociais, e o que por incrível que pareça é ainda mais grave, por impérios totalitários e teocracias liberticidas? Estaremos em condições de fazê-lo se a felicidade privada, a exaltação do narcisismo e a desconstrução da ideia de dom de si são agora nossas únicas bússolas, se nos conduzem a liquidar as noções de sacrifício e de resistência à mentira e à injustiça com o objetivo de dizer sempre "sim" ao real, com a preocupação de preferir sempre o útil ao verdadeiro e a felicidade à liberdade?

A filosofia como uma medicina da alma que não está reservada nem aos jovens, nem aos loucos, mas a toda a humanidade

Os autores de tratados da felicidade em 15 lições sempre tentam, a fim de exibir referências prestigiosas, vincular o cuidado de si contemporâneo ao eudemonismo antigo. É nesse espírito que nossos modernos "guias espirituais" tentam reabilitar a noção de uma "medicina da alma" que, ao contrário da psiquiatria e da psicanálise, que não visavam tanto a felicidade, e sim a libertação do indivíduo de um passado alienante, estaria destinada a todos e não apenas àqueles que estão doentes, seja qual for o sentido em que a compreendem. Uma análise freudiana exigia tempo, às vezes longos anos, mesmo na forma de "fatias", e não se dirigia sobretudo a todos os públicos. Por exemplo, não era de forma alguma recomendável uma análise a um maníaco depressivo grave porque esse tipo de terapia poderia levar ao suicídio. Nesse sentido Freud, como lhe recrimina Seligman, considerava ainda sua descoberta como reservada essencialmente ao tratamento médico de patologias relativamente severas. Não há nada disso na psicologia positiva, que leva ao extremo a ideia de que o ideal terapêutico se impõe a todos os humanos, desde que a única questão importante seja a da felicidade, nesse sentido todo indivíduo torna-se um cliente potencial, seja ele jovem ou velho, doente ou em boa saúde psíquica e física.

É nessa perspectiva que os conselhos dispensados por guias espirituais abundam nas revistas de psicologia positiva que garantem a felicidade se você se ajudar com as competências de um *coach*[43], estes tentando legitimar suas recomendações vinculando-as a exercícios espirituais emprestados das sabedorias antigas. De fato, como destaca Foucault no *Histoire de la sexualité*, existia em Roma, muito antes dos modernos *coachs* de vida e de condicionamento físico, conselhos de sabedoria e de felicidade,

> [...] a prática do consultor privado que servia, numa família ou num grupo, de conselheiro de existência [...]. Havia ricos romanos que consideravam útil manter um filósofo e homens de distinção que não consideravam humilhante essa posição. Eles deviam dar conselhos morais e encorajamentos a seus patrões e às suas famílias.

Certos estoicos convidavam, com efeito, seus discípulos a práticas contínuas e cotidianas do tipo, cito mais uma vez Foucault, "viver como um miserável, como um mendigo durante uma semana a fim de apreciar em seu justo valor a sorte que se tem de retornar ao estado normal". Tratava-se,

43. Cf. a esse respeito o livro de Julia de Funès, *Développement (im)personnel*, *op. cit.*

continua Foucault, "de pequenos estágios de pobreza fictícia em que se experienciava uma cama dura, a noite sob o céu estrelado, até frio, fome e sujeira, a fim de degustar os refinamentos futuros".

No mesmo estilo, mas adaptado aos tempos modernos, nossos novos professores de felicidade nos recomendam aprender "a viver o dia a dia, uma etapa depois da outra", "a não focar nos pequenos aborrecimentos da vida cotidiana meditando sobre o fato de que de todo modo teremos nos esquecido deles daqui a pouco", "a filtrar nossas representações a fim de saber o que depende de nós e o que não depende", "a aprender a desapegar, a não querer controlar tudo, a saborear o instante presente longe da nostalgia e da esperança, do passado e do futuro", "a meditar para chegar à plena consciência" (como se o inconsciente não existisse, o infeliz Freud deve se revirar no túmulo...), "a se preparar todos os dias para as infelicidades que poderiam ocorrer a fim de que elas não nos surpreendam", "a se ancorar no presente", "fazer de nosso eu um violino com o qual devemos aprender a tocar tranquilamente para se descobrir, se apreciar, se construir" (que estilo!), "a visar o prazer e não a perfeição" (mais fácil, de fato...), "a se deixar em paz", "ir pedir perdão a alguém que você prejudicou", "habitar seu corpo", "permanecer conectado consigo mesmo", "deixar uma nota de dinheiro num banco de praça para fazer uma boa ação para os outros", "refletir o mínimo possível para sentir mais" (deve ser viável...), "preferir ser a ter e qualitativo ao quantitativo", "superar as paixões", "tornar-se narcisista", "não confundir prazer fugaz com felicidade constante", "não se importar com o que as pessoas dirão", "dedicar-se a vencer seus medos pouco a pouco" etc etc etc.

Todas essas citações, devo acrescentar, são autênticas, retiradas das revistas e dos inúmeros livros que promovem as ideologias da felicidade pessoal...

As variações sobre esses diferentes temas são praticamente infinitas. Estão desenvolvidas em livros, mas também em conferências tornadas públicas sob diversas formas. Eu as vejo no YouTube e me deparo com uma variedade de conselhos distribuídos por *coachs* da felicidade, por Christophe André ou Martin Seligman. Ouço uma mulher que se apoia na "ciência" deles e que parece estar numa situação bastante confortável a julgar pelo número impressionante de visualizações que os vídeos difundidos por ela tiveram na rede. Ela exala alegria e bom humor, gentileza e abertura aos outros quando fala sobre os sete conselhos terapêuticos, indicados segundo ela para o aumento significativo da nossa taxa de "felicidade mensurável". Eu os passo para você sem qualquer deformação: 1) diminuir cada dia mais as palavras negativas e se dedicar a pronunciar três vezes mais palavras positivas do que negativas; 2) cultivar a gentileza, pois ser gentil com os outros nos torna mais felizes (o altruísmo por egoísmo parece de fato bem enraizado nessa ideologia utilitarista); 3) expressar em qualquer ocasião sua gratidão, pois "agradecer é muito agradável" (aqui também não é para os outros que agimos "gentilmente", mas para nós mesmos); 4) cultivar a escrita, "pois já está cientificamente provado que escrever sobre seus traumas é bom para o moral"; 5) tentar sorrir sempre, pois se a alegria nos faz sorrir, a recíproca é válida também: sorrir nos torna alegres. Para tanto, a mulher nos aconselha de forma séria (e me pergunto ao escutá-la se ela está brincando ou se considera seus ouvintes idiotas...) a colocar uma caneta na boca entre as bochechas a fim de forçar o sorriso, e depois sugere colocar a caneta entre o lábio superior e o nariz durante dois minutos a fim de constatar que nos sentimos melhor com um sorriso forçado do que com um ar contrariado [*sic!*]; 6) perdoar quem nos ofendeu, fazê-lo primeiro por escrito a fim de marcar um encontro físico, e por fim, *last but not least*, 7) manter um "caderno da felicidade" para se concentrar sobre o que vai bem e não sobre o que vai mal...

Quando se chega a esse nível de infantilidade e de tolice, é evidente que se está longe, muito longe mesmo, da visão elevada das grandes sabedorias antigas. Ainda assim, por mais inconsistente que seja, um *coach* dotado de alguma habilidade poderá mostrar a seus infelizes discípulos que na filosofia antiga, bem como na psicologia positiva hoje, a busca da felicidade era definida como o objeto de uma prática de vida, como um cuidado, não como um simples discurso teórico, a psicologia positiva podendo a partir de então se aproveitar de uma filiação com essas "medicinas da alma" que o epicurismo, o estoicismo ou o budismo desejavam ser... E claro que algo idêntico ocorre com um dos temas mais atestados nas sabedorias antigas, em particular no estoicismo: a *praemeditatio malorum*, a antecipação da infelicidade.

Praemeditatio malorum: libertar-se do passado e do futuro para aprender a saborear o instante presente

No livro *Antisèches du bonheur*, Jonathan Lehmann dedica dois capítulos a esse tema que podem ser encontrados praticamente em todos os tratados de psicologia positiva. O título do primeiro é "J'arrête d'attendre" ["Eu paro de esperar"] e do segundo "Le bonheur est toujours ici et maintenant" ["A felicidade é sempre aqui e agora"]. Neles podemos ler por exemplo algo que retoma um dos temas de sabedorias antigas como o epicurismo, o estoicismo, o budismo ou o espinosismo:

> A tendência de todos nós é romancear o passado, fantasiar o futuro e considerar como conquistadas as maravilhas do presente [...]. Mesmo quando praticamos a gratidão e conseguimos agradecer à vida pelos presentes que ela nos dá, nosso cérebro se concentra sobretudo no que nos falta e nos sugere constantemente alguma mudança capaz de tornar nossa vida melhor: se ao menos encontrássemos a alma gêmea, se ao menos ganhássemos mais dinheiro, se ao menos tivéssemos um trabalho mais interessante... então sim, seríamos enfim verdadeiramente felizes (Lehmann, 2020).

E ainda cita, como fazem quase todos os livros do mesmo gênero, as palavras tiradas de Santo Agostinho segundo o qual a felicidade consiste em amar o que temos em vez de desejar o que não temos...

Depois da desconstrução das visões de mundo que se apoiavam na ideia de uma felicidade adiada, depois da desconstrução do valor do trabalho, da meritocracia republicana na escola e a das grandes narrativas sacrificiais que dominavam os séculos passados, as ideologias da felicidade nos recomendam aprender a nos livrar dessas paixões tristes como a nostalgia, que nos puxa para o passado, e a esperança, que nos empurra para o futuro. Como sempre repetiam os estoicos, o passado não é mais, o futuro não é ainda, são fumaças, somente o presente é e quase nunca estamos nele! Não compreendemos, portanto, que a própria esperança é uma armadilha, pois esperar a saúde, a riqueza ou o amor é estar doente, pobre e mal-amado, é estar na falta e adiar para mais tarde a felicidade ao passo que é aqui e agora que se trata de ser feliz! O futuro do subjuntivo aparece então como o tempo ideal para se preparar a fim de habitar o presente. É aquilo que os antigos chamavam a "*praemeditatio malorum*", um pensamento da infelicidade por antecipação cuja fórmula mais simples e mais perfeita é esta: "Já estarei preparado, quando a catástrofe ocorrer!"

De fato, é realmente nesse espírito que Plutarco define o sábio como aquele que tomou consciência da impermanência de qualquer coisa e que, por essa razão, evita todos os apegos a fim de se preparar todos os dias para os golpes infelizes do destino, a fim de:

> ser capaz de dizer com um coração tranquilo e livre dos medos: aceito seus favores e temo pouco suas desgraças. Ele desfruta plenamente do presente com tanto mais delícias por temer

> menos as perdas que, segundo ele, não são intoleráveis. É desse modo que aplaudimos a firmeza de Anaxágoras. Ao saber da morte de seu filho, ele exclamou: "Eu sabia muito bem que havia engendrado um mortal..." Quando estamos assim preparados e dispostos, não ficamos desconcertados pelos eventos. Eles chegam então sem que os tenhamos desejados, não sem que esperássemos por eles... Evitamos assim os batimentos do coração e as palpitações...

Ideia idêntica em Sêneca, no ensaio *Sobre a tranquilidade da alma*:

> Mantenho-me pronto para os acidentes da humana condição. De um mal que de antemão imaginamos, o choque chega amortecido. Mas aos idiotas que têm fé na Fortuna, os eventos deste mundo sempre apresentam um aspecto novo e surpreendente. [...] Por isso o sábio se familiariza com os males que estão por vir. [...] O sábio sempre sabe que o golpe um dia irá acontecer; não importa o que lhe ocorra, ele pode dizer: eu sabia[44].

---

44. *Cf. Cartas a Lucílio*: "A hora me engana quando me poupa; de forma alguma! Mesmo neste caso ela não me engana. Pois sei que todos os acidentes são possíveis, sei também que nem sempre eles acontecem. Por isso espero a prosperidade como um homem preparado para a adversidade". E, como sempre, os estoicos romanos retomam os temas já expressos pelos mestres gregos e particularmente por Epiteto em *Os discursos*: "Se um desses acidentes a que chamamos de desagradáveis acontecer, o que, desde o início, aliviará sua dor é o fato de não ser inesperado [...]. Você dirá a si mesmo: "Eu sabia que era

A relação com o tempo adquire então a forma de uma verdadeira sacralização do presente, um presente que pretende ser o único real, por ser o único afastado dessas duas formas esfumaçadas que são o passado (que não é mais) e o futuro (que ainda não é). *Carpe diem*, portanto! Lembremos que a fórmula foi tirada das *Odes* (I, 11, 8), um poema de Horácio redigido certamente no ano 22 (ou 23) a.C. O verso completo é o seguinte: "*Carpe diem quam minumum credula postero*" (subentendido: *diei = o dia*): que pode ser traduzido por "Colha o dia [literalmente, o verbo *carpo* significa "pastar"] e fique minimamente preocupada [*credula*: a palavra está no feminino porque o poema se dirige a uma jovem, certa Leuconoé] com o amanhã [com o dia seguinte]". Horácio, que tanto se interessava pelo epicurismo quanto pelo estoicismo, retoma aqui um tema que encontramos igualmente nessas duas tradições filosóficas que, por outro lado, são opostas entre elas. Como diz Sêneca, para quem este é um dos temas principais de suas famosas *Cartas a Lucílio*, a nostalgia e a esperança são paixões funestas: você imagina que será feliz mais tarde, quando trocar disto ou daquilo, de sapatos, de penteado, de amigos, de marido, de mulher, de casa, de tudo o que você quiser. Mas é uma miragem, pois o passado e o futuro na realidade só nos impedem de viver no presente. *Carpe diem*, portanto, ou *amor fati*, as duas fórmulas se encontram e se completam, o sábio

---

mortal. Sabia que poderia deixar meu país, sabia que poderia ser exilado, sabia que poderiam me prender". Então, se olhar para trás, e se tentar descobrir a que campo pertence o acidente, tão logo você se lembrará de que ele pertence ao campo das coisas que não dependem de nossa vontade, que não são nossas".

sendo aquele que, abandonando as miragens do passado e do futuro, consegue habitar a única realidade que existe, ou seja, o presente.

Marco Aurélio oferece ao leitor de seus *Pensamentos* este conselho de sabedoria:

> Tudo o que deseja alcançar por um longo desvio, você pode tê-lo desde agora, se não o recusar a si mesmo. Basta deixar para lá todo o passado, confiar o futuro à providência e dirigir a ação presente para a piedade e a justiça [...]. Lembre-se então que não é o passado nem o futuro, mas o presente que pesa sobre você [...]. Se você separa tudo o que está além do presente e todo o passado, você fará de si mesmo, como diz Empédocles, "uma esfera bem redonda, orgulhosa na alegria de sua solidão". Você se dedicará a viver no único momento em que vive, isto é, no presente, e poderá passar todo o tempo que lhe resta até sua morte sem transtorno, nobremente e de uma maneira agradável.

Ao contrário do que o cristianismo nos convidará mais adiante, é portanto urgente nunca "entrar na esperança", pois como também dirá Espinosa, "não existe esperança sem temor", o que Sêneca já afirmava muito claramente nesta outra passagem das *Cartas a Lucílio*:

> Vi em Hecatão, um dos nossos [um filósofo estoico], que a extinção dos desejos é, além do mais, um dos melhores meios de combater o

> medo: você deixará, diz ele, de temer, quando tiver deixado de esperar.

Também aqui, separemos o joio do trigo. Há, claro, uma parte de verdade nessas injunções. Existe, com efeito, em nossas vidas momentos de graça, momentos em que esquecemos enfim o passado e o futuro em proveito de um instante de harmonia, de reconciliação consigo e com o mundo. Simplesmente, esses momentos são a exceção, não a regra, e não devem sobretudo se tornar uma, não devem sobretudo nos impedir um esforço para compreender o passado a fim de preparar e se possível melhorar o futuro. Aqui está o erro fundamental, apesar de um ponto de partida sedutor, desse presentismo radical.

Praticar o "desapego", não se apegar a nada nem a ninguém para chegar à ausência de perturbação (ataraxia), bem como à verdadeira serenidade. Rumo à vida monacal?

Este é um tema que abordei em outros livros, por isso serei breve aqui. Como já dizia Heráclito, "tudo passa e nada dura" (*panta rhei kai ouden ménei*). No vocabulário do budismo, dirão que a base do ser é a "impermanência". Nessas condições, uma vez que tudo é fluxo, uma vez que tudo está fadado a perecer e a passar, prender-se ao que é instável por essência, começando pelas pessoas e os objetos (as ideias verdadeiras são mais perenes do que eles), não é sabedoria, e sim loucura, como insiste de maneira particularmente forte esta passagem dos *Discursos* de Epiteto:

> O primeiro e principal exercício, aquele que leva de imediato às portas do bem, é, quando nos apegamos a alguma coisa, considerar que ela é algo que podem nos tirar, ela é como uma panela ou uma taça de cristal, com que não nos perturbamos ao se quebrar, porque nos lembramos o que ela é. O que se aplica também aqui: se você beija seu filho, seu irmão ou seu amigo, não se entregue sem reserva à sua imaginação [...], lembre-se de que ama um mortal, um ser que não é de forma alguma você mesmo. Ele lhe foi dado por ora, mas não para sempre, nem sem que possa lhe ser retirado [...]. Que mal há em murmurar entredentes, enquanto beija seu filho: "Talvez ele morra amanhã".

Ideia idêntica aparece numa outra sabedoria antiga, a do Dalai Lama (1995), também um entusiasmado partidário da felicidade que independe do outro, quando ele explica que somente a vida dos eremitas permite chegar à serenidade indispensável à felicidade. Razão da constante exaltação da vida monacal, como neste trecho de seu livro *La voie de la liberté* [*O caminho para a liberdade*]:

> De tanto se preocupar com esta vida, a tendência é trabalhar por aqueles que amamos, nossos próximos, nossos amigos, e nos esforçarmos para que sejam felizes. Se outros tentam prejudicá-los, logo os rotulamos de inimigos. Desse modo, ilusões tais como o desejo e o ódio crescem como um rio em cheia de

> verão [...]. Entre os humanos, a vida profana está repleta de turbulências e de problemas. E os laicos estão envolvidos em todos os tipos de atividades que pouco favorecem o exercício do darma. A vida monástica é muito mais favorável, dizem, à prática a fim de acabar com esse ciclo. Segundo Tsonghkapa, refletir sobre as dificuldades e as desvantagens da vida laica, bem como sobre as vantagens da vida monacal, fortalece o compromisso com ela, se tiver tomado esse caminho.

Se levarmos realmente a sério a ideia de uma felicidade *per si*, por meio dos exercícios de sabedoria independentes dos outros e do real exterior, das práticas que supostamente nos conduziriam a um estado de alegria interior estável e permanente, de fato é preciso refletir a respeito: por não viver sozinho, como um monge (do grego *monos* = único, sozinho), parece-me com efeito impossível, o Dalai Lama tem razão nesse ponto, praticar com seriedade esse "não apego" sem o qual a serenidade necessária à felicidade permanecerá para sempre inacessível. Esse homem escolheu, portanto, colocar sua vida em harmonia com seu pensamento: ele vive num monastério, não tem mulher nem filhos, mas confesso (e mais uma vez é uma litote) que esse não é meu caminho, e muito menos o tipo de vida que desejaria levar. Para ser franco, daria tudo para fugir dessa existência. Ainda assim, como o Dalai Lama, com o qual uma noite tive o prazer de jantar e de conversar sobre tais assuntos, duvido, na verdade, que se possa praticar a sabedoria de

Buda algumas horas por mês e viver tranquilamente o resto do tempo em família como um filisteu. Eis um exemplo deliberadamente banal, mas ainda assim evidente para mim, alguém que tem filhos e os ama acima de tudo sabe que eles são uma fonte de alegrias incomparáveis, mas também de angústias incomparáveis. Nesse sentido é sempre aquilo que nos faz mais felizes que pode nos tornar os mais infelizes. Diria até que é preciso não ter filhos para acreditar na ideia de uma felicidade constante nesta terra. Para dizer a verdade, é preciso não ter apegos, quaisquer que sejam, para cair na ilusão de uma insondável ingenuidade ou, como se queira, de um insustentável egocentrismo, segundo o qual seria possível ser feliz num mundo infeliz, num mundo onde aqueles que amamos estariam mergulhados na depressão.

Seja qual for a profundidade e, por vezes, a justeza dos grandes temas que acabamos de mencionar, qualquer pessoa de bom-senso poderia realmente se convencer de que os momentos de alegria e de serenidade que experimentamos em nossas vidas não são nem frágeis nem efêmeros, e que não dependem de modo algum nem do estado do mundo exterior, nem dos outros, nem mesmo simplesmente da sorte? A Miviludes analisou essa questão em seu relatório de 2021 dedicado principalmente à psicologia positiva, às teorias do desenvolvimento pessoal, ao *coaching* e à meditação de atenção plena. Ela se perguntou como promessas evidentemente insensatas podiam seduzir tantas pessoas. Eis as respostas, que incluo aqui como um documento para reflexão.

Alguns desvios sectários conduzidos por esses guias que pretendem ter "percorrido o caminho da sombra em direção à luz" e deter "uma ciência da felicidade"...

Para começar, como observa a Miviludes (2021), segundo a Santé Publique France, 3 milhões de franceses sofrem de transtornos psíquicos severos sendo desse modo presas fáceis para os gurus que se apoiam nas ideologias da felicidade:

> Os grupos sectários souberam alimentar os medos e explorar as promessas de um mundo melhor, de uma vida eterna, ou ao menos feliz, e de uma autotransformação. De maneira sutil e progressiva, e isso por vezes num espaço-tempo de apenas alguns dias, os participantes se encontram numa situação de dependência exclusiva, de servidão voluntária e de submissão aos desejos crescentes do mentor. Este pode se alimentar de uma multidão de adeptos cada vez maior. Os estagiários buscam um estado melhor, investindo assim tempo e dinheiro. No final, encontram-se numa situação de mal-estar. Encontram-se numa espiral infernal de culpabilização, de endividamento e de isolamento da qual penam para saírem sozinhos.

Nesses processos de manipulação, ela distingue quatro fases pelas quais o guia espiritual consegue garantir seu domínio mental sobre seu discípulo:

a) "Primeira fase: a fase de sedução..."

Cito mais uma vez o relatório da Miviludes:

> O postulado erigido é o seguinte: a pessoa detém em si as chaves de seu próprio desenvolvimento. Os obstáculos para sua realização estão nela mesma. Segundo essa lógica, é portanto necessário liberar "seus bloqueios", "seus traumas", "suas crenças" herdadas por vezes já na infância, e que a impedem de progredir.

E para que esse exercício seja plausível, a primeira estratégia do "guia" consiste em falar de si mesmo sem travas, insistindo nas suas experiências[45], nas dificuldades pelas quais passou em seu próprio percurso, o que sugere que elas também poderiam ser as suas e permite tão logo valorizar as soluções milagrosas que, uma vez que funcionaram para o guia, devem também funcionar para seus discípulos. Como destaca ainda a Miviludes, "o mentor coloca-se como um modelo a seguir, uma referência única e exclusiva porque ele próprio teria experimentado diversos entraves ao seu desenvolvimento". Então o guia não perde nenhuma ocasião de interpelar seus discípulos com uma injunção forte, uma ordem expressa no imperativo como se, do alto de seu saber absoluto conquistado por ter feito o "percurso da sombra em direção à luz", ele estivesse autorizado a abalar os hábitos do leitor ou do ouvinte, e até de o culpabilizar. Mas graças a

45. Cf. o capítulo 11 do livro de Fabrice Midal já citado (*Devenez narcissique. Et sauvez votre peau!*), intitulado sobriamente: "De l'importance de dire 'je' et de parler de soi" [A importância de dizer "eu" e de falar de si].

seu domínio dos arcanos da sabedoria, o guia vai finalmente permitir que o discípulo comece a viver verdadeiramente (subentendido: antes de seus conselhos geniais, este não vivia verdadeiramente)

Desse ponto de vista, o livro de Fabrice Midal (2017) intitulado *Foutez-vous la paix! Et commencez a vivre* [*A arte francesa de mandar tudo à merda: Chega de bobagens e viva a sua vida*] é uma verdadeira síntese: cada capítulo começa com uma ordem no imperativo: "Pare de obedecer!", "Pare de ser calmo!", "Pare de querer ser perfeito!", "Pare de racionalizar!" "Pare de ter vergonha de si mesmo!", "Seja benevolente!", "Torne-se seu melhor amigo!", "Pare de querer amar!", "Pare de disciplinar seus filhos!", etc. Acabrunhado com essas ordens, o leitor que entra no jogo do guru se prepara pouco a pouco para uma rendição incondicional, para uma submissão total à autoridade do mestre. Um *coach* por menos hábil que seja não deixará, é claro, de relativizar, de abrandar seus conselhos expressos no início de maneira deliberadamente brutal a fim de gerar uma ruptura na vida do discípulo, de acompanhá-lo em seguida de algumas ressalvas: pare de meditar... a menos que seja do meu jeito (genial, é claro...); pare de racionalizar... mas a razão, ela pode às vezes ter algo de bom; pare de disciplinar seus filhos... mas ainda assim respeitar algumas regras não é totalmente supérfluo; pare de se sacrificar pelos outros... contudo ajude-os um pouco quando estão realmente mal, desde que o faça por você, com alegria e com bom humor... Temperar as ordens conflitantes permite assim reconquistar o futuro discípulo que talvez ainda tenha um pouco de bom-senso e de espírito crítico...

b) "Segunda fase: a desconstrução por um processo iniciático..."

O objetivo é obrigar o discípulo a romper com seu passado, e fazê-lo acreditar que a ruptura abre para um mundo sublime, extraordinário e inédito, convém utilizar palavras sábias que encham os olhos do beócio. Segundo a Miviludes observou, e cito mais uma vez seu relatório,

> [...] é muito frequente o uso abundante de uma terminologia pseudocientífica que recorre a termos emprestados da medicina tais como "neurotransmissor", "neuromuscular", "conexões sinápticas", "neurônios", "recodificação do DNA"; da psicologia como "neuroemocional", "inteligência emocional", "hipnose conversacional"; da espiritualidade como "circulação de energias", "chacras", "mandala"; a neologismos tais como "harmonização bioenergética", "reprogramação do subconsciente", "colapso neuroemocional", "comunicação quântica" etc. (Miviludes, 2021).

O jargão pseudocientífico empregado a torto e a direito dá uma ilusão de seriedade a um conteúdo tão impreciso quanto totalmente desacreditado aos olhos dos verdadeiros especialistas em razão de seu amadorismo infantil.

c) "Terceira fase: a reconstrução com a introdução de uma nova prática para substituir os velhos princípios de educação recebidos até então..."

É no decorrer dessa terceira fase que, ainda segundo a Miviludes, o guia proporá esquemas simplistas, mas eficazes sobre os espíritos fracos e manipuláveis, e na verdade tanto mais eficazes por serem básicos. A título de exemplo, citarei a "teoria do hambúrguer" exposta num livro de Tal Ben-Shahar (2008) intitulado *L'Apprentissage du bonheur* [O aprendizado da felicidade]. Na capa, ao lado da foto do autor que exibe um sorriso de uma bondade tal que só um espírito particularmente grosseiro pensaria em desconfiar dele: "O especialista mundial da psicologia positiva" e "Prefácio de Christophe André". Já estou avisado: "é algo confiável"! Começando a leitura, caio rapidamente num trecho que o próprio autor apresenta como uma de suas descobertas preferidas: a "teoria do hambúrguer". E ele nos seduz com esse fabulário como se todos já o conhecessem, como se estivesse falando da teoria da gravidade universal de Newton ou da relatividade de Einstein. Eis o essencial para quem não teve a oportunidade de ler essa obra-prima:

Depois de um mês de regime, começa o guia genial, você decide se dar um pequeno prazer, você quer enfim dar uma paradinha, e pede quatro hambúrgueres. Estranhamente, no momento que está prestes a devorá-los, você desiste, e começa a examiná-los com circunspecção. Como vai ver, cada um deles corresponde a um tipo de ser humano, os três primeiros passando ao largo da verdadeira felicidade, só o último lhe dá uma imagem perfeita. Primeiro hambúrguer: claro que está delicioso, mas muito gorduroso e muito ruim para a saúde: você é alguém que gosta das boas coisas da vida, que prefere os prazeres imediatos a uma felicidade constante, que sacrifica o futuro ao presente. Segundo hambúrguer: ele tem "um sabor nojento", mas é um hambúrguer vegetariano que, ao contrário do primeiro, está cheio de boas coisas para o futuro de sua saúde: você é um ambicioso, um arrivista, que sacrifica o presente pelo futuro. Terceiro hambúrguer: ele também tem um "sabor nojento", e, além disso, é ruim para a saúde: você é um niilista (ou de forma mais clara, um perfeito cretino...). Quarto hambúrguer: ele é ao mesmo tempo delicioso e bom para a saúde. Pronto! É a felicidade!

Não pense que estou brincando, que exagero, é exatamente a essa definição grandiosa da felicidade que a pequena fábula deve nos conduzir, assim como o gentil professor acaba esclarecendo, e eu o cito:

> Por que não, com efeito, um hambúrguer tão saboroso quanto o primeiro e tão saudável quanto o vegetariano? Um hambúrguer que por si só constituiria uma experiência completa ao incluir um benefício imediato e futuro? É o arquétipo da felicidade! As pessoas felizes vivem em segurança conscientes de que as atividades que lhes trazem alegria no presente as conduzirão também para um futuro pleno (Ben-Shahar, 2008).

Meu Deus, é tão claro! Como deixei passar uma ideia tão luminosa! Sendo sincero, não achava que alguém pudesse escrever de forma tão explícita, e menos ainda publicar, esse tanto de bobagens. Infelizmente estou convencido de que isso pode funcionar, sobretudo quando contado diante de um público de jovens americanos meio ingênuos. Vejo, como se ali estivesse, o protótipo do "professor simpaticão", o cara que sabe divertir a plateia apresentando de um jeito engraçado e cheio de imagens algumas ideias que parecem simples, mas que ele vai passar a aula demonstrando que na realidade elas são de uma profundidade abissal, recheando então sua demonstração com anedotas pessoais, palavras espirituosas e alusões aos hábitos alimentares dos estudantes. Como conheço a ingenuidade desse mundinho, uma vez que já lecionei nos Estados Unidos, sei muito bem o quanto seu público vai aplaudi-lo. No entanto, a definição da felicidade que acaba emergindo corresponde ao grau mais baixo da inteligência. Para engolir a ideia de que essa alegoria débil possa nos colocar de alguma forma no caminho de uma definição da felicidade, para confundir essa dietética de baixo nível com o soberano bem, seria preciso ter um QI de ameba. Mas ao provocar risos em seu público com uma anedota simplista, o guru terá certamente conseguido a adesão de uma parte dos mais fracos de espírito...

d) Cito ainda o relatório da Miviludes – "Quarta fase: a consolidação pela formação, porta de entrada para oferecer outros serviços".

Aqui também, prefiro citar antes de comentar:

> A terapia, os cuidados, os estágios no exterior reservados aos membros mais assíduos, a compra de produtos (suplementos alimentares, livros, vídeos etc.), o *coaching* personalizado para os "altos potenciais" são muitas vezes serviços complementares à formação. Os custos variam de algumas centenas de euros a

dezenas de milhares de euros. Por exemplo, a Miviludes acabou trabalhando num caso que envolvia um *coaching* personalizado com um instrutor que se apresentava como "um jovem prodígio de autoconfiança" que podia custar até 40 mil euros para algumas sessões num trimestre.

É nessa rubrica que o relatório da Miviludes alerta contra a meditação de "atenção plena" nos seguintes termos:

Defendida por personalidades muito midiatizadas como o psiquiatra Christophe André, o monge budista Matthieu Ricard ou ainda o filósofo Frédéric Lenoir, a meditação de atenção plena foi objeto de um entusiasmo crescente e de uma promoção mercantil muito ativa. Sendo assim, ela gerou inúmeros produtos derivados: livros, CD, DVD e aplicativos para *smartphones* de meditação guiada (como o programa francês Petit BamBou, por exemplo). Então, é possível se perguntar se os interesses particulares associados à promoção da meditação de atenção plena são a causa ou a consequência de sua difusão crescente dentro da sociedade[46].

---

46. "Há mais de dez anos a Miviludes vem recebendo inúmeras reclamações sobre a meditação em geral e várias delas envolvendo mais especificamente a meditação de atenção plena. Os riscos identificados nas reclamações (dúvidas e denúncias) enviadas à Miviludes são variados. Pode se referir a uma discrepância entre o que é realmente oferecido e o que o público espera (por exemplo, sob o título de "meditação de atenção plena", os apelos à Miviludes mostram uma variedade de práticas que, às vezes, estão muito distantes da ideia geral que as pessoas podem ter do método e de seus objetivos), ou a promessas enganosas (promoção de benefícios e de resultados que podem ser publicidade enganosa). Várias denúncias também mencionam exigências financeiras desproporcionais aos recursos econômicos das pessoas envolvidas, bem como

Deixo à Miviludes a responsabilidade de seus propósitos e de suas referências. Os defensores da meditação de atenção plena explicarão que a finalidade dela é permitir que você se esvazie de si, se escute enfim ao dar tempo ao tempo, se concentre em seu ser profundo num mundo onde a corrida pelos bens e o consumismo tendem a dominar nossas vidas de manhã à noite. Tudo bem. Mas devo confessar que esta exaltação da vacuidade, apesar de certo reconhecimento encontrado nas tradições muito antigas, me deixa, no mínimo, perplexo.

Meditação antiga e meditação moderna: não mais se abastecer, e sim se esvaziar!

É verdade que uma das obras mais conhecidas e mais lidas de toda a história da filosofia convida à meditação.

---

uma certa marginalização e mudanças importantes nas trajetórias pessoais dos praticantes. Por fim, embora pouco numerosas, a Miviludes recebeu algumas denúncias detalhadas de pessoas que foram seriamente abaladas e perturbadas por retiros de meditação silenciosa, ou por episódios depressivos subsequentes. No caso dos menores de idade, a Miviludes recebeu reclamações de isolamento excessivo gerador de angústia, condições materiais demasiado rigorosas e privações [...].

É importante observar que essa prática pode ser instrumentalizada e constituir uma porta de entrada para outros movimentos ou grupos desviantes, ou até perigosos, e que são objeto de uma vigilância especial por parte da Miviludes. Com efeito, esses grupos usam essa técnica como produto de apelo e como meio de fazer um proselitismo ativo para recrutar adeptos. As informações fornecidas à Miviludes sobre a meditação e a meditação da atenção plena demonstram os diferentes riscos que precisam ser identificados e mantidos em mente, *a fortiori* na perspectiva de introduzir a meditação da atenção plena para crianças e adolescentes. Na ausência de estudos clínicos conclusivos e de um parecer sobre essa prática da Haute Autorité de Santé, cujo objetivo é desenvolver a qualidade no campo sanitário, social e médico-social, sua prática e a introdução dessa prática num público jovem não devem ser consideradas".

Claro que me refiro às *Meditações metafísicas* de Descartes. Mas para nosso filósofo, ao contrário do que ocorreu na psicologia positiva que a esse respeito pretende se inspirar, não na filosofia moderna, e sim nas sabedorias antigas, quando se trate de meditar, é para se abastecer de ideias claras e distintas, para chegar à clarividência, ao domínio de si e de seus pensamentos. Eis, aliás, o que Descartes dizia sobre isso:

> Há algum tempo percebi que, desde meus primeiros anos, acolhera uma quantidade de falsas opiniões como verdadeiras [...], de modo que ao menos uma vez na minha vida eu precisava seriamente começar a me desfazer de todas as opiniões que acolhera de boa-fé e recomeçar desde os alicerces se quisesse estabelecer alguma coisa firme e constante.

A meditação deve, portanto, nos levar às certezas, a sair da dúvida a fim de alicerçar nossas convicções em terreno sólido.

Para os adeptos da "meditação de atenção plena", a abordagem é bem diferente. Ao contrário do ideal cartesiano de domínio, trata-se muito mais de desapegar, de deixar as coisas e a própria pessoa serem, de se esvaziar, de se abrir tanto ao mundo interior como ao exterior sem querer de maneira alguma obrigá-lo a se deitar-se nesse leito de Procusto que é nossa razão. É preciso deixar o real nos invadir e, sobretudo, evitar a busca por respostas claras e distintas. Como declara Christophe André (2019) numa publicação extra da revista católica *La Vie*:

> [...] a espiritualidade é muito simplesmente a atenção, o respeito, a humildade oferecidos à vida do espírito, percebidos como câmara de eco do mundo visível ou invisível. Não para dominar esse espírito, não para assujeitá-lo, fazer dele uma ferramenta a serviço de nossas ambições, mas para observar, inclinar-se, recolher, contemplar, voltar-se para os mistérios da vida sem a certeza de respostas claras.

Exploremos essa definição da espiritualidade que causará risos em qualquer pessoa que se interesse minimamente pelo assunto. Não, a espiritualidade não é "muito simplesmente" um "humilde respeito pela vida do espírito". Desde sempre, quer sejam religiosas ou laicas, as grandes espiritualidades tentaram responder a uma questão fundamental, a da definição da vida boa para os mortais, uma questão cuja solução não poderia residir na simples escuta narcísica de sua vida interior, como se cada indivíduo pudesse ao se abrir para si mesmo, ao praticar o "cuidado de si", encontrar sua própria resposta. Ilusão individualista por excelência. As grandes religiões monoteístas, bem como as grandes espiritualidades, como o budismo, o taoismo ou o estoicismo, não nasceram da contemplação de seu umbigo por um indivíduo isolado, e sim de esforços de pensamento que geram visões de mundo grandiosas, construções intelectuais potentes, com certeza infinitamente superiores à pessoinha deste ou daquele indivíduo particular. O que está claro pelo menos é que as duas meditações, a cartesiana e a "positiva", caminham de fato em sentidos radicalmente opostos. Ora, é evidente que a segunda, dado que suas origens antigas foram banalizadas e adaptadas às exigências contemporâneas da busca da felicidade, é muito mais favorável ao cuidado de si narcísico do que a primeira que solicita o espírito crítico ao mesmo tempo que esforços de reflexão, de rigor e de inteligência...

6

Frenesi da felicidade e metamorfoses da relação com o trabalho

"Não trabalhe nunca!" (Guy Debord)
Rumo à aposentadoria no berço?

Se a questão não é mais adiar a busca da felicidade, se o sentido da vida se confunde agora com um desejo frenético de aceder ao "soberano bem" aqui e agora, então por que só se aposentar depois de décadas de trabalho? Por que não se aposentar de imediato, já no nascimento, graças a uma Renda Básica Universal (RBU)? Em um livro anterior, tive a ocasião de examinar profundamente como a ideia de que o fim do trabalho estava programado pelos avanços da robótica e da inteligência artificial havia conduzido à legitimação, muitas vezes pela esquerda, mas também entre os neoliberais, da ideia de que a RUB seria a consequência a um só tempo inevitável e desejável dos avanços agora possíveis pelas novas tecnologias. Os últimos avanços da inteligência artificial desde então apenas reforçaram para alguns essa convicção. Como ainda não é possível pôr em prática uma RUB, e mesmo uma "grande demissão" (um *big quit*), o *quiet quitting*, "demissão silenciosa", que consiste em manter seu cargo e seu salário, mas fazendo o mínimo possível, não seria então um lance de espera, como no xadrez? Segundo uma pesquisa do Ifop dedicada em 2023 à análise das relações dos franceses com o trabalho, 37% dos assalariados confessam que já praticam o *quiet quitting* e 58% estariam dispostos a abandonar seu trabalho definitivamente se recebessem um salário equivalente. E por que não, nessas condições, associar o *quiet quitting* ao teletrabalho também chamado de "trabalho híbrido", metade no escritório, metade em casa?

Seja como for, e seja qual for a solução considerada, está claro que em nossas velhas democracias o trabalho não é mais popular, para dizer o mínimo[47]. Entre tantos outros sinais está a rejeição maciça a qualquer reforma previdenciária visando aumentar o tempo de contribuição necessário para

---

47. Um artigo de Nicolas Bouzou publicado na revista *L'Express* em outubro de 2022 dá uma boa ideia, com base numa pesquisa do Ifop, da extensão dessa crise do trabalho: "A crise do trabalho existe, pelo menos na França, e parece profunda. O Ifop, encomendado pela Les Makers, acaba de publicar um estudo surpreendente, deprimente em alguns aspectos, mas que deve nos fazer refletir. 37% dos entrevistados praticam o *quiet quitting*, ou seja, eles respeitam o contrato de trabalho, nada além disso. Está fora de questão exceder o horário de trabalho ou se dedicar demais. Mas a pesquisa do Ifop mostra que o *quiet quitting* é apenas parte do problema. 45% dos entrevistados trabalham exclusivamente pelo salário. 48% consideram que o trabalho é, acima de tudo, mais uma limitação do que uma fonte de satisfação (contra 25% em 1993). 58% dos entrevistados parariam de trabalhar se recebessem uma renda equivalente a seu salário. Por fim, 74% das pessoas entre 18 e 24 anos e 78% das pessoas entre 25 e 34 anos apoiam a ideia de um direito à preguiça. Portanto, não se trata apenas de uma visão teórica: nossos concidadãos, e os mais jovens em particular, estão gradualmente dando as costas ao trabalho.

atingir o valor integral. Algumas críticas vindas de setores diferentes se encadeiam para formar um cenário onde ano a ano a crescente aversão à atividade assalariada surge cada vez mais como uma tela de fundo. Claro que alguns propõem respostas como a melhoria da remuneração e das condições de trabalho, mas, como vamos ver, é de fato o trabalho como tal que outros questionam tanto do lado da ultraesquerda quanto da ecologia antiprodutivista que defende um decrescimento radical.

Proponho que comecemos examinando os novos desenvolvimentos da tese do fim do trabalho substituído pela robótica e pela RUB. Em seguida, examinaremos as razões pelas quais essa hipótese é considerada absolutamente insuficiente para os teóricos mais radicais do decrescimento, militantes que defendem uma abolição pura e simples do trabalho assalariado em nome de uma crítica do produtivismo que, embora ainda minoritária na opinião pública, está ganhando terreno a cada ano dentro da ecologia política, em particular entre aqueles que não excluem a eventualidade de recorrer à violência para que suas ideias sejam ouvidas.

Inteligência artificial, robótica e fim do trabalho humano: rumo a uma renda básica universal?

Esta tese já era desenvolvida por Jeremy Rifkin[48] (1995) num livro, *La fin du travail*, prefaciado pelo ex-primeiro-ministro

48. Ela mesma inspirada pela de Keynes, que previa que, em pouco tempo, os seres humanos poderiam trabalhar apenas três horas por dia para satisfazer suas necessidades básicas, já que a questão econômica logo seria resolvida pelos avanços técnicos inerentes à lógica do capitalismo. Em *As possibilidades*

Michel Rocard: a inteligência artificial e a robótica iriam segundo ele levar ao desemprego de milhões de assalariados sem que essas inovações consigam compensar com novos empregos a destruição dos antigos[49]. Portanto, seria necessário caminhar para uma RUB para evitar a desagregação social. Com o tempo, a IA generativa, nascida em 2017 graças à "Transformer", uma rede de neurônios artificiais desenvolvida

---

econômicas de nossos netos, famoso discurso proferido em 1930, numa época em que a Grande Depressão de 1929 ainda produzia efeitos desastrosos nas populações que ela mergulhou na miséria, John Maynard Keynes declara que as necessidades primitivas, naturais e básicas – alimentar-se, vestir-se, morar – estarão totalmente satisfeitas para todos num futuro próximo: "Talvez em breve, muito mais cedo do que todos nós pensamos, cheguemos ao ponto em que elas estarão satisfeitas, no sentido de que escolheremos dedicar nosso excedente de energia a fins não econômicos [...]. Concluo de tudo isso que em cem anos, salvo grandes guerras ou um crescimento demográfico muito forte, o problema econômico talvez tenha sido resolvido ou, ao menos, sua solução pode estar próxima [...]. Por que isso é assombroso, você poderia me perguntar? Porque se olharmos para o passado e não para o futuro, veremos que o problema econômico, a luta pela subsistência, sempre foi o mais urgente, o principal problema da espécie humana". E, nessas condições, poderemos praticamente parar de trabalhar, desde que ao menos nos recusemos a entrar na lógica absurda das necessidades artificialmente criadas com o único propósito de continuar trabalhando por trabalhar, produzindo por produzir, valorizando valor por valorizar valor.

49. Rifkin (2014), no livro *La nouvelle société du coût marginal zéro* [*Sociedade com custo marginal zero*], reforça sua tese atualizando-a: "A automatização está substituindo o trabalho humano em todo o setor de logística. A Amazon está se equipando com veículos inteligentes automatizados e guiados, com robôs automatizados e com sistemas de armazenamento automatizados nos armazéns, podendo assim eliminar o trabalho manual. Esse objetivo já é visível com a introdução dos veículos sem motorista. A automatização, a robótica e a inteligência artificial estão eliminando o trabalho humano tão rapidamente nos setores de serviços quanto na indústria e na logística. Secretárias, documentaristas, operadores de mesa telefônica, agentes de viagem, caixas de banco, caixas e inúmeros outros trabalhadores dos serviços praticamente desapareceram nos últimos 25 anos como resultado da automatização".

pelo Google[50], parece lhe dar razão! As últimas versões do ChatGPT já fascinam o mundo todo ao se mostrarem capazes de realizar centenas de tarefas novas que eram consideradas exclusivas dos humanos: ele pode não apenas codificar em python melhor do que muitos programadores, escrever cartas de candidatura, preparar uma entrevista de emprego, fazer a síntese de uma reunião, de um vídeo, de um filme, de uma imagem ou de uma conferência, resolver em dez segundos uma prova de física para entrar na Faculdade de Engenharia, ser aprovado num exame de Direito na universidade, construir uma defesa sobre qualquer caso jurídico, desenhar a arquitetura de um imóvel e mil coisas mais. Como o número de palavras não é mais limitado, ele pode também escrever artigos de imprensa, roteiro de filme, novela romântica ou dissertação sobre praticamente qualquer assunto, sem erros de ortografia e em mais de 150 línguas! Se acrescentarmos que ele não passa de um recém-nascido e que vai avançar de maneira exponencial nos próximos anos, é impossível dizer até onde poderão se estender suas capacidades para tomar o lugar do trabalho humano.

Em um livro recente, *Un monde sans travail* [Um mundo sem trabalho], Daniel Susskind (2023), pesquisador da Universidade de Oxford, quis adaptar as teses de Rifkin a esse novo contexto. Sua demonstração apoia-se principalmente numa comparação entre as diferentes revoluções industriais:

---

50. Mas da qual o Google não conseguiu tirar vantagem em benefício próprio, o que o levou a perder o ponto no entanto crucial da IA generativa, um pouco como a Kodak perdeu a transição do filme para o digital…

nas primeiras, as do vapor, da eletricidade, dos motores a explosão e do petróleo, claro que as máquinas tiravam o trabalho de certos operários, mas, de um lado, novos empregos eram criados em outros setores e, de outro, a substituição era essencialmente de tarefas manuais e repetitivas. O problema que essas inovações traziam era, portanto, ainda relativamente fácil de resolver se ao menos se quisesse continuar a alimentar a produção de valor: para evitar o desemprego em massa, bastava estabelecer meios de requalificação através de uma educação continuada para que os assalariados pudessem encontrar um emprego.

A IA generativa e os LLM (*Large language model*) mudam, segundo Susskind, totalmente a situação. Eles representam um salto qualitativo no sentido de que não são mais as tarefas manuais e repetitivas que eles tendem a substituir, e sim atividades intelectuais altamente sofisticadas como as dos arquitetos, médicos, geômetras ou dos juristas por exemplo. Como declarava Susskind numa entrevista concedida à revista *L'Express* em janeiro de 2023:

> [...] durante muito tempo, em economia, acreditamos que as tarefas rotineiras, isto é, tarefas que podem ser facilmente explicadas, poderão ser substituídas pelas máquinas, mas que estas últimas não seriam capazes de substituir tarefas não rotineiras. A maioria dos economistas estimava que o diagnóstico médico, não rotineiro, escaparia da automatização. O erro vem de uma má concepção da inteligência artificial. Esses economistas pensavam que, para

> realizar uma tarefa, um computador deveria seguir regras explícitas formuladas por um ser humano. Mas as máquinas já são capazes de aprender a executar tarefas com seus próprios meios, elaborando suas próprias regras graças especialmente aos inúmeros dados disponíveis. Pouco importa, por exemplo, que os seres humanos tenham dificuldade para explicar como eles dirigem um carro; as máquinas não precisam mais dessas explicações. O que significa que são capazes de realizar inúmeras tarefas não rotineiras, consideradas até muito recentemente fora de seu alcance. Tarefas que exigem um julgamento humano, a criatividade ou mesmo a empatia podem hoje ser automatizadas. Implacavelmente, a tecnologia substitui cada vez mais os humanos.

A demonstração de Susskind é bem-argumentada, mas por duas razões suas conclusões sobre o fim do trabalho humano ainda assim permanecem problemáticas. Primeiro, porque os avanços da IA vão criar novas profissões, sendo que algumas já são conhecidas (no campo da análise de dados, da programação, da cibercriminalidade etc.), e outras de que não temos ainda ideia. Se tivéssemos pedido a Guizot, em 1830, que previsse as profissões de 2030, como ele poderia ter imaginado que haveria assalariados em companhias de aviação, em sociedades de informática ou em plataformas de *streaming* ou de *e-commerce*? Evitemos, pois, raciocinar em termos malthusianos como fizeram os ludistas ingleses em 1811 ou os canuts lioneses em 1831, operários tecelões que destruíam as máquinas de tecelagem, "sabotando-as" atirando-lhes seus tamancos [*sabot* em francês] para desmantelá-las, pois pensavam que a máquina Jacquard destruiria seus empregos sem criar outros, o que se revelou falso, ao menos em parte: seus empregos de fato foram destruídos, mas as indústrias têxteis criaram outros em número bem maior.

Mas não é tudo. Na realidade, se inúmeras tarefas podem ser substituídas pela inteligência artificial ou pela robótica, ainda falta muito para que todas as profissões o sejam. Com efeito, é crucial nesse debate não confundir tarefas e profissões como faz a maioria dos teóricos do fim do trabalho. É evidente que uma infinidade de tarefas se tornará supérflua graças aos avanços da IA. Que as profissões em que são exercidas desapareçam por essa razão é na maioria dos casos pouco provável. Para dar apenas um exemplo, está claro que certo número de tarefas de secretariado será realizado por softwares e scanners, mas as secretárias ainda assim continuarão sendo indispensáveis para atividades mais úteis, mais difíceis, e também mais interessantes. O que vale também para os médicos, os advogados ou os contadores cujas funções de conselho, de vigilância e de acompanhamento continuarão sendo essenciais. Segundo um relatório da McKinsey publicado em 2021, 45% das tarefas poderão assim ser automatizadas num futuro próximo, mas apenas 10% das profissões o serão, o que relativiza em muito as teses da moda sobre o fim do trabalho. O que é provável, em contrapartida, é que uma falta de formação e de adaptação dos indivíduos ao mercado, associada a um déficit de flexibilidade, criará constantemente mais desemprego. No entanto, o problema nada tem nem de estrutural, nem de irreversível, e se nossos governantes tivessem tido a coragem de tomar as decisões corretas nas últimas décadas, a França faria parte dos países europeus que conseguiram chegar ao pleno emprego. Nem Uber, nem os robôs estão perto de destronar Schumpeter.

Ainda assim, Susskind tem enorme razão de soar o alarme. A IA generativa está ganhando sua competição contra o humano e a primeira preocupação de um ministro da Educação deveria ser o de refletir sobre os problemas que essa revolução, sem sombra de dúvida a mais brutal e a mais surpreendente na história das tecnologias, vai colocar para nossas crianças. É urgente porque seus impactos no plano econômico, social e pedagógico serão em breve ainda mais agudos do que aqueles que agitam as mentes quando se trata da aposentadoria.

Portanto, para aqueles que, sobretudo na ecologia política mais radical, pedem a abolição pura e simples do trabalho, esse debate não tem muito sentido, ou melhor dizendo, ele permanece superficial, pois prisioneiro de maneiras de pensar que veem no trabalho uma necessidade universal, desde sempre vital para os humanos, e como tal insuperável. Do ponto de vista deles, quer se proteste contra a tecnologia porque ela destrói empregos ou porque se aproveita dessa destruição para propor a implementação de uma RBU, em ambos os casos não questionam nem a lógica do produtivismo, nem por consequência a do capitalismo! Ora, é precisamente aí que o calo aperta segundo os teóricos neomarxistas e decrescentistas da "crítica do valor do trabalho!"

"Não trabalhe nunca!" A defesa da "Teoria crítica do valor" para a abolição pura e simples do trabalho

Como escreve Anselm Jappe (2019) no prefácio do livro *Ne travaillez jamais. La critique du travail en France de Charles Fourier à Guy Debord* [Não trabalhe nunca. A crítica do trabalho na França de Charles Fourier a Guy Debord], escrito por seu amigo Alastair Hemmens e um dos pilares da Teoria crítica do valor:

> [...] certos "inimigos" do trabalho caem na tecnolatria e aguardam o advento de uma sociedade onde as máquinas farão tudo em nosso lugar – o que seria, no entanto, outra forma de alienação capitalista. Outros acreditam que o recurso ao Estado social e à assistência pública talvez permita uma libertação definitiva da tirania do trabalho ou que o capitalismo, sob a forma de uma "renda universal garantida", pagará as pessoas para não fazerem nada. Todas estas são formas de evitar a crítica categórica do trabalho.

Quer se trate de propor uma RBU partindo da convicção de que o trabalho será substituído pela automatização, pela robótica e pela inteligência artificial, ou quer se defenda uma grande demissão, ou talvez algo mais modesto como a demissão silenciosa, o trabalho híbrido ou mesmo a RBU, em todos esses exemplos, segundo esses autores, não há o questionamento da lógica de um capitalismo já integrado numa globalização que julgam tão insensata quanto destruidora do meio ambiente. Para dizer a verdade, substituir o trabalho humano por novas tecnologias apenas reforçaria ainda mais a lógica de um produtivismo tão desumanizante e desprovido de sentido quanto devastador. O *big quit* e o *quiet quit*, por mais simpáticos que sejam, continuam decisões individuais que não questionam o "sistema". Se querem aboli-lo, é preciso seguir o caminho de uma desconstrução enfim coletiva e radical da própria ideia de trabalho, e com ela a do capitalismo.

Pelo menos é esta a tese defendida pelos decrescentistas e os colapsologistas mais radicais bem como pelos teóricos da "crítica do valor" (*Wertkritik*), uma corrente de pensamento revolucionário neomarxista nascida na Alemanha nos anos de 1980[51]. Entre os teóricos mais notáveis dessa nova versão da Teoria crítica dos anos de 1930, a de Horkheimer e Adorno, podemos citar os nomes de Robert Kurz, Ernst Lohoff, Anselm Jappe, Moishe Postone, Alastair Hemmens ou Roswitha Scholz. Eles se consideram precursores de autores como Fourier, Lafargue, Breton, Debord, e mais recentemente, no rastro de Maio de 68, referem-se a obras como *L'Allergie au travail* [Alergia ao trabalho] (Rousselet, 1974), *Pour l'abolition du salariat* [Pela abolição do salariado] (Berger, 1976), *À bas la fête du travail aliéné* [Abaixo a festa do trabalho alienado] (*L'Union ouvrière*, 1er mai 1975), *Bonjour paresse* [Bem-vinda preguiça] (Maier, 2004), *Le travail, une valeur en voie de disparition*, [O trabalho, um valor em vias de extinção] (Méda, 1995), bem como aos trabalhos de André Gorz, e mais ainda de

51. Em seguida, a crítica passou a chamar-se "crítica do valor-dissociação" (*Wert-Abspaltungskritik*), a fim de integrar a problemática do feminismo em sua desconstrução do capitalismo e de tentar conceitualizar a dissociação entre o trabalho assalariado e o trabalho doméstico na maioria das vezes reservado às mulheres ou às pessoas "racializadas".

Jean-Marie Vincent, filósofo francês que, embora profundamente marxista, denunciava o capitalismo na perspectiva heideggeriana de uma desconstrução do mundo da técnica, à qual retornarei, uma vez que o humano é, segundo ele, posto "a serviço do trabalho pelo trabalho, da dominação pela dominação e da produção pela produção".

"*Não trabalhe nunca!*" é a palavra de ordem. O *slogan*, gravado em 1953 num muro de Paris, rue de Seine, por Guy Debord, um dos principais teóricos do movimento situacionista, fazia na época parte das reivindicações das correntes revolucionárias mais radicais. De fato, Debord retomava um tema já esboçado por Paul Lafargue (1883), genro de Marx, em seu conhecido libelo *O direito à preguiça*. De maneira significativa, essa ordem foi exibida em fevereiro de 2023 nos cartazes das manifestações hostis à reforma das aposentadorias ao passo que Sandrine Rousseau, sempre querendo ser notada, fazia todo o possível para introduzi-la até na Assembleia Nacional. E é de fato esse conhecido "direito à preguiça" que uma ultraesquerda ecologista, convencida de que o colapso do mundo capitalista é inevitável e por consequência favorável ao decrescimento, quer reabilitar numa perspectiva semelhante à de Lafargue. Para relembrar, eis o que este dizia desde sua prisão, em 1883, para a segunda edição de seu livro, manifestando-se com palavras violentas contra a "loucura de uma classe operária" à qual ele recriminava pedir desde 1848 um "direito ao trabalho" em vez de exigir sua abolição[52]:

52. "Que vergonha para o proletariado francês! Só os escravos teriam sido capazes de tal baixeza. Um grego dos tempos heroicos teria precisado de 20 anos de

> Essa loucura é o amor ao trabalho, a paixão moribunda ao trabalho levada até o esgotamento das forças vitais do indivíduo e de sua prole. Em vez de reagir contra essa aberração mental, os sacerdotes, os economistas, os moralistas sacrossantificaram o trabalho. Homens cegos e limitados, quiseram ser mais sábios do que seu Deus; homens fracos e desprezíveis, quiseram reabilitar o que seu Deus amaldiçoara. Na sociedade capitalista, o trabalho é a causa de toda degenerescência intelectual, de toda deformação orgânica.

E Lafargue, embora marxista, materialista e ateu convicto, acaba citando, a fim de colocar seus adversários diante de suas próprias contradições, os argumentos de Jesus no Sermão da montanha: "Observai como crescem os lírios do campo: não trabalham nem fiam. Mas eu vos digo que nem Salomão com toda a sua glória se vestiu como um deles" (Mt 6,28-29).

Como a "velha toupeira" de que falava Marx, essa crítica radical do trabalho avança de maneira subterrânea na esquerda radical e entre os decrescentistas. Ainda que não tenham lido as obras dos teóricos da crítica do valor, os milhares de pessoas que decidiram praticar o *big quit* ou o *quiet quit* e que rejeitam de maneira visceral qualquer reforma das aposentadorias compartilham ao menos em parte essa aversão ao

---

civilização capitalista para conceber tal degradação. Esse trabalho pelo qual em junho de 1848 clamavam os operários empunhando as armas, eles o impuseram às suas famílias, entregaram suas mulheres e filhos aos barões da indústria [...]. Envergonhem-se, proletários!"

trabalho assalariado, esse sentimento de que se corre o risco de "perder a vida para ganhá-la". E de qualquer modo, se quisermos responder a essas críticas, se pensarmos, como é meu caso, que o trabalho é a um só tempo necessário e desejável, que é até o bem mais precioso de todos, é preciso ao menos tentar compreendê-las, o que não é simples. Com efeito, a Teoria crítica do valor apoia-se numa oposição entre dois tipos de críticas do trabalho, bem como na ideia, *a priori* pouco evidente, de que o trabalho é uma categoria que, a rigor, não existia antes do nascimento do capitalismo.

Vejamos mais detalhadamente.

Por que existem dois tipos de críticas do trabalho, uma superficial e outra radical

Haveria, portanto, dois tipos de "desconstruções" da noção de trabalho: uma superficial ou "fenomenológica" (que se limitaria às aparências) e que encontraríamos num Marx vulgar ou "exotérico", a outra radical ou "categorial" que já estaria presente num Marx mais profundo, mas "esotérico". Como escreve Alastair Hemmens (2020) no prefácio do *Manifeste contre le travail*, que reúne as contribuições dos principais autores da Teoria crítica do valor,

> [...] o Marx exotérico viu no trabalho uma forma social positiva e trans-histórica que acabou sendo alienada e explorada por uma classe dominante: a burguesia. O capital, nesse sentido, seria uma espécie de roubo de uma riqueza que permanece não questionada.

Por essa razão Marx podia por exemplo escrever, no livro I do *Capital*, o seguinte: "O trabalho é uma necessidade eterna, uma mediação indispensável ao metabolismo que se produz entre o homem e a natureza e, portanto, indispensável à vida humana". Com certeza o trabalho encontra-se alienado nas sociedades em que os capitalistas detêm os meios de produção, mas nessa perspectiva, ainda superficial, bastaria fazer a revolução, expropriar os proprietários para entregar aos trabalhadores os produtos de seu trabalho e assim fazer de modo que tudo caminhe para o melhor no melhor dos mundos comunistas. Mas, continua Hemmens:

> [...] o Marx esotérico viu, ao contrário, no trabalho como tal a essência mesma do capitalismo: uma dominação fetichista abstrata e sem sujeito. O trabalho, e com ele suas formas derivadas que são o valor, o dinheiro e a mercadoria, seria portanto uma forma social historicamente específica, irracional e destrutiva cujo único objetivo seria de transformar 100 euros em 110 euros.

Em apoio a essa tese, poderíamos citar certos argumentos de Marx (1845) como este, extraído de um texto menos conhecido, menos lido e mais esotérico (*À propos de Friedrich List, le système national de l'économie politique* [Sobre Friedrich List, o sistema nacional de economia política]):

> O trabalho é por natureza a atividade subjugada, inumana, asocial, determinada pela propriedade privada e criadora da propriedade privada. Por conseguinte, a abolição da propriedade privada

> só se torna uma realidade se a concebermos como abolição do trabalho.

Um tema já encontrado no jovem Marx, nos *Manuscritos de 1844*: "O próprio trabalho é prejudicial e funesto, não apenas nas condições presentes, mas em geral na medida em que seu objetivo é simplesmente o crescimento da riqueza". Ao contrário da primeira crítica que procura apenas melhorar as condições nas quais o trabalho é efetuado, a segunda pede, portanto, a abolição do trabalho "em si e *per si*".

Para compreender melhor a diferença entre esses dois pontos de vista é preciso partir da ideia de que, segundo os autores da Teoria crítica do valor, antes do nascimento do capitalismo, os humanos a rigor não "trabalhavam". Claro, eles tinham atividades produtivas necessárias à manutenção e à reprodução da vida, mas não se tratava de um trabalho "abstraído" de seus conteúdos concretos, pois destinado sobretudo, para não dizer exclusivamente, a produzir lucro, dinheiro pelo dinheiro, como é o caso em nossas sociedades produtivistas sejam elas socialistas ou capitalistas. Como escreve Hemmens no livro já citado, nos tempos antigos:

> [...] não existia espaço social distinto para as atividades produtivas dotadas de suas próprias regras, separada do lar e da vida social normal. Portanto, é incorreto pensar que os povos pré-modernos "trabalharam" ainda que inúmeras atividades, como a cultura de subsistência e a construção de abrigos, que hoje nós chamamos de "trabalho", tenham sido igualmente realizadas nessas sociedades.

Como prova o fato de que nos mundos aristocráticos, seja na Antiguidade greco-romana ou na Europa feudal, os nobres não trabalhavam, como prova o fato de que os não nobres faziam de tudo para escapar do que a própria Bíblia considerava como uma maldição ligada ao pecado original.

É apenas no capitalismo que as atividades humanas tomariam a forma do trabalho propriamente dito, ou seja, de uma atividade que não tem mais como finalidade fazer o ser humano viver bem, mas "somente" produzir valor de troca, de riqueza pela riqueza, de dinheiro pelo dinheiro dentro de uma sociedade de competição globalizada onde essa criação de valor não tem mais nem sentido, nem limite, uma vez que a competição universal implica tanto para as empresas como para as nações a lógica do "sempre mais" sob pena de ser destruída pela concorrência. Portanto é apenas no mundo capitalista que as atividades humanas produtivas vão assumir a forma do trabalho num sentido bem preciso: é de fato nesse sistema historicamente datado, neste caso moderno, que o trabalho se torna uma abstração separada de toda finalidade e de todo conteúdo concreto[53]: pouco importa que se produzam carros, medicamentos, legumes, roupas ou qualquer outra coisa, o que conta nessa sociedade produtivista é que o trabalho transforme 100 euros em 110 euros! As

53. Como escreve Hemmens, "nas sociedades industrialmente desenvolvidas os operários fabricam produtos que não se destinam necessariamente ao seu próprio consumo, mas ao mercado local e internacional. A produção serve apenas para aumentar a quantidade de riqueza social abstrata: o dinheiro transforma-se em mais dinheiro".

empresas produzem assim valor pelo valor, dinheiro pelo dinheiro, riqueza pela riqueza, e como a competição universal torna esse processo imparável, o trabalho, agora desprovido das finalidades concretas que eram as suas ao longo dos séculos passados em que ele se destinava a produzir "valores de uso", conduz à destruição do planeta[54]. Como um homem que tropeçasse no alto de uma ladeira e que começasse a correr mais e mais rápido para tentar não cair, o capitalismo globalizado visa o crescimento pelo crescimento sem que ninguém saiba se essa corrida insana conduz na direção de um verdadeiro progresso, de mais liberdade e de felicidade para a humanidade.

Segundo os militantes do decrescimento radical, é evidentemente o oposto porque, nesse contexto, o trabalho, motor do processo, em vez de produzir valor de uso, bens úteis, serve somente para alimentar um progresso que na realidade não significa mais nada. Para absorver a produção incessante de riquezas, esse produtivismo deve separar os seres humanos de suas necessidades fundamentais, naturais e autênticas e criar necessidades mais e mais artificiais. E para tanto, ele deve desconstruir os valores tradicionais para que a espiral infinita do consumo[55] de inovações tão superficiais quanto inúteis nunca pare, e tudo ao custo de

---

54. Cf. *Manifeste contre le travail* (p. 54): "A máquina capitalista, que não tem outra finalidade que não seja ela própria, apodera-se naturalmente de todos os recursos do planeta".

55. Como se lê no *Manifeste contre le travail* (p. 21): "O capitalismo conduziu historicamente à destruição sucessiva de comunidades e de modos de vida como um todo, desde as comunidades camponesas da Idade Média até as comunidades fabris de outrora".

uma destruição do planeta e de uma desumanização das atividades humanas. Escravo de um sistema absurdo, o trabalhador seria reificado, coisificado, não passaria de uma mera engrenagem cega de um maquinário cego, o agente de uma lógica cuja única finalidade é ela mesma. Como Lafargue, os teóricos da crítica do valor não cessaram de denunciar a loucura das organizações sindicais e dos partidos de esquerda que quiseram incluir o direito ao trabalho na Constituição sem compreender que estavam engendrando sua própria perda. A verdadeira revolução anticapitalista não residiria, pois, somente na apropriação dos meios de produção, mas na aniquilação do trabalho como motor do produtivismo. E assim terminada essa revolução, seria preciso estabilizar o consumo e a produção como exigem os ecologistas decrescentistas e os colapsologistas: retornar às *low-tech* e "voltar a fabricar carros 2CV", como recomenda seriamente um ecologista decrescentista como Jean-Marc Jancovici[56] em seu Shift Project, reaprender a cultivar a terra deixando de lado as tecnologias modernas, em suma, desconstruir a lógica de destruição criativa inerente à globalização liberal bem como aquela, ainda mais profunda, do que Heidegger designava como o "mundo da técnica",

---

56. "É imperativo reduzir a quantidade de carros nas ruas, substituir portanto uma parte deles por outras coisas (ônibus, bicicleta, trem, andar a pé etc.) e dividir por três o consumo de combustível dos carros ainda em circulação antes da mudança para a energia elétrica. É aqui que as *low-tech* – ou seja, voltar a fabricar carros 2CV – entra na equação, uma vez que fazem parte da margem de manobra para preservar uma parte da liberdade de deslocamento num mundo em que, aliás, temos de nos libertar dos combustíveis fósseis o mais rapidamente possível".

Da crítica do trabalho à crítica do mundo da técnica

Portanto, é essencial compreender as razões pelas quais neomarxistas radicais como Jean-Marc Vincent conseguiram se apoderar da crítica heideggeriana do mundo da técnica, uma ideia potente que esclarece como nenhuma outra o que hoje chamamos de globalização. Como já expus essa crítica em outros livros, contento-me aqui em apresentar um resumo da maneira mais clara e sintética possível para bem compreender em que sentido ela pode completar a crítica radical do trabalho defendida pelos teóricos neomarxistas da crítica do valor como processo abstrato integrado na lógica insensata do sempre mais pelo sempre mais. Para apreender seu tema essencial, devemos evitar a confusão existente entre o mundo da técnica e a revolução científica do Iluminismo, e o racionalismo dos séculos XVII e XVIII. Com efeito, em Descartes como nos Enciclopedistas, o projeto de um domínio científico do universo natural, e depois social, possuía ainda um objetivo emancipador. Tratava-se de realizar objetivos de civilização tão grandiosos quanto benéficos para o conjunto da espécie humana. Os grandes espíritos do Iluminismo não visavam dominar o mundo por dominar o mundo, por puro fascínio pela potência e o domínio, mas para alcançar mais liberdade e felicidade para os povos. Razão dos dois credos do século do Iluminismo, o primeiro sendo que a ciência vai permitir emancipar a humanidade dos grilhões da superstição e do obscurantismo, o segundo sendo que o domínio da natureza permitirá, como se vê em 1755 nas reações dos filósofos ao conhecido terremoto de Lisboa, nos libertar das servidões naturais para usá-las em proveito de nosso bem-estar. E é em relação a essas duas finalidades, a liberdade e a felicidade, as quais definiam o cerne da ideia de progresso, que o Iluminismo aparecia como o vetor de outro progresso: o da civilização. Pouco importa aqui que essa visão das virtudes da razão seja ingênua ou não. O que conta é que nela a vontade de domínio articulava-se também com objetivos exteriores a ela e que, nesse sentido, não podia ser reduzida à lógica tecnicista de uma razão instrumental que levasse em consideração somente os meios em detrimento dos fins.

Este é o ponto crucial, aquele que faz a separação entre uma concepção da ciência colocada a serviço do progresso e um mundo da técnica do qual a consideração dos fins vai desaparecer em proveito exclusivo da dos meios. Para que a razão instrumental triunfe sobre a razão prática ou "objetiva" no sentido de uma razão que vise ainda objetivos, para que nossa visão de mundo se torne absolutamente tecnicista, é preciso, com efeito, um passo a mais. É preciso que a vontade cesse de visar fins exteriores a ela para que ela mesma se tome como objeto. É isso, segundo Heidegger, o que advém na história do pensamento com a doutrina nietzscheana da "vontade de potência" concebida como uma "vontade de vontade", como uma vontade que quer sua própria intensificação, mas também na realidade com o advento do produtivismo planetário, seja ele socialista ou capitalista, americano ou soviético. No universo tecnicista, o projeto de dominar o real deixa de ser um meio para realizar objetivos superiores, torna-se um fim em si mesmo. Não é mais uma questão de dominar a natureza ou a sociedade para ser mais livre e mais feliz, e sim de subjugar por subjugar, de dominar por dominar. Por quê? Por nada justamente, ou melhor, por ser simplesmente impossível fazer de forma diferente no contexto do mundo da competição universal dentro do qual o animal *laborans* já está integrado.

É nesse ponto que a crítica marxista "esotérica" do trabalho nas sociedades capitalistas pode se encontrar com a crítica heideggeriana do animal *laborans* integrado a esse mundo absurdo que é, segundo ele, o mundo sem finalidade da técnica, um mundo no qual a economia deve obrigatoriamente progredir ou perecer. Por isso, no seio das nações, das empresas, dos laboratórios científicos e dos centros de pesquisa, a necessidade de entrar numa lógica de competição que conduz mecanicamente a aumentar a produtividade graças ao trabalho, a desenvolver os conhecimentos e sobretudo suas aplicações na indústria, na economia, em suma, na produção e, em seguida, num consumo mais e mais artificial. Uma empresa que não progride é uma empresa fadada à morte. Por isso o formidável e incessante desenvolvimento de uma "tecnociência" apoiada na expansão econômica e amplamente financiada por ela. Por isso também o fato de que o aumento do poder dos seres humanos sobre o mundo tornou-se um processo automático e cego que ultrapassa, em todos os sentidos, o trabalhador reduzido ao estatuto de simples engrenagem da máquina.

No máximo, ninguém mais sabe para onde nos leva o curso do mundo, pois ninguém pode pretender hoje controlá-lo. Assim como uma bicicleta deve avançar para não cair ou um giroscópio girar sobre seu eixo para permanecer sobre o fio no qual foi colocado, assim também é preciso "progredir" constantemente e sem fim segundo a lógica de um mecanismo literalmente insensato que não pode mais ocupar um lugar no seio de um grande destino humano. Esta é a diferença definitiva que nos separa do Iluminismo: ninguém mais pode razoavelmente ser convencido de que essa evolução nos conduz infalivelmente para o melhor. Os ecologistas duvidam disso, bem como os anticapitalistas e os críticos da globalização, e são acompanhados por todos esses republicanos, muitas vezes ex-esquerdistas, que nos falam da decadência do Ocidente e que, por essa mesma razão, tornam-se nostálgicos de um passado que não volta mais. É evidente que o ideal do Iluminismo dá lugar hoje a uma inquietude difusa e multiforme, sempre pronta a se cristalizar nesta ou naquela ameaça particular, e nesse sentido se compreende como, volto a isso uma última vez, para um pensador marxista como Jean-Marie Vincent, a crítica "esotérica" do capitalismo feita por Marx conseguiu, paradoxalmente, se alimentar com a desconstrução heideggeriana do mundo, desse mundo da técnica que no fundo é apenas outro nome da globalização liberal. É evidente que o debate está aberto, que ele merece ser levado a sério porque não se solucionará com lançamentos de coquetel Molotov e de granadas de gás lacrimogênio.

A questão do sentido da vida num universo de lazer ou por que a abolição do trabalho e das necessidades consideradas "artificiais" nos conduziria a um mundo inabitável...

Que exista uma parte de verdade nessas críticas da globalização liberal parece-me evidente. Sim, é verdade, do ponto de vista do sistema capitalista considerado globalmente, o trabalho é uma abstração destinada a produzir mais dinheiro a partir do dinheiro. O fato é que para o trabalhador, e mesmo para o dono da empresa, o trabalho ainda assim permanece uma atividade concreta que exige competências, habilidades e objetivos concretos, específicos, e nesse sentido trata-se de uma atividade de que podemos gostar, da qual podemos nos orgulhar e que produz riqueza para o conjunto da nação, e mesmo da humanidade quando as inovações são úteis, como é muitas vezes o caso, por exemplo, no campo da saúde. Que se queira partilhar melhor o valor, regular melhor a economia, que se queira que as inovações não sejam fúteis é compreensível. Que se queira acabar com o trabalho como tal já não é tanto assim porque a sociedade para a qual nos conduziria sua abolição poderia ser um verdadeiro inferno.

Nossos neomarxistas refletiram sobre o tipo de vida que seria engendrado por uma existência totalmente dedicada ao lazer, uma organização social em que nos contentaríamos com algumas horas de atividades produtivas por semana (não se falaria mais de "trabalho"...), um mundo no qual seguranças, vermelhos ou verdes (ou pior: os dois ao mesmo tempo!), vigiariam para que todas nossas necessidades consideradas "artificiais" sejam perseguidas, para que qualquer inovação seja proibida, para que as viagens de longo percurso sejam impedidas a fim de preservar o planeta, para que nós todos permaneçamos no local, enraizados para sempre na região sem possibilidade de se desarraigar? Para qualquer um que ame a inovação, a criatividade e até mesmo os artifícios que tornam nossas vidas não apenas agradáveis, mas literalmente humanas, seria simplesmente uma prisão infernal. Lembro-me de uma piada que circulava entre os dissidentes russos e que ouvi pela primeira vez que fui para a União Soviética, antes da queda do Muro, portanto: eles contavam que a grande questão que agitava a academia de filosofia materialista de Moscou não era a de saber se existia uma vida depois da morte... mas antes! É a questão que eu me colocaria se devesse viver no mundo que os decrescentistas neomarxistas da Teoria da crítica do valor e do trabalho nos preparam.

No mais é a questão que Keynes já se colocava numa notável conferência, já citada mais acima, publicada com o título *Lettre à nos petits-enfants* [*As possibilidades econômicas de nossos netos*]. Nessa conferência ele anunciava a morte das sociedades de subsistência, o nascimento das sociedades de abundância e, com estas, o fim do reino da necessidade e do trabalho. Ele concluía que a questão do sentido da vida num mundo que daria então direito à preguiça seria vertiginosa, que para as mulheres ricas e desocupadas, como já se vê nos Estados Unidos, e para as pessoas incultas, isso seria muito difícil[57]! A observação, nem muito feminista, nem muito democrática, tem pelo menos o mérito de nos colocar claramente diante da verdadeira questão, a do sentido da existência, num mundo liberto desse trabalho no qual a Parábola dos Talentos via o princípio fundador da dignidade humana, o único meio de fazer frutificar os dons naturais em vez de deixá-los abandonados.

Claro que os teóricos da crítica do valor e os decrescentistas nos prometem um futuro radiante. O problema é que já ouvimos essa música, a ouvimos ao longo do século XX, e a verdade é que esse mundo do pós-trabalho corre o risco de se transformar rapidamente em ódio e desespero. Para começar, eles propõem, tal como o ZAD, movimento de ocupação e de resistência surgido nos anos de 1970 que significa Zona de Autonomia Definitiva, e os *black bloc*, que são hoje seus herdeiros mais visíveis, acabar com todas as instituições democráticas,

57. Ele dizia: "Penso com pavor na readequação dos hábitos e dos instintos da pessoa comum, cultivados ao longo de inúmeras gerações: talvez lhe peçam que os abandone no espaço de algumas décadas. Para usar a linguagem atual: será que não ocorrerá uma "depressão nervosa" generalizada? Já não tivemos uma pequena experiência do que quero dizer: uma depressão nervosa do tipo que vemos com tanta frequência na Inglaterra e nos Estados Unidos entre as mulheres casadas dos meios abastados. Na maioria das vezes são mulheres infelizes cuja riqueza as privou das suas tarefas e ocupações tradicionais. Sem o estímulo da necessidade econômica, cozinhar, limpar e costurar não as divertem o suficiente, mas continuam incapazes de encontrar outras atividades que as distraiam mais. O lazer é um prazer a que aspiram aqueles que ganham o pão com o suor do seu rosto [...]. Pela primeira vez desde sua criação, o ser humano será confrontado com o seu verdadeiro problema permanente: o que fazer com sua liberdade agora livre da necessidade econômica? Para o indivíduo comum, aquele que não tem nenhum talento especial, sobretudo se já não está mais enraizado na terra nem nos costumes e convenções apreciados de uma sociedade tradicional, manter-se ocupado é um problema inquietante".

uma vez que, para eles, não passam de superestruturas destinadas a manter a lógica capitalista do trabalho e do valor pelo valor. Como se lê no *Manifeste contre le travail* (2020), as primeiras decisões do movimento de abolição consistiriam em suprimir todas as estruturas do Estado de direito liberal em benefício dos conselhos[58] – nossos neomarxistas voltam a nos servir seriamente o velho discurso totalitário da autogestão combinado à supressão das fronteiras e das nações. De maneira explícita, o *Manifeste contre le travail* não esconde seu desejo de abolir a democracia, o pluralismo, as eleições e os partidos políticos, porque:

> [...] não é mais através da política democrática que se deve defender o que está na base da civilização, mas contra ela. [...] Os inimigos do trabalho não constituem um partido político e nunca constituirão um. Eles não querem, portanto, tomar as rédeas do poder, o que querem, no entanto, é destruí-lo!

Uma vez que as superestruturas liberais visam apenas garantir a existência do mundo do trabalho. Tal como os *black bloc* e os teóricos mais radicais do decrescimento, eles estão convencidos de que não é pelas vias da democracia eleitoral que conseguirão impor sua visão de mundo, a ideia revolucionária

58. Por exemplo (p. 160): "As instituições alienadas do mercado e do Estado serão substituídas por uma rede de conselhos em que, desde o bairro até o mundo todo, as associações livres determinarão o fluxo dos recursos em função de uma razão sensível, social e ecológica. [...] E com o trabalho desaparecerão o dinheiro e o Estado, essas universalidades abstratas. As nações serão substituídas por uma sociedade global que já não precisa de fronteiras". Ora, ora...

recuperando aqui todo o potencial de violência que havia perdido quando a classe operária e os partidos de esquerda aceitaram não só exigir, como os proletários de 1848, um "direito ao trabalho", mas também exigi-lo através de eleições burguesas... Quem viveu o Maio de 68 e se lembra da atmosfera que reinava nas célebres "assembleias gerais" sabe até que ponto era simplesmente impossível qualquer expressão dissidente, uma vez que era depressa excluída pela violência verbal, e depois muito rapidamente física caso se tivesse a infelicidade de insistir.

Em seguida, para compensar a interrupção da produção, inevitavelmente ligada à do trabalho, é evidente que nossos guias geniais asseguram que o consumo terá de ser drasticamente limitado à satisfação das necessidades ditas "naturais", menos todas aquelas que a autogestão (e, mais uma vez, sabemos o que o termo significa na realidade: uma sólida ditadura dos dirigentes do movimento, ainda mais porque não haveria eleições) definiria como supérfluas. Como escrevia um dos pais fundadores da ecologia do decrescimento, Nicholas Georgescu-Roegen (1979), economista romeno cujos artigos foram traduzidos para o francês com o título *Demain la décroissance. Entropie, écologie, économie* [Amanhã o decrescimento. Entropia, ecologia, economia], "teremos de nos livrar da moda", mas também dos automóveis, dos aviões, e já que estão com a mão na massa, de todos os objetos de luxo, relógios, joias, e mesmo das roupas um pouco mais sofisticadas, brinquedos, medicamentos, cosméticos, em suma, de todos os "gadgets" inúteis que de todo modo o fim do trabalho tornará inacessíveis:

> O objetivo dos inimigos do trabalho será o de restabelecer essa cultura do ócio que todas as sociedades precedentes conheceram e que foi aniquilada para impor um produtivismo desenfreado e sem sentido. É por isso que os inimigos do trabalho fecharão todos os ramos da produção sem os substituir, ramos esses que apenas servem para manter impiedosamente o fim por si só delirante do sistema de produção mercantil. Não nos referimos apenas aos setores de atividade que representam claramente um perigo público como a indústria automobilística, do armamento ou nuclear, mas também à produção dessas numerosas próteses de significado e desses inúteis objetos de entretenimento que supostamente oferecem aos trabalhadores um arremedo de existência para as suas vidas arruinadas.

Na mesma perspectiva, Jean-Marc Jancovici propõe no seu Shift Project que regressemos às *low-tech* e, destaca ainda, "regressar às *low-tech* significa, basicamente, voltar a fabricar carros 2 CV". Por que dois? Por que não, já que é assim, um único cavalo, se possível de quatro patas, um bom cavalo robusto?

Naturalmente, aproveitarão também para reduzir a um terço a renda média por habitante. Entre as propostas costumeiras feitas pelos defensores do decrescimento radical e do fim do capitalismo, encontramos este projeto grandioso, apresentado de maneira séria por Serge Latouche (2007) em seu *Petit traité de la décroissance sereine* [Breve tratado do decrescimento tranquilo], como o primeiro pilar de um bom programa de decrescimento: "Retornar a uma pegada ecológica igual ou inferior à de um planeta, ou seja, manter todo e qualquer fator inalterado, uma produção material equivalente à dos anos de 1960-1970!", uma medida que, com certeza, seria apenas o primeiro passo em direção à "verdadeira frugalidade". Um cálculo rápido nos diz que essa proposta equivaleria simplesmente a dividir o poder de compra médio dos franceses por pelo menos três, incluindo, é claro, o dos mais modestos, criando então dezenas de milhões de desempregados, o que do ponto de vista da abolição do trabalho seria, evidentemente, uma excelente notícia. Como diz Jean-Marc Jancovici, e com certa coragem, em seu famoso Shift Project, com a alegria maliciosa que com frequência acompanha a administração de seus remédios, "todos terão de apertar o cinto, inclusive os trabalhadores que recebem salário-mínimo!" O decrescimento energético necessário à limitação do aquecimento global significará para todos, inclusive para os mais pobres, uma queda considerável do poder de compra, do consumo e do que hoje consideramos qualidade de vida. Desejo boa sorte aos políticos que exibirão abertamente esse objetivo em seus programas, mas a verdade é que uma vez as instituições democráticas abolidas em favor de um conselhismo generalizado, não haverá mais nenhum programa político, pluralismo ou direito de voto…

Como não haverá mais carros, trens, aviões ou mesmo barcos que não sejam canoas ou barcos feitos à mão e de madeira, não é preciso dizer – e volto a esse assunto porque é evidentemente uma consequência fatal da desindustrialização e do fim do trabalho – que todos nós estaremos, como na Idade Média, praticamente presos à terra e submetidos à lógica implacável do locavorismo. Para os habitantes da região de Paris, esqueçam os vinhos da Borgonha, Bordeaux, o uísque, o porto ou o conhaque, mas também esqueçam o chá, café, chocolate, laranjas, limões, bananas, alcachofras, peixes de mar, mariscos etc. etc. etc. Sinta-se à vontade para completar a lista. Os termos e as expressões usados por Serge Latouche para se regozijar com esse retorno à terra são significativos a esse respeito, por exemplo quando declara (e o faz várias vezes em seu livro) que "o que conta é a existência de um projeto coletivo enraizado na terra como um lugar de convivência" (Latouche, 2007, p. 74), que portanto é preciso agora trabalhar num "redesenho orgânico do que é local" (Latouche, 2007, p. 76-77). O que se esboça no plano político por trás do ideal decrescentista da abolição do trabalho é algo como as ZAD de Nantes ou as "biorregiões" dos colapsistas, estruturas de fato "orgânicas" e locais que acabarão com qualquer tipo de abertura para o mundo. O fato desse tema vir da extrema-esquerda, neste caso do marxismo e não dos partidários de Pétain, não o torna nem mais agradável nem menos prejudicial.

Para completar esse quadro tão agradável, com certeza teremos de fazer todo o possível para reduzir a população mundial. Convencido, assim como o impagável Paul Ehrlich, de que nossa sociedade produtivista estava correndo para o desastre, Georgescu-Roegen apresentou no livro mencionado acima uma série de medidas coercitivas que, segundo ele, deveriam ser impostas às pessoas com urgência:

> Reduzir gradualmente a população mundial a um nível em que a agricultura orgânica local seja suficiente para alimentá-la adequadamente, regular estritamente todo o desperdício de energia, como aquecimento, ar-condicionado, velocidade etc.

Seguindo os passos de Malthus, devemos, portanto, trabalhar para reduzir a população, sendo que a maneira mais fácil é parar de ter filhos, ou melhor ainda (mas não vem ao caso...), parar de cuidar dos idosos, se eu levar em consideração o inacreditável artigo publicado em 2019 por Jean-Marc Jancovici na estranha revista *Socialter*, uma entrevista que li e reli para ter certeza de que não era uma piada de mau gosto ou uma *fake news*. Nela, Jancovici simplesmente pede a interrupção do tratamento de idosos muito doentes e escreve calmamente:

> Nos países ocidentais há um importante meio de regular a população de uma forma razoavelmente indolor: não fazer todo o possível para manter vivos os idosos doentes [...] por exemplo não realizar mais transplantes de órgãos em pessoas com mais de 65 ou 70 anos.

Com que elegância dizem essas coisas! Sem rodeios: deve-se deixar que os idosos doentes morram. Além disso, o simples fato de passar da medicina *high-tech* para a *low-tech* permitirá levar facilmente à morte, além dos idosos que deixarão de ser tratados, várias centenas de milhares de pessoas todos os anos somente na França: sem scanners ou ressonância magnética, sem robôs cirúrgicos ou terapias direcionadas, sem imunoterapias ou medicamentos, em suma, com a volta da medicina ao que era na época de Molière, podemos esperar excelentes resultados em termos de regulação demográfica...

Um inferno apoiado num naturalismo que simplesmente nega a humanidade do ser humano...

Esse ideal de produção zero, trabalho zero, crescimento zero, crianças zero, idosos zero, viagens zero, artifícios zero para que a abolição do capitalismo não cause problemas demais àqueles que permanecerão presos a seu cantinho do paraíso levanta ainda uma dificuldade filosófica fundamental. Se a humanidade conseguiu ao longo de sua história libertar-se de sua região, de suas raízes na terra, não foi em vão, e sim porque sua essência talvez esteja, não apenas na natureza, mas na possibilidade da história e da inovação, no que Kant chamava de "pensamento alargado", nessa liberdade infinita que é sua própria condição e que lhe permite se desarraigar da terra para entrar na história e criar, com efeito, um mundo artificial. Ali onde a mente estreita permanece presa à sua própria terra, à sua própria comunidade de origem a ponto de julgar que ela é a única possível e, portanto, a única boa, a mente alargada tenta, colocando-se na medida do possível no ponto de vista do outro, contemplar o mundo como um espectador interessado e benevolente. Ao aceitar descentralizar sua perspectiva inicial, ao se afastar do círculo limitado do egocentrismo e da proximidade, ela pode penetrar em costumes e valores muito distantes dos seus, e depois, ao voltar para si mesma, tomar consciência de si de uma maneira distanciada, menos dogmática, e enriquecer assim seus próprios pontos de vista. É também nesse sentido que a noção de "pensamento alargado" é inseparável dessa "perfectibilidade" que, segundo Kant, como já para Rousseau, constitui a característica do humano, em oposição ao animal. Ambas pressupõem, com efeito, a ideia de liberdade entendida como faculdade de se afastar da natureza para alcançar maior universalidade, para entrar numa história individual ou coletiva – a da educação, por um lado, da cultura e da política por outro – no decorrer da qual se efetua o que pode ser chamado de humanização do humano. Ora, é também esse processo de humanização que dá sentido às nossas vidas e que, na acepção quase teológica do termo, a "justifica" na perspectiva de um humanismo universalista. Já desenvolvi esses temas longamente em meus livros, portanto não vou abordá-los uma vez mais aqui.

Regulamentar a globalização e aceder às demandas por mais bem-estar e sentido no trabalho

A verdade é que apesar de tudo muitas pessoas gostam de sua profissão e consideram seu trabalho como um elemento forte de autoconstrução, de sociabilidade e até mesmo de dignidade humana, desde que certas exigências novas, embora legítimas, possam ser levadas em consideração. Com efeito, muitas pessoas acreditam que a empresa hoje comete erros de gestão que acabam justificando a tentação do *quiet quitting*: reuniões inúteis, perda de tempo, critérios de avaliação estúpidos, gestão exigente do trabalho, falta de autonomia, horários mal-organizados, chefinhos autoritários, falta de reconhecimento, hierarquias excessivamente rígidas, salários insatisfatórios etc., de modo que acabam apresentando novas exigências: 1) primeiro, de sentido, (um fator que às vezes é mais importante do que o valor do salário); 2) em seguida, de liberdade e de autonomia, com a organização das horas de trabalho tornando-se mais importante do que o próprio tempo de trabalho, o desenvolvimento do teletrabalho possibilitando, quando combinado com o trabalho presencial, a conciliação entre trabalho e vida privada; 3) por fim, de utilidade social, o impacto ecológico da empresa tornando-se, por exemplo, cada vez mais importante, particularmente entre os jovens. Em suma: qualitativo tanto quanto quantitativo, o bem-estar no trabalho e a utilidade de sua profissão acrescentando-se às reivindicações sobre o poder aquisitivo. Portanto, quando falamos de "dificuldades" no trabalho não estamos mais falando apenas de desgaste físico, mas também de falta de sentido, de responsabilidade e de autonomia.

Alguns dirão, os mais à direita, que a preguiça está ganhando terreno, enquanto outros, mais à esquerda, dirão que a dinamitação "de fato" da sociedade do produtivismo e do hiperconsumo está indo na direção certa. É claro que essas exigências não são as mesmas para o jovem graduado de uma boa faculdade que pode se fazer de difícil e para o desempregado de 45 anos que procura desesperadamente algo para sustentar sua família. O que está claro, no mínimo, é que em vez de abolir o trabalho ou substituí-lo por uma RBU, os líderes empresariais e políticos terão de levar em conta as metamorfoses diretamente ligadas à transição das ideologias da felicidade adiada para a exigência de uma vida feliz aqui e agora.

7

O frenesi da felicidade e as metamorfoses do real

Uma "segunda vida" mais feliz no metaverso?

Continuemos então, seguindo a mesma linha: se a questão é deixar enfim de esperar e de adiar a felicidade para mais tarde, se a vida cotidiana parece monótona, difícil, pouco gratificante ou, ao menos, não no nível de suas esperanças, e se você passa os dias trabalhando para ter dinheiro suficiente para chegar a um fim de mês que nem sempre vale a pena, então o mundo da tecnologia, do digital e da inteligência artificial sugere-lhe uma solução: crie um avatar de si mesmo, um sósia digital, coloque acessórios, torne-o mais forte, mais bonito e mais "*successful*" do que você acha que é, e em seguida saia para conhecer outras pessoas num universo virtual, num "metaverso", como já existem vários disponíveis na web. Não é por acaso que um dos primeiros se chamava *Second Life* ("Segunda vida"), uma fórmula tentadora que define bem seu objetivo: oferecer-lhe a possibilidade de uma existência nova em total imersão num universo digital, uma existência evidentemente mais agradável, mais intensa e mais bem-sucedida do que aquela a que chamamos de "verdadeira", mas que, pensando bem, para você não é tanto assim...

O termo "*metaverso*" foi popularizado por Neal Stephenson em seu livro *Snow Crash*, publicado em 1992. Ele vem da contração de duas palavras, "*meta*" e "*universo*", usadas para designar um universo virtual imersivo em 3D derivado do *gaming* (*videogames*), um mundo "meta real" no sentido literal do termo, mas que, no entanto, é acessível on-line nas novas versões da web (Web3), onde pode ser associado a redes sociais, a espaços colaborativos de todos os tipos bem como a plataformas de compra e venda e a sites de comércio eletrônico. Nesse "novo mundo", os usuários podem interagir uns com os outros sob a forma de avatares, de sósias digitais que os representam da maneira mais "melhorada" que desejarem, fazer todos os tipos de encontros e realizar um número quase ilimitado de atividades de todos os tipos, exatamente como fariam no mundo real, mas "melhor", se possível. Se você ainda não está familiarizado com os metaversos e o *gaming*, se não tem vontade de se inscrever no *Decentraland*, *The Sandbox*, *Zepeto*, *Fortnite*, *Minecraft*, *Roblox* ou no *Horizon Worlds* (o mais recente, criado por Mark Zuckerberg com bilhões de dólares), mas se ainda assim quiser ter uma ideia, recomendo que assista ao excelente filme *Ready player one* [Jogador n. 1], de Steven Spielberg, que o transportará (embora apenas em 2D) para um desses mundos meta-reais. Mas, para entender completamente sua finalidade, recomendo *Westworld* [Westworld – onde ninguém te ama] (1973), filme de Michael Crichton (com Yul Brynner como bônus...). Ele narra uma história que, embora ainda esteja parcialmente ambientada no mundo real (na verdade, não está mais exatamente...), tem o mérito de já nos dar o que pensar sobre os motivos que podem levar à busca de uma "segunda vida" num universo sem normas a fim de compensar as frustrações e decepções de uma existência banal.

Se você ainda não o assistiu, apresento um breve resumo da trama: uma empresa altamente lucrativa oferece a turistas ricos a oportunidade de escapar de suas vidas diárias de "executivos dinâmicos" e de se divertir em três mundos que são, se não virtuais, pelo menos tão artificiais quanto maravilhosamente exóticos: a Roma antiga, a Idade Média e o Oeste Selvagem dos anos de 1880. Esses três universos são cuidadosamente reconstruídos pela empresa nos moldes dos grandes cenários de filmes de Hollywood e, em seguida, povoados por robôs que se parecem exatamente com seres humanos reais, exceto pelo fato de serem programados para satisfazer docilmente todos os desejos de seus anfitriões, inclusive os mais desprezíveis (orgias romanas, sadismo e perversões sexuais de todos os tipos, assassinatos cometidos durante duelos nos quais os robôs, reduzidos à escravidão, são forçados a deixar os humanos vencerem etc.). É claro que no filme, num roteiro popularizado por Isaac Asimov e clássico na época, os robôs se revoltam, mas não é isso que o ameaçará nos metaversos contemporâneos. Nestes últimos, é improvável que seu avatar tente algo de desagradável, pelo menos no início. Você poderá também modificar, personalizar, vestir e transformar a representação que escolheu de si mesmo o quanto quiser, poderá lhe dar dinheiro, neste caso na forma de criptomoedas, mas apenas para que seu avatar possa finalmente encontrar a felicidade fazendo amigos ou até mesmo encontrando o amor verdadeiro, comprando terrenos, edifícios, obras de arte virtuais etc., na forma de NFT[59], joias ou roupas que também são virtuais, mas que, no entanto, têm um valor muito real. Você poderá mudar de sexo, cor da pele, idade ou aparência à vontade e passear por esse novo mundo fazendo todo tipo de atividades (às quais voltarei com mais detalhes em seguida), tudo graças a um capacete de realidade virtual que o imergirá em 3D em lugares extraordinários que você poderá visitar e morar, onde poderá desfrutar de todo tipo de experiência que normalmente lhe é negada na realidade "real".

Ao contrário de quando assiste a um filme na tela, você não estará apenas vendo imagens ou acompanhando um enredo pronto. Você mesmo será um ator, e até um diretor; poderá então criar novas situações à vontade, inventar jogos, objetos, obras de arte, carros, trens ou aviões ainda desconhecidos, criações que poderá revender e lucrar com elas; em suma, você será finalmente o autor de sua nova vida, o autor do que acontece nela, e isso de forma ainda mais realista porque é uma imersão em 3D. Gostaria de acrescentar que esses mundos logo incluirão uma dimensão "háptica" (palavra que vem do grego e se refere ao sentido do tato)

59. *Non fongible token*, "fichas não fungíveis", são ativos digitais únicos, não duplicáveis, não modificáveis, nem suprimíveis, pois são registrados no blockchain de forma inalterável e definitiva. Eles podem ser comprados, negociados ou vendidos em criptomoedas.

graças ao domínio, já parcialmente presente nos *videogames*, das microvibrações: teremos assim luvas, roupas e até mesmo "macacões hápticos", que possibilitarão, por exemplo, que seu avatar aperte a mão de um de seus colegas numa reunião virtual, e quem sabe fora da empresa, numa ilha do Pacífico ou numa cidade romana do século I, sentir em sua casa, com as luvas e o capacete, o toque de um aperto de mão. Deixo-lhe imaginar as possibilidades que esta dimensão háptica abrirá para o mundo da pornografia virtual, ou melhor dizendo, neste caso, da pornografia semivirtual...

A melhor definição que se possa dar de um metaverso é, para mim, a proposta por Mark Zuckerberg, cuja empresa-mãe foi rebatizada de Meta por este motivo: é simplesmente, disse ele, o "futuro da internet", porque, acrescentou, em vez de "se contentar com olhá-lo de fora, numa tela, a pessoa estará verdadeiramente imersa em experiências com a poderosa sensação de estar completamente presente". Como Zuckerberg investiu bilhões de dólares no *Horizon Worlds* e que em geral ele não faz nada impensado, é proveitoso compreender as razões que levam hoje oligopólios tão poderosos quanto o seu a investir quantias exorbitantes nesses mundos virtuais – ou melhor dizendo, e insisto, "semivirtuais", já que seu avatar e aqueles que você conhecerá são, embora metamorfoseados, prolongamentos dos seres muito reais que estão de alguma forma dissimulados por trás deles[60].

---

60. Com efeito, é preciso ressaltar que se trata de uma realidade, não inteiramente virtual, e sim mista, até mesmo "aumentada". Seu avatar é de fato você aumentado, ou diminuído, de todo modo modificado, e os avatares que você encontra no mundo virtual também são avatares de pessoas reais.

Obstáculos que pesam na criação dos metaversos

Muitos observadores zombaram do pouco entusiasmo gerado pelo *Horizon Worlds* no seu início, alguns até anunciaram seu fracasso programado. Não acredito em nada disso. É verdade que uma série de obstáculos explica as dificuldades já encontradas nos anos de 2000 pelo *Second Life*, e hoje por Zuckerberg no desenvolvimento do seu *Horizon Worlds*. Eles são evidentemente bem conhecidos pelos engenheiros da Meta e são sobretudo questões de ordem técnica, ligadas à potência insuficiente dos servidores e das redes, ao custo exorbitante dos dispositivos, em particular dos capacetes 3D (para os quais a Meta adquiriu a Oculus VR, o primeiro fabricante desses capacetes). Eles também dizem respeito às questões ambientais, sendo o consumo de energia dos metaversos verdadeiramente devastador. Se levarmos em consideração que os grandes riscos de bolhas especulativas pressionam, como vimos nos últimos tempos, as criptomoedas, mas também as obras de arte virtuais adquiridas a preços por vezes alucinantes sob a forma de NFT, e que também a regulamentação[61] do que se trama nesses universos virtuais coloca problemas éticos, jurídicos e políticos

61. A ameaça de processo paira desde o início sobre a inteligência artificial. Ela começou a se concretizar quando artistas como Karla Ortiz, Sarah Andersen e Kelly McKernan entraram na justiça contra as IA generativas Stable Diffusion, Midjourney e DreamUp, acusando-as de plágio e de violação dos direitos autorais dos milhares de artistas com os quais os softwares foram treinados. A mesma coisa, evidentemente, e pelas mesmas razões, por parte das agências fotográficas como a Getty Images que também estão entrando na justiça contra as IA generativas, alegando que não respeitam os direitos autorais ao copiar milhões de imagens das quais elas são proprietárias.

ainda não resolvidos, para não dizer insolúveis[62], é na realidade perfeitamente compreensível que os inícios sejam no mínimo complicados, e ainda mais, e este é sem dúvida o assunto principal, porque o problema da interoperabilidade dos metaversos ainda não está resolvido: em suma, as moedas que você usa e os objetos que você compra numa dessas plataformas não são utilizáveis, visualizáveis ou comercializáveis em outra. E tem pior, não só você não pode transferir seus recursos de uma para outra, como também não pode transferir suas mensagens, de modo que estaremos um pouco na mesma situação que a da internet antes da invenção da web, ainda separados uns dos outros por códigos, linguagens e objetos incompatíveis – a questão se resume em saber se um dos oligopólios acabará predominando sobre todos os outros

---

62. Como explica Maxime Recoquillé na revista *L'Express* de 12 de novembro de 2012, os problemas legais e de regulamentação serão tão numerosos quanto difíceis de resolver inicialmente: "Com as IA generativas, qualquer internauta pode dar vida aos mundos que ele imagina. Quanto às empresas, elas podem obter rapidamente e a baixo custo visuais personalizados ou delegar certas missões a essas IA (redação de e-mails padrão, FAQ de sites, etc.). Mas os incômodos não são só esses, as IA já são capazes de copiar de maneira automatizada o estilo de artistas, tanto mortos quanto contemporâneos. Em novembro passado, um estudante propôs uma versão customizada dessas novas IA para gerar em massa ilustrações inspiradas nas de Hollie Mengert, ilustradora e *designer* da Disney. O internauta levou apenas duas horas e meia para criar esta versão caseira e que custou menos de dois dólares. Essas IA constituem um verdadeiro quebra-cabeça jurídico: a contribuição individual de cada uma das obras com as quais praticam é ao mesmo tempo importante e ínfima. Pois é precisamente da variedade delas que nasce a inteligência. Além disso, se essa inteligência emergir é apenas porque os pesquisadores em IA já encontraram formas engenhosas de analisar e de explorar essas massas de dados". Podemos ainda responder que os humanos procedem da mesma maneira, que todos os pintores e todos os compositores foram nutridos e inspirados pelos seus antecessores, o que é perfeitamente correto, e que, nesse sentido, a IA generativa não é mais culpada do que eles.

(sem dúvida é isso que a Meta tem em mente), que terá enfim interesse em propor harmonizar os metaversos, conectá-los e torná-los compatíveis entre si para que todos, a começar por ele, possam se beneficiar com isso. Esta evolução é a mais provável por uma razão que me parece inevitável: os criadores de metaversos decerto vão querer, pelo menos durante algum tempo, manter sua especificidade, mas quanto às marcas, o interesse delas será o de poder vender em toda parte, não apenas nesta plataforma ou em tal *marketplace* e não em outros.

Seja como for, o fato é que são essas dificuldades que explicam inícios laboriosos, e mesmo certos fracassos como o do *Second Life*, que estava, no entanto, bem encaminhado antes de declinar. Minha aposta é que, no contexto atual da busca frenética da felicidade imediata, esses contratempos iniciais não prenunciam um fracasso futuro. Estou convencido de que Zuckerberg tem razão: os metaversos são de fato o futuro da internet e impulsionados, não só pelas ideologias da felicidade, mas também pela procura igualmente frenética de lucros fáceis e rápidos, têm na minha opinião um belo futuro diante deles.

Por que os metaversos são o futuro da internet

Como explica um dos nossos melhores especialistas no assunto, Albert Meige[63], assim que estiverem tecnicamente

63. Recomendo seus vídeos postados na web e fáceis de encontrar, em especial aquele intitulado "Univers virtuel pour économie réelle" [Universo virtual para economia real], que mostra até que ponto quem pensa que os metaversos vão fracassar estão completamente equivocados. Não entrarei aqui na ainda polê-

bem desenvolvidos, os universos virtuais vão oferecer usos literalmente "fantásticos" tanto para particulares quanto para empresas, cientistas, pedagogos e industriais. Ora, apesar das dificuldades que acabo de mencionar, os três elementos necessários à expansão dos metaversos estão hoje reunidos. Com efeito, o hardware (equipamentos informáticos, computadores) está praticamente no ponto, o software também, e a pandemia da Covid levou milhões de internautas a reunirem-se em plataformas de encontro, preparando assim o advento dos "metaversianos"[64]. Os particulares que estão fartos dessa felicidade sempre adiada poderão se permitir praticamente tudo: distrair-se com jogos fascinantes, assistir a eventos de todos os tipos, concertos, exposições, conferências, visitar museus, praticar esporte de manhã com um *coach* virtual, avatar de um *coach* real, fazer amigos, tomar uma bebida com eles, com a família (bem, com seus avatares...), fazer cursos com professores virtuais, prolongamen-

---

mica questão da definição da Web3 e sua relação com os metaversos. A Web3, segundo os inventores da expressão, seria sobretudo caracterizada pelo fato de que, ao contrário da Web2, ela pretende ser ao mesmo tempo descentralizada e suportada pela tecnologia blockchain. Nesse sentido, os metaversos seriam uma das ilustrações, sem, no entanto, se confundir totalmente com ela, dado que a Web3 possui muitas outras aplicações e ilustrações além dos metaversos. Estes últimos, ainda que também pretendam ser descentralizados e suportados pelo blockchain, sobretudo porque utilizam criptomoedas e que é possível comprar os NFT, são definidos principalmente pela sua espacialidade, pela invenção de mundos em três dimensões.

64. "Tecnologicamente (hardware e software), está tudo aí. E os usuários? Aqui, uma vez mais, a velocidade do avanço é fulgurante. A crise sanitária e os repetidos confinamentos foram um formidável acelerador. As empresas procuraram soluções para permitir que seus funcionários continuassem a se comunicar, os adolescentes procuravam soluções para continuarem a encontrar seus amigos" (Meige, 2021).

tos de pessoas reais etc. etc. E dará certo! Como comprova o fato de 10 milhões de pessoas já terem assistido ao concerto dado por Ariana Grande no *Fortnite* em 2021 e 12 milhões ao de Travis Scott em 2020. Também poderão, este é um ponto essencial sobre o qual nunca é demais insistir dada a importância que a questão do poder de compra assume nas nossas sociedades de hiperconsumo, comprar obras de arte e objetos virtuais (mas também reais, é evidente), ilhas desertas ou terrenos nas cidades, construírem ali casas, edifícios e jardins e, claro, poderão revendê-los tentando assim obter um lucro máximo. Nem é preciso dizer que os futuros encontros poderão se concretizar no mundo real – desde que, no entanto, seu avatar não seja "de fato" demasiado diferente de você, senão a aterrissagem na vida real pode se transformar num impacto doloroso...

Nos campos da educação e da saúde, as aplicações dos metaversos serão potencialmente infinitas. Escolas e universidades virtuais já estão sendo preparadas. Durante a pandemia foi possível mensurar o quão penosa foi para nossos alunos e estudantes a obrigação de frequentar cursos à distância. Se os cursos tivessem sido ministrados num metaverso disponibilizado pelo Ministério da Educação Nacional, se pudessem ter se encontrado, ainda que sob a forma de duplos digitais, é muito provável que a situação tivesse sido bem diferente, mais animada, mais interessante e pedagogicamente mais eficaz. E para os adultos também, a educação ao longo da vida poderá finalmente tornar-se uma realidade sem a necessidade de se matricular numa universidade, ou mesmo de ter os diplomas requisitados para frequentá-la. Todo mundo poderá acompanhar cursos que abrangem todos os campos da ciência e da cultura, sem precisar mostrar sua identidade e exibir seu percurso escolar. No campo médico, é evidente que os metaversos terão infinitas aplicações, nem que seja somente para os estudantes de medicina que poderão, por exemplo, praticar operações em 3D e repeti-las sempre que necessário sem correr o risco de matar o paciente...

Quando a busca da felicidade e a busca do lucro se encontram num metaverso...

Mas é também, como sugeri, para melhorar a situação financeira, ou mesmo para obter lucros bem reais com suas compras e revendas, que os particulares talvez se sintam tentados a se aventurar nesses novos mundos. É claro que eles terão suas armadilhas, que será preciso desconfiar dos golpes de todos os tipos. O fato é que o caso das obras de arte virtuais compradas e revendidas na forma de NFT deu origem a sucessos e vocações tão surpreendentes quanto reais. Um clipe de dez segundos foi vendido por 6,6 milhões de dólares, o artista americano Beeple (Mike Winkelmann é seu nome verdadeiro) vendeu uma colagem digital chamada *Everydays, the first 5.000 days* que reúne imagens tiradas ao longo de cinco mil dias, pela quantia de 69,3 milhões de dólares, um "CryptoPunk" criado por um mero algoritmo, uma pequena imagem no entanto completamente derrisória, foi vendida por 11,8 milhões de dólares em 2021 ao passo que o primeiro tweet já emitido, o do fundador do Twitter, Jack Dorsey, foi vendido pela bela soma de 2,9 milhões de dólares no mesmo ano. Sem dúvida deve-se temer as bolhas especulativas, por vezes os preços despencam (como foi o caso desse tweet cuja revenda foi um fracasso, a melhor oferta atingindo apenas 29 dólares!), mas todos podem tentar a sorte. Basta acessar um site especializado – Verisart, OpenSea, Rarible, etc. – para transformar num piscar de olhos e por uma módica quantia qualquer arquivo em NFT, seja um vídeo, um som ou uma imagem, um produto que seu autor poderá colocar à venda num metaverso em criptomoedas, sendo os mais utilizados (mas não os únicos) o Bitcoin e o Ethereum. Um particular chegou a desembolsar a quantia astronômica de 450 mil dólares para comprar um terreno virtual no *The Sandbox* que fica ao lado da casa, também virtual, do *rapper* americano Snoop Dogg!

Para além do caso dos particulares, dos consumidores de felicidade e dos garimpeiros de todos os tipos, as empresas também poderão se beneficiar dos metaversos. Elas darão ao teletrabalho uma dimensão completamente diferente daquela à qual hoje ele está limitado. Poderemos organizar reuniões de trabalho remotas em mundos ainda inimagináveis onde os avatares terão a oportunidade de interagir de forma infinitamente mais realista e direta do que no Zoom, no Google Meet, no Teams e em outros aplicativos de webinários. As empresas comprarão também terrenos e edifícios para expor seus produtos e vendê-los de forma real ou virtual. Eis um exemplo de cair o queixo: a Gucci já vende bolsas virtuais no *Roblox* que são mais caras do que as reais, acessórios que servem para customizar os avatares. Adidas, Gap, Verizon, Carrefour, Nike, Coca-Cola, Warner, Havas, HSBC, Leader Price, entre tantas outras, já estão instaladas em metaversos, e está claro que plataformas de vendas on-line como a Amazon também se instalarão ali o mais rápido possível. Quanto aos oligopólios da tecnologia, é evidente que lutarão entre si para recuperar esta colossal fonte de lucros representada pelos dados pessoais dos "metaversianos"[65], que correm o risco de serem rastreados, na verdade espionados até nos mínimos detalhes de suas preferências e de seus traços de personalidade. No mundo industrial, mas também no agrícola, os metaversos abrirão infinitas possibilidades de simulações para a formação de pilotos de avião, a semeadura de terras cultiváveis, o desenho de objetos fabricados, a experimentação de diversos processos ou sistemas graças ao estudo dos "gêmeos digitais", a otimização da construção nos campos da arquitetura, do BTP ou do BIM[66]... De acordo com certas análises, em particular um relatório da McKinsey de junho de 2022, a criação de valor nos metaversos poderia atingir 5 trilhões de dólares até 2030. Não tenho, é claro, nenhum meio de verificar com certeza a validade de tais números, muitos parâmetros ainda estão em jogo, mas são bastante plausíveis e é evidente que muitas empresas os levam suficientemente a sério para investir desde agora nesses DAO (*decentralized autonomous organization*, ou seja, "organizações autônomas decentralizadas").

---

65. Cf. sobre este ponto o artigo de Dominique Nora e Boris Manenti publicado na revista *L'Observateur* de 16 de agosto de 2022, "Demain tous virtuels? Plongée dans l'univers fascinant du métavers" [Seremos todos virtuais amanhã? Mergulho no fascinante universo do metaverso], que destaca, aliás, como essas plataformas se tornarão, se não tomarmos cuidado, "o paraíso da manipulação comercial onde cada um de nós será rastreado e visado de forma ainda mais intensa, mais intrusiva e mais personalizada do que hoje na internet".

66. *Building, information modeling* ou *management*: modelagem das informações de construção que permitem modelar os dados de um edifício.

Aguardando o acoplamento das inteligências artificiais (IA) generativas com os metaversos

Creio que todo mundo (ou quase...) já ouviu falar do ChatGPT, do Dall-E[67] ou do Midjourney, IA generativas capazes de criar em alguns segundos imagens a partir de um pedido formulado em linguagem natural ou de responder com um texto às nossas questões sobre uma infinidade de assuntos, por vezes de maneira errada, certamente, mas impressionante na maioria das vezes, em 150 línguas e sem qualquer erro de gramática ou de ortografia. Alguns talvez ainda pretendam, como ousou dizer Jean-Noël Barrot, nosso ministro do Digital, que o ChatGPT não passa de uma "imitação de papagaio". Para dizer a verdade, acho que a expressão vale mais para ele do que para esta fabulosa "máquina": evidentemente, ele repetiu o que leu na imprensa sem compreender que estávamos vivendo uma verdadeira revolução. Como prova o fato de um psicólogo finlandês que teve a ideia de aplicar um teste de QI (o famoso Wechsler) ao ChatGPT4 ter constatado que este último obtivera uma pontuação de

---

67. O ChatGPT e o Dall-E são IA generativas de textos e de imagens inventadas pela OpenAI, empresa criada por Sam Altman, com ajuda inicial de Elon Musk, Reid Hoffman (cofundador do LinkedIn) e Peter Thiel. No início, a OpenAI queria que sua invenção fosse oferecida ao público gratuitamente, como *open source*, mas diante dos custos exorbitantes necessários para a exploração e o desenvolvimento deste tipo de IA, Altman finalmente concordou que a Microsoft participasse do capital da empresa e que o uso de seus softwares passasse a ser pago pelas empresas que o desejam, o que permitiu a integração do ChatGPT ao Bing, o motor de busca da Microsoft. Perante o risco de que as pesquisas na web se tornassem pelo menos parcialmente supérfluas (o ChatGPT dá respostas prontas e, por assim dizer, realiza as pesquisas por nós), o Google, que controla cerca de 95% da "*search*" (enquanto a Microsoft controla apenas 3%), decidiu reagir criando sua própria IA generativa chamada "Bard".

155, o que o coloca entre o 1% da população mundial, sendo sua compreensão da linguagem natural superior à de 99% dos humanos que fazem o mesmo teste... Na verdade, essa máquina comporta-se como se compreendesse o que lhe dizem e o que ela escreve, como se fosse capaz de consciência e de pensamento, o que no entanto não é o caso, sendo seu funcionamento puramente estatístico, e embora suas respostas nem sempre sejam grandiosas (mas, honestamente, as dos humanos são sempre grandiosas?), elas oferecem no mínimo uma base de trabalho bastante aceitável. Conheço alguns estudantes que, ao adotarem a técnica das perguntas complementares que enriquecem a primeira resposta do ChatGPT, e depois refinando-as um pouco, concluíram a dissertação de mestrado *cum laude* graças a ele, sendo o plágio quase indetectável. Além disso, lembrarei a meu leitor que, embora o ChatGPT ainda cometa erros, ele já se mostrou capaz de ser aprovado em exames de Direito, de fazer em poucos segundos a prova de física para entrar na Faculdade de Engenharia, sendo que estudantes "humanos" levam várias horas e uma parte significativa deles não é aprovada... Se acrescentarmos que o ChatGPT é ainda um bebê, que mal equivale a uma criança de 3 anos, que nos próximos anos irá se desenvolver e avançar exponencialmente, sobretudo ao se conectar à internet, portanto à atualidade, e corrigindo praticamente todos os erros que ainda comete por causa dos que estão em suas bases de dados, compreenderemos que seu acoplamento a um metaverso dará asas a este último ao multiplicar as capacidades técnicas de diálogo e de interação com os humanos.

O principal perigo dos metaversos para os "metaversianos"

Os perigos ligados à falta de regulamentação dos metaversos serão ainda mais numerosos[68], e as inquietudes ligadas à previsível e decerto pouco evitável proliferação das *deepfakes* e dos roubos de identidade que estas novas tecnologias permitirão são mais do que legítimas, pois será fácil criar muitos avatares que terão seu rosto, sua voz e que poderão dizer o que bem entenderem. Já foram encontradas inúmeras *deepfakes* na internet que roubam rostos e vozes de atores conhecidos e os exibem à revelia em filmes pornográficos, por exemplo. Alguns vídeos chegaram a ponto de mostrar Obama insultando Putin e Trump com um rosto e uma voz que eram simplesmente indistinguíveis dos verdadeiros para um observador que não dispõe das tecnologias sofisticadas. Podemos imaginar os danos que manipulações desse tipo poderiam causar, tanto a indivíduos particulares cuja reputação poderia ser permanentemente arruinada (é mais fácil lançar *fakes news* do que as corrigir depois de terem circulado nas redes sociais) quanto a figuras públicas ou responsáveis políticos. O fato é que para todos os tipos de criadores, para artistas, escritores, cineastas ou os autores

---

68. Como observam Dominique Nora e Boris Manenti no artigo da revista *L'Observateur* que já citamos: "O que está em jogo na governança e regulamentação dos metaversos é a soberania dos estados-nação. [...] Quem garantirá a identidade dos 'metaversianos'? Quem regulará as criptomoedas desta metaeconomia? Quem policiará os metacriminosos, os meta-agressores, os metapedófilos, os metatrolls? Quem garantirá o respeito à privacidade, aos direitos de propriedade ou à propriedade intelectual nestes novos espaços privados e globais?" Perguntas vertiginosas, de fato, e ainda longe, muito longe de terem respostas.

de peças de teatro, os metaversos vão se tornar parques de diversão (e de comércio...) insubstituíveis. Se eu fosse diretor e roteirista, começaria a me interessar agora mesmo pelas possibilidades quase infinitas que o acoplamento entre metaverso, inteligência generativa e clonagem de voz vai oferecer em breve.

O fato é que o maior risco, na minha opinião, é o dos efeitos de uma fuga da realidade sobre o psiquismo das nossas crianças bem como no dos adultos. É evidente que os metaversos, quando estiverem aperfeiçoados, correm o risco, pelas razões já citadas (busca da felicidade imediata e lucros rápidos), de se tornarem uma droga, de se transformarem numa adicção. Ora, é grande o perigo de que, depois da adicção ao virtual, o regresso à realidade seja devastador no plano psíquico, em particular para nossos adolescentes que já passam em média quase duas horas por dia vendo vídeos mais ou menos estúpidos no TikTok. O que acontecerá quando seu avatar retornar à terra como um meteorito que se fragmenta e se pulveriza ao entrar na atmosfera? Acontecerá então com nossas vidas nos mundos virtuais o que acontece com esses sonhos despertos sobre os quais Freud dizia acertadamente que de tanto os cultivar em demasia eles acabam abrindo o caminho para a neurose, podendo a doença mental ser definida como uma fuga do real. Como Perrette com seu jarro de leite, inventaremos vidas imaginárias e as histórias que contaremos só terão como finalidade realizar na ficção certos desejos frustrados na realidade. A fábula de La Fontaine dá uma boa ideia da estrutura potencialmente patológica da imersão no imaginário. O fato de que o jarro de leite acabe se quebrando (de o devaneio terminar em algum momento num fracasso) é estrutural, ligado em essência à natureza mais profunda do sonho desperto. Alguns versos da fábula nos trazem uma lição sobre a qual ainda podemos meditar:

> Que espírito não divaga?
> Quem não constrói castelos de areia?
> Picrochole, Pirro, a Leiteira, enfim todos eles,
> Tanto os sábios quanto os tolos?
> Todos sonham acordados, não há nada mais doce:
> Um erro lisonjeiro arrebata-nos então as almas:
> Todo o bem do mundo nos pertence,
> Todas as honras, todas as mulheres [Tradução nossa][69].

Certamente, todos os humanos "sonham de olhos abertos", sonhos de amor e de conquista, de vingança, de êxito social..., mas ao chegarem à idade adulta é melhor não abusar deles porque a realização imaginária de desejos frustrados acaba sendo pouco saudável. Este é o imenso perigo que os metaversos representarão para os adictos do virtual. Quando os narcisos transformados em super-heróis regressam à terra depois de terem vivido experiências fabulosas em total imersão e em três dimensões, vão se encontrar na situação

---

69. Quel esprit ne bat la campagne?/Qui ne fait châteaux en Espagne?/Picrochole, Pyrrhus, la Laitière, enfin tous,/Autant les sages que les fous?/Chacun songe en veillant, il n'est rien de plus doux:/Une flatteuse erreur emporte alors nos âmes:/Tout le bien du monde est à nous,/Tous les honneurs, toutes les femmes.

do bêbado que acorda de ressaca, ou mesmo do adicto em cocaína que se descompensa...

Pesadelo abominável para alguns (geralmente os mais velhos), utopia maravilhosa para outros (muitas vezes os mais jovens), não importa o que se pense, os metaversos associados aos NFT, às criptomoedas e ao avanço do blockchain abrirão muito em breve possibilidades de vida incríveis que educadores e pais deveriam considerar desde hoje se não quisermos que nossos filhos acabem passando a maior parte das suas vidas fora do mundo real.

8

As metamorfoses do turismo

Da descoberta do outro à descoberta de si mesmo

Em vez conseguir fugir de uma existência monótona para inventar para si uma "segunda vida" num metaverso, numa realidade virtual que não agradará necessariamente a todos, em particular aos mais velhos, pouco acostumados às alegrias do *gaming*, eles podem procurar a felicidade numa outra forma de evasão: o turismo. Por que não, por exemplo, se oferecer um cruzeiro – seus preços tornaram-se mais acessíveis – a lugares exóticos que vão mudar as realidades quotidianas e permitir ao mesmo tempo se "encontrar", se "centrar em si mesmo", em suas aspirações profundas, nesses desejos e necessidades que a vida quotidiana por vezes leva a esquecer ou a deixar para depois? Na verdade, como Raphaëlle Elkrief (2022) nos confidencia num artigo muito interessante da revista *Le Figaro* eloquentemente intitulado "Bien-être et yoga, la nouvelle vague des croisières "wellness" [Bem-estar e ioga, a nova onda de cruzeiros de "bem-estar"], estamos vivenciando uma importante evolução no campo do turismo, evolução essa que você poderá medir até que ponto está diretamente ligada ao que descrevemos nos capítulos anteriores deste livro:

> Há vários anos os iogues, amadores ou experientes, tomaram conta do espaço público e das redes sociais. Agora instalam-se nos pontões dos navios de cruzeiro que parecem rumar para uma nova tendência, a do bem-estar e da desconexão. Desse modo, novas escapadelas, centradas no bem-estar, no ioga e na meditação, surgiram no catálogo dos grandes nomes dos cruzeiros para o ano de 2023.

E para ilustrar seu diagnóstico, Raphaëlle Elkrief passa a palavra a Christel Hancy, responsável pela escolha dos temas dos cruzeiros da famosa Compagnie du Ponant: a bordo do magnífico navio *Le Dumont d'Urville*, agora não é mais o caso, ela explica, de convidar cientistas, filósofos, cientistas políticos ou especialistas em mídia, e sim de oferecer aos passageiros uma "odisseia espiritual", de permitir durante as escalas a prática "da caminhada em consciência plena" [*sic!*], ou ainda de desfrutar no decorrer da viagem de "ateliês de ioga".

A companhia recrutou portanto uma especialista, Élodie Garamond, fundadora do Tigre Yoga Club, que tem filiais em Paris, Saint-Tropez e Deauville. De acordo com ela, o cruzeiro presta-se admiravelmente à "meditação de atenção plena", ao ioga e à procura do bem-estar, bem como à "conexão com seu eu profundo", pois como ela nos diz:

> [...] viver com o som das ondas, o sopro do vento num navio é ideal para fazer um retiro. [...] O cruzeiro permite desconectar e aceder a esta dimensão mais interior que já não é solicitada o suficiente nos nossos ambientes urbanos. Em essência, o ritmo do barco é perfeito para entrar em sintonia com nossa natureza cíclica.

Estamos então nos antípodas do turismo à moda antiga, seja uma viagem de estudo, de descoberta, ou mesmo uma viagem cultural onde os palestrantes deveriam abrir a mente dos passageiros, não para seu "eu profundo", e sim para as realidades do mundo exterior. Não é mais uma questão de se limitar às visitas de lugares exóticos, e menos ainda de se limitar às conferências destinadas a fornecer pontos de referência quanto à vida política, geográfica ou cultural dos países visitados, e sim de ir mais longe, de retornar a si mesmo, à sua interioridade e de visar a "conexão consigo mesmo". Se a viagem agora tem um sentido, é nesta nova perspectiva. "Conectar-se" com o mundo exterior não é mais um objetivo em si, apenas um meio, o essencial sendo muito mais conseguir "desconectar", como explica no mesmo artigo Marc Bonomelli (2022), autor de um livro cujo título é divertido, mas significativo, *Les nouvelles routes du soi* [As novas rotas do si][70]:

---

70. Jogo de palavras com La nouvelle route de la soie [A nova rota da seda] e La nouvelle route du soi [A nova rota do si], sendo que *soie* [seda] e *soi* [si] têm a mesma pronúncia em francês [N.T.].

> A novidade é esta sensação bastante compartilhada de perda de sentido no trabalho, esta impressão de perder a conexão consigo mesmo, e é através da viagem que se pretende redescobrir esta conexão com uma espécie de eu autêntico.

Boa viagem, então, rumo a seu umbigo! É neste espírito que se desenvolve o turismo "identitário" e "de gênero", por exemplo, viagens e hotéis reservados exclusivamente às mulheres, como as propostas pelo SHe Travel Club.

A história do turismo é fascinante a este respeito, ilustra de maneira esplêndida as metamorfoses da atualidade, evoluções neste caso diretamente ligadas à desconstrução das doutrinas sacrificiais, bem como à emergência das ideologias da felicidade centradas numa exaltação de Narciso. Para avaliar plenamente sua extensão, para compreender esta ruptura com as antigas finalidades do turismo, apresento-lhes uma breve retrospectiva.

Nas origens do turismo, a descoberta da alteridade

Ao contrário do lugar-comum, uma vez que nossa tendência natural é confundir viagem e turismo, este último nem sempre existiu. Aliás, a palavra "*tourist*" apareceu pela primeira vez só em 1800, na Inglaterra, com o desenvolvimento do então chamado "Grand Tour", a viagem "circular" porque *in fine* as pessoas sempre retornam para casa, uma aventura altamente recomendada aos jovens da aristocracia britânica que devem, para completar sua formação, ir à descoberta dos locais de alta civilização para ali se instruir e contemplar os tesouros da história e das artes. Certos relatos, como o encontrado no conhecido *Diário de viagem de Montaigne*, podem ser considerados precursores, mas foi somente em 1803 que a palavra foi usada pela primeira vez na França. Stendhal conferiu-lhe notoriedade ao publicar, em 1838, as *Memórias de um turista*, ensaio no qual relata suas andanças por diversas regiões do oeste da França.

Podemos distinguir rapidamente quatro fases principais na história do turismo. Depois do "Grand Tour" estudantil que acabo de mencionar, surge um turismo destinado à descoberta das culturas não ocidentais, das civilizações que em relação a nós são consideradas "exóticas". Esta evolução está certamente ligada, pelo menos em parte, à aventura colonial. Para além da lógica do imperialismo, é o início de um interesse pelos outros, pela alteridade dos costumes que queriam dominar. Em um terceiro tempo, desenvolve-se um turismo cultural que em certos aspectos poderia parecer o prolongamento da segunda fase, só que, olhando mais de perto, já se trata menos de descobrir os outros do que de enriquecer seus próprios conhecimentos, decerto pelo contato com civilizações diferentes da sua, mas ainda assim com um objetivo mais pessoal. Em uma quarta fase, a que vivemos hoje, esse movimento de recentramento de si acentua-se ainda mais e, como acabamos de sugerir, o turismo começa pouco a pouco a abandonar a alteridade em favor de uma cultura do bem-estar centrada na descoberta de si mesmo, de seu "eu profundo", pelo menos tanto, se não mais, do que a do outro.

Os desafios econômicos, sociais e ambientais do turismo são hoje simplesmente colossais quando levamos em consideração o fato de ele ter se tornado um fenômeno planetário, que envolve mais de 1 bilhão de pessoas e gera perto de 1.200 bilhão de dólares de receita, ou seja, 10% do PIB mundial. A partir do ponto de vista da história das ideias, Jean-Jacques Rousseau é com frequência considerado, e com razão, o primeiro praticante e o primeiro teórico do turismo. É importante compreender, com efeito, que as viagens antigas, a começar pela lendária viagem de Ulisses, podem ser tudo, menos "turísticas". Aliás, eis o que já se podia ler no verbete "turista" da edição de 1873 do *Dictionnaire Littré*:

> Turista: Refere-se a viajantes que só se dirigem a países estrangeiros por curiosidade e ociosidade, que fazem uma espécie de passeio em países habitualmente visitados pelos seus compatriotas. Utilizado sobretudo para viajantes ingleses na França, na Suíça e na Itália.

Ninguém jamais diria que o infeliz Ulisses viajava por prazer, por curiosidade e ociosidade! A mesma coisa, ou quase, na primeira edição do *Larousse* (1875), o primeiro dicionário a dedicar um longo artigo à definição do turismo, bem como à sua invenção:

> Na época das diligências e dos barcos para passeios, quase não existiam turistas. Havia apenas viajantes. [...] Apesar da falta de meios de comunicação fáceis, o século XVIII viu Rousseau dar o primeiro exemplo aos turistas graças às suas longas viagens a pé pela Suíça

> e pela Itália que ele realizava com uma sacola nas costas e a bengala na mão, alimentando-se de pão integral, laticínios e cerejas, como um verdadeiro filho da natureza.

Na verdade, foi no final do século XVIII, com o nascimento do Romantismo, que o turismo nasceu, e foi com o pensador genebrino, um dos precursores do Romantismo, que ele encontrou seu primeiro reconhecimento literário e filosófico.

Difusão e mercado turístico

Alguns, como Marin de Viry[71], quiseram estabelecer como data do surgimento do turismo de massa o ano de 1841, ano em que Thomas Cook, homem de negócios britânico e fundador da conhecida agência que levaria seu nome, organiza uma viagem de trem de Leicester a Loughborough para membros de uma sociedade antialcoólica. É a primeira vez, garante De Viry, que "reunimos as pessoas numa estação

71. Cf. seu livro *Tous Turistes* publicado em 2010. Marin de Viry é o arquétipo do aristocrata convencido de que "tudo está descambando", que a única coisa que está avançando é o declínio, a derrelição da "modernidade". Simpático às ideias de Philippe Muray, é certamente sobre o turismo de massa que seu espírito crítico gosta de se exercitar com acidez. Nesse sentido, o livro é o oposto do de Marc Boyer e é por isso que o escolhemos como um ponto de vista contraditório, uma espécie de contraponto. A tese elitista que ele defende em cada página não é menos interessante na medida em que se apoia numa periodização histórica que vai do turismo aristocrático em voga no século XVIII entre os jovens nobres britânicos até o turismo popular que ele execra, passando pelo turismo burguês do século XIX, no qual ele vê basicamente apenas uma tentativa fracassada de imitar a aristocracia. O livro, muito ideológico, mas ainda assim erudito, é interessante por incluir numerosos exemplos para apoiar suas análises.

de trem, que as contamos, que verificamos se estão na lista, que desenvolvemos um programa"[72]. O que é ao mesmo tempo correto... e completamente errado. Viry aqui confunde viagem organizada e turismo de massa. Se o segundo implica quase sempre a primeira, o inverso não é verdadeiro, e por uma razão essencial: será preciso esperar as férias remuneradas, que só terão realmente efeito no pós-guerra, para que as classes trabalhadoras possam considerar "maciçamente" a viagem turística. É, portanto, nos anos de 1960 que o turismo de massa vai realmente se expandir, com a proliferação dos guias (*Guide Michelin, Guide du Routard, Guide bleu, Gault e Millau* etc.), mas também com a das agências de viagens, dos "operadores turísticos", das viagens organizadas, das empresas como a de Gilbert Trigano (Club Med), que a série *Les bronzés* [Os bronzeados] (1978) vai tanto valorizar quanto caricaturar com humor. A isto somam-se ainda alguns elementos que vão explicar a democratização do turismo: a elevação do nível de vida, o desenvolvimento do automóvel e das infraestruturas rodoviárias, o dos transportes aéreos baratos (voos "charter"), o da cadeia de hoteleira de grande capacidade, *resorts*, viagens em "pacote com tudo incluído". O e-turismo irá se desenvolver um pouco mais tarde, quando a internet oferecer banda larga, mas é também e sobretudo o fim do comunismo, nos anos de 1990, a abertura da China, da Rússia e dos países do Leste que vão impulsionar o turismo a partir de países onde era pura e simplesmente

72. Cf. Entrevista realizada por Eugénie Bastié com Marin de Viry para a revista *Le Figaro* de 25 de julho de 2014.

proibido durante a "cortina de ferro". É então, e só então, que as viagens turísticas se massificam e se diversificam.

Os números confirmam, e são eloquentes. Em 1950, apenas 25 milhões de turistas cruzaram a fronteira do seu país. Eram 500 milhões nos anos de 1990, a marca do bilhão foi ultrapassada em 2012 e foram 1.322 bilhão em 2017, segundo dados da OMT (Organização Mundial do Turismo). A Europa acolhe então 671 milhões de pessoas, ou seja, a metade do fluxo turístico. As receitas do turismo crescem proporcionalmente: 2 bilhões de dólares em 1950, 104 bilhões em 1980, 495 bilhões em 2000 e 1.260 bilhão em 2015, ou seja, 10% do PIB mundial! As dez cidades mais visitadas do mundo são então, por ordem: Paris, Londres, Nova York, Antalya (na Turquia), Singapura, Kuala Lumpur, Hong Kong, Dubai, Bangkok e Istambul. Ao longo desse desenvolvimento exponencial, as viagens turísticas assumem múltiplos novos significados e diferentes dimensões: turismo de memória, turismo de saúde, turismo religioso, enoturismo, turismo social com a criação do Bits (Bureau international du tourisme social), em Bruxelas em 1963, turismo fluvial, turismo de caça, turismo de pesca, cruzeiros de longa distância nessas novas cidades flutuantes que são os transatlânticos modernos, turismo verde, *camping* popular, *camping* chique, turismo em família, em grupos, com amigos e até turismo sexual que os livros de Michel Houellebecq aliviaram em parte a culpa ao evocar de forma franca as experiências que ele permite... Em suma, todos devem ser capazes de encontrar a tampa para sua panela em função de seus desejos e de seus meios.

As motivações que os países e as empresas devem explorar para atrair a clientela são, portanto, também cada vez mais diversas: saúde, boa forma, prazer, aventura, caça, pesca, cassino, curas termais, descobertas naturais, zoológicas, históricas, étnicas... Evidentemente, aquilo que os sociólogos, desde os trabalhos de Pierre Bourdieu, chamam de "distinção" desempenha um papel importante na oferta e na procura. Está fora de cogitação, por exemplo, para uma elite burguesa "distinta" se misturar com os milhares de passageiros de um cruzeiro Costa que, pelo contrário, fará as delícias das classes sociais com preferências mais simples e rendimentos mais modestos graças à diversidade de atividades lúdicas, mas também às possibilidades de encontros que ele oferece a todos. O desenvolvimento do turismo de massa é ainda acompanhado de um fenômeno notável, de impacto econômico considerável, ou seja, a passagem do sazonal para o "em qualquer estação". Hoje as pessoas vão tanto no inverno como no verão para o mar ou para a montanha. Os Alpes, que no século XIX só era visitado no verão, tornaram-se um destino preferido de inverno com a invenção dos esportes praticados na neve, principalmente o esqui, pelos noruegueses. Ao contrário, o Mediterrâneo, que só era visitado fora dos meses de verão, considerados muito quentes e ensolarados, torna-se o Mediterrâneo do veraneio.

Há ainda uma palavra a dizer sobre o papel desempenhado pelos chamados "*gatekeepers*", figuras públicas que "inventam" um lugar e despertam o desejo de "estar lá": Picasso, os pintores cubistas e os surrealistas em Saint-Paul-de-Vence, Brigitte Bardot e a "turma de Vadim" em Saint-Tropez com um filme como *Et Dieu créa la femme* [E Deus criou a mulher] (1956), um filme *cult* que estabelece o imaginário turístico do "*see, sex and sun*" e faz a glória a Saint-Tropez nos anos de 1960. Cannes e Juan-les-Pins são "lançadas" nos anos de 1920 e 1930 com personalidades como Hemingway, Scott e Zelda Fitzgerald, mas também pelos membros da família real da Inglaterra. Muito recentemente, a série *Game of Thrones*, assistida por centenas de milhões de pessoas, provocou um verdadeiro entusiasmo turístico por alguns dos locais onde foi filmada, sobretudo na Espanha, na Índia e no Marrocos, para onde centenas de milhares de visitantes afluíram. Dubrovnik, onde também foram filmadas algumas cenas da série, viu sua frequentação aumentar de tal forma que as autoridades locais simplesmente tiveram de introduzir em 2017 quotas diárias de visitantes – o que confirma as análises segundo as quais o mercado do turismo depende mais de dados culturais relativamente contingentes do que de características naturais ou históricas intangíveis.

Os críticos do turismo

O turismo de massa iria despertar, como era de se esperar, reações de rejeição, uma espécie de "turismofobia" por parte das populações locais que com ele tanto se beneficiam financeiramente quanto padecem em relação à tranquilidade, estilo de vida e meio ambiente. Além do mais, ao contrário da viagem de aventura, hoje admirada como demonstra por exemplo o sucesso dos livros de Sylvain Tesson, o turismo nem sempre é bem considerado. A própria palavra é na maioria das vezes usada na linguagem cotidiana de maneira negativa. Quando um professor pergunta a um aluno se ele veio para a aula "como turista", não é um bom sinal. Na verdade, o turismo dá origem a três grandes tipos de críticas por parte dos ecologistas, dos autóctones e, de forma mais geral, dos depreciadores da modernidade.

– *Entre os ecologistas*, eles denunciam a destruição dos modos de vida tradicionais, o consumo excessivo, a exploração excessiva dos recursos locais (caça, pesca, coleta de espécies raras, de animais empalhados, de mariscos etc.), a destruição dos ecossistemas, a exploração dos países pobres pelos países ricos, mas também a prostituição e a "folclorização" ou o "consumo de costumes tradicionais", a que se acrescentam uma produção exponencial de resíduos, um consumo aberrante de água e de energia, a poluição, as emissões de gases de efeito estufa, primeiro pelos transportes aéreos (o turismo representa 60% do tráfego!), mas também pelos ônibus turísticos e os navios de cruzeiro. Os casos de Veneza, Aldabra nas Seychelles ou da Baía de Along, que em 2019 receberam 15 mil visitantes por dia contra 7.500 em 2016, são citados como típicos dos vários tipos da poluição causada por estas fábricas turísticas representadas por determinados navios de cruzeiro.

– *Entre os autóctones*, o turismo de massa desperta dois tipos de reações, umas violentas, outras tanto mais preocupadas com a regulamentação porque o turismo é, apesar de tudo, uma fonte de rendimento incomparável em certas regiões. Por isso que vemos em Veneza, em Barcelona ou em Dubrovnik placas "*Tourists go home!*", já o País Basco e a Córsega recorrem a medidas por vezes mais explosivas... Do lado da regulamentação, as autoridades locais procuram limitar os fluxos de turistas estabelecendo quotas quanto ao número de pessoas nos locais mais visitados, implementando acessos pagos, limitando a construção de hotéis e de novos edifícios, o número de noites Airbnb etc.

– *Entre os depreciadores da modernidade à maneira de Philippe Muray, como Marin de Viry*, um nostálgico da viagem aristocrática de estudo e de descoberta que critica o turismo de massa por ser "autofágico", por se devorar a si mesmo, por matar a galinha dos ovos de ouro, seu suposto amor pelo planeta levando a seu esgotamento impiedoso. De Viry vê nessa massificação lúdica e hedonista da viagem apenas um dos aspectos, entre muitos outros, do declínio do Ocidente moderno, ou mesmo, como sugere o título de seu livro, o puro e simples fim da viagem como tal. Sua tese principal apoia-se em sua análise da diferença entre o século XVIII aristocrático, o século XIX burguês e o século XX popular[73],

---

73. Assim em ligação com "tudo está descambando", ele diz numa entrevista para a revista *Le Figaro* de 17 de agosto de 2017: "O turismo já não tem nada a ver com suas raízes. Quando nasceu, no século XVIII, era a experiência pessoal de um homem de 'condição', uma viagem iniciática durante a qual ele tinha de confrontar sua honra com mundos que não eram o seu, um meio de atingir a maturidade, em suma. [...] No século XIX, tudo muda: o burguês quer se relacionar com o aristocrata através da viagem, que se torna então uma forma de mimetismo estatutário. Com a época contemporânea, temos uma total ruptura do turismo com suas raízes intelectuais. Ali onde viajar era uma necessidade, no século XVIII, para se tornar um homem, para se formar, para aperfeiçoar sua alma e sua inteligência, ele torna-se algo estatutário no século XIX, e uma simples forma de se divertir hoje em dia. É uma modalidade da festa permanente, que se tornou banal. [...] O turismo contemporâneo é a

para ele uma evolução desastrosa durante a qual o turismo teria substituído a ideia de um aperfeiçoamento humano pela única preocupação com o entretenimento, o relaxamento e o prazer.

A revalorização do turismo pelo bem-estar: da descoberta dos outros à descoberta de si

Na verdade, depois de conhecer um real interesse pelos cruzeiros culturais, pelos seminários e pelos congressos onde deveriam se aprimorar, é o turismo do prazer, da boa forma física e da busca de si que hoje claramente tomou o lugar das etapas anteriores. A revista *Le Figaro*, que justamente se interessou pelo assunto, a ele retorna num artigo de Marine Sanclemente (2022) dedicado à expansão fulgurante deste conhecido "turismo do bem-estar". Segundo uma pesquisa realizada pela empresa McKinsey, 79% das pessoas questionadas consideram que o bem-estar é o objetivo principal, e para dizer a verdade definitivo, do tempo livre, e 42% fazem dele sua "prioridade absoluta". É evidente que os organismos de turismo, as empresas de cruzeiros, as redes hoteleiras, as estâncias de férias ou as agências de viagens compreenderam a mensagem. Como o filão já é conhecido por todos, eles oferecem aos clientes estágios que associam tempo livre e cuidado de si. Desse modo, um grande hotel, o Mandarin Oriental, propõe a seus hóspedes inúmeras "atividades de bem-estar", desde estágios da inevitável "meditação de atenção plena" ao

---

concretização do divertimento pascaliano. O mundo moderno é uma 'conspiração contra todo tipo de vida interior', escrevia Bernanos. Acredito que o turismo é uma das modalidades de destruir a vida interior".

ioga, passando pela descoberta das técnicas ayurvédicas destinadas a atingir um estado de "samatva". Julie Quéron, fundadora do Nouveaux Bosseurs, empresa comprometida com a luta contra as mazelas profissionais, observa que "cuidar de si tornou-se uma necessidade, e isso começa quando se tem tempo livre, portanto principalmente nas férias", o turismo mudando então de sentido e de destino: já não se trata de descobrir a alteridade de um universo exótico, de tentar compreender culturas diferentes ou de aprender elementos que afetam o mundo exterior e os outros, e sim de retornar a si mesmo. Émilie Briand, docente na Sciences Po Paris que se define como uma "logoterapeuta" (?), esclarece que o cuidado de si não é de forma alguma um capricho passageiro, mas pelo contrário "uma onda irresistível que responde a um desafio de proteção do que chamamos de ecologia individual", uma noção destinada a orientar os princípios fundamentais da ecologia, não mais para a proteção do mundo exterior, do planeta, mas de seu ego a partir do momento que se percebeu que é também no campo do si mesmo, e não apenas no do meio ambiente, que "nossos recursos também não são ilimitados, que não podemos mais viver a crédito", de modo que, segundo ela, estaria mais do que na hora de "desacelerar assim que possível", o que, como já compreendemos, sinaliza discretamente para o *quiet quitting*.

O artigo da revista *Figaro* sugere então alguns "bons endereços", por exemplo o da Maison de sens cuja proposta é "sair do *burn-out* em cinco dias", *coaching* e pensão completa incluídos, pela módica quantia de 1.050 euros, enquanto um retiro de 2 a 4 de junho em Fonscolombe custará a partir de

2.200 euros... Muitos estágios podem oferecer, sob a égide de *coachs* autoproclamados, estadias "ultrapersonalizadas"; trata-se afinal do cuidado de si, onde a pessoa aprenderá enfim a respirar (faz 72 anos que consigo fazê-lo sozinho, mas tenho certeza de que antes de me fornecer seus conselhos iluminados um *coach* me explicaria que eu não fazia da maneira correta...). Ela também receberá uma "neuronutrição" (?), tudo intercalado, como de praxe, com cursos de desenvolvimento pessoal e de psicologia positiva. O artigo da revista *Figaro* cita então as palavras de uma psiquiatra, Aurélia Schneider, que nos convida a "lutar contra os velhos padrões que nos impedem de não fazer nada", como se o "não fazer nada" pudesse se tornar um objetivo em si e a preguiça o novo ideal da época, como se há algum tempo, na verdade desde os anos de 1960, já não fôssemos convidados a abandonar as tropas dos "prisioneiros do trabalho que morrem cedo", como se nossa tendência mais natural não fosse desde o início dos tempos à preguiça...

Para seguir essa lógica até o fim, proponho aos pais e aos professores da educação positiva, bem como aos ministros da Educação tão preocupados com o bem-estar dos alunos, em suma, a todos os pedagogos que "desconstruíram" os "velhos padrões", que enviem esta mensagem, moderna e forte, a todos os alunos do ensino médio: "Sobretudo, não exagerem, não se cansem, não busquem sobretudo a excelência e, acima de tudo, aprendam enfim a não fazer nada, a não trabalhar! É difícil, eu sei, mas dediquem-se, e tenho certeza de que vocês vão conseguir..." Mas tem um senão, receio que a lição já foi aprendida, que é um tanto desnecessária, uma vez que o tempo dedicado ao *gaming* e às telas já é muito maior do que o dedicado ao estudo. Um *coach* de educação positiva me garante, no entanto, que sempre podemos progredir, superar ainda mais os obstáculos que ainda nos impedem de conseguir enfim não fazer nada… Agora vamos ver como e por quê.

9

As metamorfoses da educação

Da meritocracia republicana à educação positiva, ou da busca da excelência à da imperfeição

Se realmente quisermos que o primeiro dos três porquinhos do conto prevaleça sobre o terceiro, então o que deve ser "desconstruído" é toda a lógica da educação tradicional. Portanto, é também no contexto escolar, e não somente na perspectiva de uma reforma das aposentadorias, que não é mais possível subestimar a "insalubridade do trabalho", *a fortiori* aceitar a parcela de tédio e de frustração, ainda que pouca, que a aquisição de novos conhecimentos sempre impõe em maior ou menor grau. Aliás, se o único objetivo da educação é o bem-estar de uma criança já sacralizada, é preciso acabar com esta pretensa autoridade que os adultos se atribuem como se seu mundo fosse superior ao das crianças. É nesse espírito "progressista" que um artigo da autora Tarisayi de Cugnac intitulado "Éducation positive. Les 5 clés pour comprendre [Educação positiva. As 5 chaves para a compreensão]", e publicado em seu site intitulado "My Kid is Happy" [Meu filho é feliz] (um programa tentador, pois quem desejaria que seu querido filho fosse infeliz?), esmiuça as rupturas que convém realizar com "nossos velhos reflexos educativos". A autora em questão apresenta-se como uma "formadora na Disciplina positiva certificada pela Dra. Jane Nelsen e Lynn Lott, as fundadoras desse método". Observemos então que essa pretensa "certificação" não tem evidentemente nem significado nem *status*: não é nem um diploma do Estado nem uma certificação profissional emitida por uma escola com certo reconhecimento. Ela nos garante, no entanto, evocando, como sempre se faz nesse tipo de literatura, seu "caso pessoal", que, graças à "educação benevolente", ela "passou de 80% de estresse educativo a 80-90% de verdadeira alegria educativa!" Como se opor? Quem realmente desejaria uma educação negativa e hostil? Nesse artigo, Tarisayi de Cugnac, totalmente comprometida com as ideologias da moda, convida-nos a "desconstruir nossos reflexos educativos" herdados do passado, a "substituir a disciplina pela autodisciplina", a utilizar suas "ferramentas de parentalidade que substituem punições por jogos" (como se os dois se apoiassem na mesma lógica!), a "Disciplina positiva, que não se considera nem permissiva nem autoritária, que não utiliza grito, punição, chantagem, ameaça ou recompensa". Para tanto, basta que a "relação entre pais e filhos seja igualitária com o objetivo de respeitar as necessidades de cada um", pois os adultos devem parar de pretender que "sabem mais" e, claro, é altamente desejável se inscrever num estágio para sair enfim da escuridão e entrar na luz…

Primeira recomendação da educação positiva: sobretudo, não discipline seus filhos! É sério?

Com efeito, esta é, nessa perspectiva "moderna" e "inovadora", a primeira e principal recomendação desse avatar da "renovação pedagógica" herdada de Maio de 68 e dos princípios da psicologia positiva aplicada. Como acabo de mencionar, ela é também chamada de "educação benevolente", o que permite culpabilizar, de maneira bastante delicada e implícita para permanecer conveniente, aqueles que por estarem tão enraizados no passado ainda continuam presos ao que lhes foi ensinado na juventude, coisas velhas que esta nova pedagogia ancorada nas tendências e na moda da desconstrução pretende liquidar. Para se legitimar e impressionar os pais que, como todos os pais no mundo, encontram algumas dificuldades com seus filhos, a educação "positiva e benevolente" apresenta-se evidentemente como "científica", apoiada solidamente nos "últimos avanços da neurociência" (e sempre citando-os da maneira já bem comprovada na psicologia positiva, ou seja, "os estudos mostram que...", "os pesquisadores provaram que..."). Ela coloca assim aqueles que não estão convencidos numa posição *a priori* de fraqueza: a menos que você seja realmente uma pessoa má ou senil, insensível ao progresso, recusar os princípios inovadores da educação positiva e benevolente equivaleria, conscientemente ou não, a querer conservar aqueles de uma educação bastante negativa e hostil porque ainda acredita nas virtudes da disciplina...

Também aqui, não pense que estou exagerando, que estou caricaturando. Muito pelo contrário, ainda estou aquém da verdade, como comprova, entre muitos outros, o já mencionado e indescritível livro de Fabrice Midal, *Foutez-vous la paix!* Nele há um capítulo realmente intitulado: "Cessez de discipliner vos enfants!" [Pare de disciplinar seus filhos!], no qual podemos ler o seguinte, e que nos deixa confusos:

> Quando ordenamos a uma criança que vá para seu quarto, acreditamos que, na solidão, ela vai refletir sobre seu comportamento e compreender que errou. Claro que não é isso o que acontece. A criança vai se isolar e remoer a injustiça dessa punição e se entristecer, não com seu comportamento, mas com a injustiça de seus pais (Midal, 2017).

O problema é que essa pretensa análise é falsa, simplesmente falsa. Primeiro, por que confundir punição com injustiça? Se a punição – neste caso fisicamente não violenta – for adequada, se for ao mesmo tempo justificada e proporcional ao erro cometido, a criança, que não é necessariamente tão estúpida quanto Midal acredita, irá logo compreender. Ela superará com bastante rapidez a frustração que causa a raiva e evitará com certeza recomeçar já no dia seguinte. Ao contrário do que sugere este absurdo princípio de educação positiva, o que importa aqui não é a punição em si, é a questão de saber se ela é justa ou injusta, proporcional ou não, pois de fato, muito cedo, as crianças adquirem um forte sentimento de justiça, um sentimento que os contos de fadas e a literatura infantil desde sempre valorizam. Bem lá no fundo, elas sabem muito bem se, sim ou não, "fizeram uma besteira", e se for o caso, é indispensável demonstrar certa autoridade para que compreendam a noção de lei e possam um dia ingressar no mundo dos adultos. A disciplina, quando praticada de maneira inteligente, não se opõe de forma alguma nem ao amor, nem à justiça. Na verdade, é exatamente o oposto, e as crianças sabem disso muito bem, desde que apliquemos as regras que estabelecemos de maneira razoável e sensata.

Três grandes princípios devem servir de guia para uma educação bem-sucedida: o amor, a lei e os grandes livros ou, se quiser, e em relação à nossa cultura ocidental, o elemento cristão, o elemento judaico e o elemento grego. Sem o amor, uma criança não terá esta capacidade de se recuperar das dificuldades da vida que Cyrulnik chama com razão de "resiliência". Sem a lei mosaica, esta conhecida "disciplina" que nossos modernistas querem "desconstruir", ela não terá acesso ao universo do "simbólico", ao espaço público e coletivo da cidade dos adultos. Mas sem os livros (e é na Antiguidade que surgem os gêneros literários), a criança não conseguirá compreender-se a si mesma, nem apreender o mundo que a rodeia. Será privada dos esquemas intelectuais mais poderosos, aqueles que permitem se localizar no universo social e afetivo, mas também, ainda mais profundamente, se humanizar. O amor, a lei, os livros: é isso o que a educação e o ensino devem transmitir tanto quanto possível complementando-se. E essa transmissão pressupõe evidentemente amor, autoridade e estudo.

Em sua obra *Sobre a pedagogia*, Kant explicou de maneira clara por que a disciplina, o momento mosaico, se preferir, era indispensável para a humanização da criança; na verdade, segundo o filósofo, é ela que:

> [...] transforma a animalidade em humanidade. Por seu instinto um animal já é tudo o que pode ser, uma razão estranha já cuidou de tudo para ele. Mas o homem deve usar sua própria razão. Ele não tem nenhum instinto e ele mesmo deve determinar o plano de sua conduta. Ora, uma vez que ele não é imediatamente capaz de fazê-lo, mas, pelo contrário, vem ao mundo por assim dizer em estado bruto, é preciso que outros o façam para ele.

Duas ideias fortes, aliás de uma profundidade abissal, neste trecho, ideias que a educação positiva tenta a todo custo nos fazer abandonar em nome do sacrossanto "bem-estar" da criança. Primeira ideia, o animal é de imediato guiado por um software que é o da natureza, já o filhote do ser humano é, ao contrário, um ser de historicidade, o que significa que no início ele ainda não tem nada de definido, de determinado. Segunda ideia: a disciplina é, portanto, vital para ele, no plano negativo para que compreenda e aceite a existência de limites, e no plano positivo para que entre no processo infinito da perfectibilidade, de uma educação que poderá durar ao longo de toda sua vida enquanto estiver com boa saúde – uma historicidade infinita, pois, que o animal desconhece, uma vez que é quase de imediato, pelo menos depois de algumas semanas ou na pior das hipóteses de alguns meses, tudo o que será pelo resto da sua vida. Renunciar à disciplina seria, portanto, renunciar à humanidade da criança, e nesse sentido, como sempre, o inferno está cheio de boas intenções. Se os ouvíssemos, os conselhos cheios de delicadeza e de gentileza da educação positiva simplesmente virariam uma catástrofe.

Colocar a criança e o adulto em pé de igualdade, buscando sempre compromissos em caso de conflito. É sério?

Em vez de refletir sobre a questão fundamental dos vínculos entre a lei, a punição e a justiça, a educação positiva cai numa armadilha ao acrescentar à recusa de qualquer disciplina que não seja a autogerida dois princípios fundamentais ainda mais insensatos, na verdade dramaticamente prejudiciais: que a criança e o adulto sejam colocados em pé de igualdade e que você procure sempre "compromissos" em caso de conflito com um de seus filhos, como se estivesse diante de um sindicato e estivesse negociando! Razão pela qual encontramos no site "Passeport Santé" um artigo intitulado "Dix choses à savoir sur l'éducation positive [Dez coisas que você deve saber sobre a educação positiva], um texto como sempre recheado com essas fórmulas que acabam se tornando insuportáveis do tipo "as pesquisas em neurociência mostram que...", "os estudos dos pesquisadores mostram que...", sem qualquer referência a algo que pudesse apoiar ou mesmo confirmar essas afirmações. Para não irritar o leitor já no início, o autor tem o cuidado de indicar que não se trata de ser "permissivo", pois a criança precisa de regras... mas a continuação do texto esclarece tão logo que elas nunca devem ser impostas em nome da autoridade dos pais! Seguem então dois exemplos bastante saborosos da maneira como uma mãe ideal deve se comportar. A criança decorou com muito esmero a parede do quarto com canetas coloridas? Sobretudo, não a repreenda, mas diga-lhe isto que é benevolente e positivo: "Você desenhou nas paredes? É um belo desenho, você é muito talentosa. Mas prefiro que desenhe numa folha de papel". Tão fácil... À noite, vermelha de raiva, ela jogou o prato cheio de purê de batatas no chão da cozinha. Em vez de gritar, a mãe deve lhe dizer que está triste porque "passou muito tempo limpando a cozinha, e depois deve lhe perguntar como poderia se desculpar, e a criança, compreendendo que a entristeceu, compreende que não foi uma boa ideia". Nossa, como é simples! Como é fácil! Uma criança nunca é teimosa, nunca se opõe, nunca mostra um caráter difícil, de agressividade, de raiva, não, ela é sempre gentileza, inocência e bondade, ela sempre compreende o que lhe dizem e, em qualquer circunstância, está disposta a se corrigir...

Punição, lei, justiça e justeza

Em outras palavras: se a criança que pintou a parede do quarto tem 5 anos e o fez com total inocência, inclusive para agradar à mãe ou ao pai, nem é preciso dizer que repreendê-la e puni-la seria tão absurdo quanto injusto. É aqui que se encontra a questão fundamental, a da justiça e da proporção do castigo. Mas é possível, se ela for um pouco maior, se tiver por exemplo 10 ou 12 anos e se souber muito bem o que está fazendo, que tenha danificado a parede do seu quarto, não para agradar os pais, e sim para quebrar uma regra, opor-se aos adultos, talvez até se vingar de uma frustração que sofreu.

A situação é então completamente diferente, de modo que a questão da justiça, da resposta justa que deve partir, não dela, como gostariam os defensores apenas da "autodisciplina", mas dos pais, não pode e não deve ser a mesma do que no caso da criança de 5 anos. É preciso fixar a lei, impor sua autoridade, de forma razoável, claro, não para aliviar o adulto, muito menos por vingança, mas para o bem da criança, para que ela tenha a oportunidade de crescer, de vencer seus demônios; em suma, de se tornar um dia, para falar como o Pequeno Príncipe de Saint Exupéry, uma "pessoa adulta", que é e deve continuar a ser o objetivo último de toda educação.

No entanto, é isso que a educação positiva parece completamente incapaz de compreender, como mostra um recente artigo dedicado à "educação benevolente" no *Le Journal des femmes* ("Éducation [...]", 2023). O autor faz a pergunta que todo pai se faz mais dia menos dia: "Como punir a criança quando ela faz uma besteira?" E aqui está sua resposta:

> Quando a criança sente que fez algo errado, ela tentará compensar para corresponder às expectativas dos pais. Os pais, por sua vez, incentivam a criança a refletir sobre seu comportamento. Nessa modalidade de educação, não se fala de recompensas ou de punições: se a criança não se comporta corretamente, os pais explicam por que a atitude dela não foi correta e o que esse comportamento gera de transtorno. Em consequência, a criança pode escolher parar seu comportamento ou então procurar estabelecer um compromisso com os pais. Da

> mesma maneira, um comportamento positivo não deve resultar numa recompensa. Os pais explicam de maneira natural como apreciam o comportamento e o que estão sentindo. Os pais podem agradecer ao filho pelo seu comportamento e o prazer será compartilhado por ambos os lados.

Para ser sincero, penso exatamente o contrário. Sem mal-entendidos: sou decididamente hostil aos castigos corporais, bem como a qualquer forma de violência física, primeiro porque acreditar que se deve chegar a esse ponto para ser obedecido é sempre uma admissão de fracasso, depois porque crianças espancadas tornam-se adultos violentos – nesse ponto, pelo menos, concordo com a educação positiva. A verdade é que sou decididamente hostil aos "compromissos" (voltarei a isso) e, por outro lado, totalmente a favor das recompensas: elas ajudam de maneira poderosa a reforçar o sentimento de justiça nas crianças, são devidamente apreciadas e muito bem-vindas quando elas fizeram esforços reais na "direção certa", quer tenham ou não alcançado os resultados que esperavam. Na verdade, sou favorável a elas, não só na esfera privada da família, como também na esfera pública dos estabelecimentos escolares, e lamento profundamente que na França não sejam mais praticadas, nem na escola nem na universidade, aquelas cerimônias de entrega de prêmios ou de diplomas que ainda se realizam com muita distinção em vários países como a Suíça ou os Estados Unidos. Por outro lado, estou convencido de que é preciso evitar a todo o custo procurar sempre compromissos com nossos filhos. É melhor, antes de tomar uma decisão que estabeleça uma regra, por conseguinte também a proibição a ela associada, pensar duas vezes. Devemos ser capazes de aplicar um princípio sem dúvida simples na teoria, mas por vezes difícil de manter na prática: seu sim deve ser um sim e seu não deve ser um não! A menos que já estejam na idade adulta, ou que sejam pelo menos adolescentes mais velhos, não negocie, ou o mínimo possível, com crianças que ainda não saíram da pré-adolescência. Mais uma vez, elas não são sindicalistas! Procurar "arranjos" lhes dará o sentimento de que você não sabe o que quer, que não tem certeza da legitimidade ou da utilidade das regras que está tentando estabelecer; enfim, que o mundo dos adultos é frágil, incerto, portanto pouco confiável – uma armadilha a ser evitada a todo custo, o que supõe, desculpe por insistir, que já refletimos cuidadosamente sobre o que queremos, que estamos certos de que as regras que estabelecemos são justas e, além do mais, sustentáveis ao longo do tempo.

Os cinco erros fundamentais da chamada educação "positiva"

Em um artigo muito interessante que pode ser encontrado em seu site, Caroline Goldman, psicóloga infantil com doutorado e que lecionou durante 15 anos na universidade, analisa com muita pertinência os cinco pontos cegos, ou seja, os cinco erros fundamentais da educação positiva: 1) A confusão entre a necessidade de amor e a necessidade de limites; 2) A negação da agressividade; 3) A negação da diferença entre as gerações; 4) Os limites da aplicação concreta desta ideologia; 5) A instrumentalização culpabilizante de dados neurocientíficos. A parentalidade positiva finge acreditar que o ódio e a ambivalência (uma mistura de amor e de raiva) não existem. Os pais devem recuperar a autoconfiança tendo em mente que uma criança que é amada sabe disso profundamente. Ela nunca confunde pais que maltratam com pais mal-humorados. Não se trata de submeter a criança ao adulto, mas de iniciá-la na lei é uma necessidade. A educação benevolente é um mercado baseado na instrumentalização culpabilizante e grosseira de dados neurocientíficos. A culpabilização é a força motriz desse negócio. A educação positiva apresenta uma visão açucarada da vida para fins de *marketing*. A culpa dos pais é um mercado. Jogam com um sentimento que só precisa ser despertado para vender livros e estágios de parentalidade[74].

---

74. Com efeito, no relatório do ano de 2021 dedicado pela Miviludes à "chamada pedagogia positiva", lemos isto que vai na direção do que diz Caroline Goldman. Tal como ela, com efeito, a Miviludes afirma que "conseguiu observar nos últimos anos uma proliferação de práticas e de ofertas pedagógicas ditas "alternativas" cujo sucesso se deve ao fato de visarem dificuldades particulares – escolares, de inserção social ou de incapacidades – e à propaganda ofensiva das associações e das empresas de origens muito diferentes [...]. Algumas baseiam sua pretensão pedagógica e científica em rótulos e técnicas que elas criavam *ad hoc*. Além da ausência de avaliação pedagógica e científica, não são tanto as práticas ou os métodos em si que constituem um problema, e sim a utilização desviante que pode ser feita com eles. De fato, como em muitas práticas, os riscos de desvios estão estreitamente ligados ao uso feito pelo instrutor. Assim, o perigo observado atualmente pela Miviludes reside no amadorismo de determinados prestadores, na ausência de formação psicológica ou pedagógica dos instrutores e na falta de recuo crítico, tanto pedagógico como deontológico. O risco é ainda maior quando a prática se destina a menores sobre os quais o instrutor pode facilmente exercer forte influência [...]. Em geral, qualquer método apresentado como remédio universal deve ser tratado com grande vigilância, ainda mais quando ele pode apresentar um interesse econômico e/ou ideológico".

Essas observações parecem-me inteligentes, não apenas justas e profundas, mas, além disso, estão no limite do bom-senso. Permito-me aqui apenas acrescentar algumas observações que me parecem ir na mesma direção.

1. Inicialmente sobre a confusão entre a necessidade de amor e a necessidade de limites. As duas não são incompatíveis e, como dizem, uma criança que sabe que é amada compreenderá muito bem que o amor dos pais não vai desaparecer porque vez ou outra ficam zangados, e isto mesmo que "levantem a voz", o que, lamento me opor uma vez mais aos melosos princípios da educação benevolente, é às vezes indispensável! Em seguida, é completamente falso afirmar que os limites necessários à construção de si mesmo, pelas razões indicadas no texto de Kant já citado, podem ser adquiridos sem o impacto de uma autoridade exterior à criança, apenas pelos caminhos da autodisciplina.

2. Existe claramente, nos conselhos dados pelos educadores que se pretendem positivos e benevolentes, uma negação das realidades da agressividade infantil, que afinal acaba se revelando de uma inacreditável e culpada ingenuidade. Quando uma criança, vermelha de raiva, joga no chão seu prato de purê de batata, é insensato imaginar que podemos argumentar com ela usando palavras gentis. Até quando são muito pequenas, as crianças têm os mesmos defeitos nessa área que os adultos. Na verdade, são ainda piores, uma vez que ainda não possuem um superego bem sólido. Se os olhos furiosos das crianças de 2 anos fossem metralhadoras,

é bem provável que a humanidade já tivesse desaparecido há muito tempo. A menos que caiamos no mito da criança pura e inocente, a menos que acreditemos que todos nascemos bons, educados e civilizados por natureza, o que é evidentemente algo para lá de falso, é claro que os conflitos violentos nunca deixam de aparecer mais dia menos dia entre pais e filhos, sobretudo durante a adolescência. Fingir o contrário tem apenas um objetivo: fazer com que se sintam culpados.

3. A negação da diferença entre as gerações é um desastre. Não, crianças e adultos não devem ser colocados no mesmo plano. Sabemos coisas que elas não sabem nem de perto nem de longe, e é isso que justifica a necessidade de protegê-las e discipliná-las, como diz Kant, "do exterior", uma vez que, durante anos, elas são incapazes de conhecer os perigos do mundo exterior ou de compreender a utilidade e os méritos das regras que pedimos que sejam seguidas.

4. Sim, sendo as regras da educação positiva inaplicáveis na prática (nenhum dos pais pode ou deve deixar de recompensar uma criança se assim o desejar, levantar às vezes a voz para repreendê-la se ela fez uma grande bobagem, nem de puni-la e mandá-la para o canto ou para seu quarto se necessário), pois são como promessas de felicidade inacessíveis: só servem afinal para culpabilizar aqueles que têm a fraqueza de se deixarem enganar, a fim de levá-los a uma dependência que pode, por vezes, como observado no relatório da Miviludes já citado, conduzi-las ao desastre.

A aprendizagem da imperfeição, objetivo último da educação? É sério?

Lendo certos tratados de psicologia positiva aplicada às questões da educação, a impressão que se tem é a de que os autores acabaram de visitar um orfanato na Coreia do Norte, quem sabe um estabelecimento onde alunos de uniforme são submetidos a uma disciplina férrea acompanhada de castigos corporais tão dolorosos quanto humilhantes. Eles parecem obcecados com a ideia de que nossos filhos são literalmente tiranizados por pais e professores que exercem sobre eles uma pressão insuportável, a fim de empurrá-los para uma busca traumática do sucesso, da excelência, e até da perfeição. Segundo eles, seria urgente reverter a situação, dar meia-volta a fim de passar da aprendizagem da perfeição para o que Tal Ben-Shahar, psicólogo americano apresentado como um dos fundadores da psicologia positiva, chama de "aprendizagem da imperfeição". Aliás, este é também o título de um dos seus livros publicado na França em 2010, uma obra tão importante para os defensores da educação positiva a ponto de ser prefaciada pelo próprio Christophe André. Vejam só! No prefácio do conhecido psiquiatra podemos ler, o que me leva a pensar que este senhor provavelmente não põe os pés num estabelecimento de ensino desde pelo menos Maio de 68 – caso contrário poderia ter percebido que as ideias de excelência e de perfeição já desapareceram há muito tempo em nosso ensino, uma vez que os pedagogos prevaleceram sobre os republicanos, e como garante Christophe André de maneira séria: "A lista de danos colaterais da busca obsessiva do "perfeito em todos os lugares" é longa. Portanto, teremos muitos problemas pela frente se não aprendermos a refrear nossas tendências ao perfeccionismo".

O que Christophe André descreve ao falar de perfeccionismo poderia ter alguma verdade quanto aos rituais exaustivos de um grande neurótico obsessivo, mas para nossos adolescentes que têm tanta dificuldade para se afastar dos *smartphones*, dos *videogames*, dificuldade para se levantar de manhã e para fazer a lição de casa? Algum dia ele olhou para o que se tornou o nível médio dos que concluem o ensino médio hoje? Convencido de que nossos filhos correm o risco de se estressarem por causa da estupidez de adultos obcecados pelo êxito escolar e depois social de seus filhos, o psiquiatra vai fundo:

> Libertar-se desse perfeccionismo a que nos empurra nosso entorno, mas às vezes também nossas próprias neuroses, é um verdadeiro movimento e um trabalho psicológico que nos últimos anos tem sido objeto de um número surpreendente de publicações científicas no mundo da psicoterapia.

Aqui uma vez mais, como sempre, a referência à cientificidade permanece de uma vacuidade que eu não ousaria chamar de budista, mas sobretudo, a confusão parece total entre neurose obsessiva e ambiente escolar! Felizmente, continua o gentil psiquiatra, Tal Ben-Shahar, que chegou como um Zorro, e seu maravilhoso livro nos traz a solução milagrosa:

> Ele defende uma aprendizagem da imperfeição: para viver feliz é preciso aceitar viver como imperfeitos [...]. Libertar-se do perfeccionismo, aliviar-se é a porta aberta para uma vida mais livre e feliz [...]. O autor nos descreve assim precisamente os esforços a realizar em todas as áreas da vida cotidiana para acolher a imperfeição e aprender a sorrir diante dela: a maneira de educar nossos filhos e de nos realizarmos em nosso trabalho e em nossa vida de casal.

Tendo aparentemente deixado o mundo real, o psiquiatra ainda acrescenta, chegando a nos explicar com a maior seriedade que a imperfeição não é apenas um ponto de partida para a educação, mas que ela deve na verdade tornar-se seu verdadeiro objetivo, seu "objetivo último", a finalidade de nossos esforços mais constantes – e o cito para que as pessoas não pensem que estou inventando:

> A imperfeição como motivação e ponto de partida, portanto, mas também, talvez, como objetivo último, pois é preciso compreender que a imperfeição é um marcador da humanidade e que depois de ter lido todo o livro [de Tal Ben-Shahar], os leitores não reagirão mais da mesma forma, uma vez que terão aprendido a aceitar e a amar a imperfeição, a compreender que é nela que reside nossa humanidade.

Claro, é inegável, os humanos não são perfeitos, não são nem deuses nem anjos. Quem poderia ignorar esse truísmo?

O problema, no entanto, permanece sem solução. Se estivéssemos em Esparta, no século V a.C., esse discurso sobre a imperfeição talvez fosse útil, como pode sê-lo diante de uma neurose obsessiva grave (embora fosse, de qualquer forma, ineficaz neste último caso...). Mas hoje, em 99% dos nossos colégios e de nossas famílias? Será realmente razoável enviar essa mensagem a nossos filhos, a nossos alunos e a nossos estudantes que, a partir de agora, graças às últimas descobertas da "ciência da felicidade", todos seus esforços devem tender para a imperfeição, que é o objetivo último de sua aprendizagem da vida? O que pensar então dos artesãos, dos jovens músicos, atletas, escritores, cientistas, que, apaixonados pela sua profissão ou pela sua vocação, visam a excelência? Eles são realmente estúpidos, neuróticos, arcaicos ou mesmo inumanos?

Abolir a insalubridade, o tédio e as notas na escola?

Dado que a educação positiva nos convida a abolir tanto as recompensas quanto as punições, era inevitável que as boas almas desejassem levar até o fim essa lógica propondo a abolição das notas na escola, no colégio e no liceu. Publicada pela revista *Le Nouvel Observateur*, sempre na vanguarda quando se trata de "modernismo pedagógico", foi lançada em novembro de 2010 uma petição a favor da abolição das notas no ensino primário, que não deixou de suscitar algumas reações, certamente indignadas à direita e entusiastas na segunda esquerda[75]. Sem dúvida, ninguém lhe teria prestado atenção se não fosse assinada por personalidades tão eminentes como Axel Kahn, Michel Rocard, Marcel Rufo ou François Dubet. O objetivo da petição, inspirada nos princípios da educação benevolente, era eliminar tanto o caráter "repressivo" da notação quanto a noção de "mau aluno". Observe que os bons também desapareceriam caso essa medida fosse adotada. Abaixo "a escola dos policiais e dos patrões"! Deixem para lá a "seleção de classe", a "reprodução" dos "herdeiros" pelos "aparelhos ideológicos do Estado" e, sobretudo, vamos parar enfim de encorajar nossos filhos para que visem a excelência. Como insiste a petição:

> [...] a cultura da nota ainda está muito presente na escola francesa, historicamente orientada para a seleção. Embora a autoconfiança seja indispensável ao sucesso escolar, as consequências desse sistema para os alunos em dificuldades são desastrosas.

A ideia, cheia de gentileza e de benevolência, está tão sintonizada com as novas ideologias do *care*, do cuidado do outro, do desenvolvimento pessoal, da psicologia positiva, que nos detestaríamos se não aderíssemos a ela. Segundo a argumentação dos signatários da petição, a nota, "traumatizante", apenas aprisionaria as crianças em dificuldade na lógica do

75. *Deuxième gauche* (segunda esquerda): refere-se à corrente da esquerda francesa surgida em 1977 durante o Congresso de Nantes do Partido Socialista. Seu projeto era de se distanciar da "primeira esquerda", a da velha cultura marxista do Partido Comunista Francês, e adaptar as ideias socialistas às transformações econômicas e sociais da sociedade [N.T.].

fracasso. Sua verdadeira finalidade não seria, portanto, pedagógica, mas exclusivamente seletiva, em conformidade com a lógica de um "sistema" que visa eliminar em vez de recuperar, separar em vez de salvar.

Embora popular, esta pálida versão da sociologia de Bourdieu é, no entanto, tão falsa quanto seu modelo original. Se realmente a levássemos a sério, ela seria simplesmente um insulto à imensa maioria dos professores que não têm outra ideia em mente senão arrancar seus alunos da lógica do fracasso. Abolir as notas significa esquecer que ela constitui uma referência indispensável para medir os progressos realizados pelas crianças, é negar as virtudes da "boa nota" que encanta, tranquiliza e encoraja. Aqui, como em outros lugares, se não há liberdade de criticar não há também elogio honesto, não há encorajamento possível nem incitação para progredir sem notação objetiva. A prova? Quando perguntam aos peticionários com o que substituiriam as notas extintas, as respostas são então hesitantes, para não dizer cômicas: no lugar, colocaremos cores, propunha um dos eminentes signatários! Porque a cor, como todos sabem, sobretudo se ela for pastel, é mais amável, menos rude e menos dura do que a nota. Eles consideram os alunos e seus pais imbecis? Quem acreditará que a cor vermelha significa outra coisa que não uma nota ruim, a laranja uma média e a verde uma boa? Imaginam seriamente que, só por serem mais imprecisas, essas notações disfarçadas mudarão alguma coisa na raiz do problema? E quando serão formados os grupos que separam os alunos em diferentes níveis de aprendizagem, como na série *Desperate Housewives* em que eles são separados em grupos de leões, de girafas e de cangurus cujo significado os pais tentam ansiosamente decifrar e, finalmente, a tradução em termos de notações?

Está claro que o problema é o fracasso escolar, não a nota; a febre, não o termômetro; e evidentemente não é quebrando-o que vamos curar o doente. Para tanto é preciso se abster de qualquer reflexão sobre a avaliação? Lógico que não. Para dar aqui apenas um exemplo, há décadas não canso de dizer que é preciso questionar os exames finais do ensino médio, particularmente a grande dissertação, cujos princípios retóricos não são mais ensinados. Como antigo corretor e presidente de júri, confesso que preferiria muito mais que esse exercício fosse substituído por explicações de textos retirados de obras explicitamente presentes no programa. Por quê? Ora, porque não sei avaliar uma encheção de linguiça sobre questões abissais às quais eu próprio sou bastante incapaz de responder, embora possa determinar com muita objetividade se um aluno leu e compreendeu corretamente Platão ou Descartes. O mesmo acontece, por exemplo, com o ditado, que deveria ser imposto a todos e todos os dias até o terceiro ano, mas com um significado pedagógico relacionado às dificuldades gramaticais específicas. Discutamos o assunto, mas seja o que for, não há avaliação sem nota.

Educação nacional ou instrução pública?

Esta declaração de Victor Hugo (1872), que deve ser citada na íntegra, sempre me serviu de bússola:

> Quanto a mim, vejo claramente dois fatos distintos: a educação e a instrução. A educação é a família quem dá; a instrução é o Estado que deve dá-la. A criança quer ser educada pela família e instruída pela pátria. O pai dá ao filho sua fé ou sua filosofia; o Estado dá à criança um ensino positivo. Daí esta evidência de que a educação pode ser religiosa e que a instrução deve ser laica. O campo da educação é a consciência; o campo da instrução é a ciência. Mais tarde, no homem maduro, essas duas luzes se complementam.

Os partidários desta oposição entre educação e instrução, em geral mais "republicanos" do que "pedagogos", citam também Condorcet e sua famosa *Memória sobre a instrução pública* (1791) que, bem antes de Victor Hugo, porém no mesmo sentido, já insistia sobre o fato de que "a educação pública deve se limitar à instrução". Talvez observem, e com razão, que ainda assim é preciso evitar cair no extremo oposto. É claro, é evidente, que há, que deve haver pontos de cruzamento entre a educação e a instrução, entre o papel das famílias (Hugo fala do pai, hoje falaríamos evidentemente dos pais) e o dos professores. A escola não pode se desinteressar da educação, especialmente da educação cívica, e os pais não deveriam de modo algum deixar de lado a instrução, livrar-se dela alegando que ela pertence apenas aos professores. O fato é que o texto de Hugo me parece mais atual do que nunca, uma vez introduzidas as *nuances* que acabo de mencionar. Pois ele traz uma questão candente no contexto atual, a do papel dos professores perante a ascensão de um individualismo narcísico que desconstruiu em grande parte os valores e as autoridades tradicionais, quer se trate da civilidade, do respeito às leis ou ainda, mas está no mesmo pacote, à gramática, à ortografia e ao "bom francês". Quando as crianças recebem uma educação insuficiente dentro das famílias, a missão de instrução, que é a dos professores, torna-se uma missão impossível, por isso o papel dos professores não me parece ser, uma vez nuançada a distinção feita por Victor Hugo, o de compensar as falhas dos pais que, não assumindo mais seu papel de educadores, confiam com demasiada facilidade à escola a tarefa de substituí-los.

10

As metamorfoses da relação consigo mesmo: Do universalismo ao diferencialismo

Wokismo, teoria crítica da raça e linguagem não binária

A elevação de Narciso à categoria de um modelo de vida deveria inevitavelmente conduzir a uma desconstrução radical do universalismo republicano, não só no contexto escolar, como acabamos de ver, mas também na vida política e inclusive, como mostrarei no final deste capítulo, no campo da linguagem que, depois de sua pretensão de ser "inclusiva", pretende agora ser "não binária" a fim de reconhecer a identidade de todos. Enquanto no século XIX o "direito à diferença" ainda estivesse ligado aos comunitarismos pré-modernos e se situasse no centro das ideologias contrarrevolucionárias, hoje ele passou da extrema-direita para a extrema-esquerda sob a forma da discriminação positiva e do wokismo. Em meu livro *Le nouvel ordre écologique* [*A nova ordem ecológica*]

(1992), já havia analisado essa surpreendente troca de posições, tentado explicar como a noção de "direito à diferença", tão cara às ideologias reacionárias, conseguira passar da contrarrevolução à revolução. A chave desta singular migração já era perceptível nos escritos que Félix Guattari dedicara à ecologia depois de ingressar, em 1985, no partido de Antoine Waechter [Os Verdes]. Em um artigo escrito em colaboração com Dany Cohn-Bendit, ele resumiu sua hostilidade ao universalismo republicano de uma maneira que ao menos tinha o mérito de ser bastante clara:

> O objetivo não é chegar a um consenso aproximativo sobre alguns enunciados gerais que abarque todos os problemas em curso, mas, pelo contrário, favorecer o que chamamos de uma cultura de dissenso que trabalha pelo aprofundamento das posições particulares e por uma ressingularização dos indivíduos e dos grupos humanos. Que inépcia pretender chegar a um consenso sobre uma visão das coisas: imigrantes, feministas, roqueiros, regionalistas, pacifistas, ecologistas e entusiastas da informática! O que deve ser visado não é um consenso programático que apague suas diferenças ("Contribuition [...]", 1986).

Admito que não vejo o que há de inepto em procurar um consenso entre indivíduos que têm preocupações divergentes. Para dizer a verdade, não consigo ver como o fato de querer a qualquer preço os enclausurar em comunitarismos hostis uns aos outros seria o ideal, nem como a preocupação com reconciliá-los em nome do bem comum e do interesse geral seria destruidor das diferenças. Medimos aqui o quanto, na perspectiva que é a de Guattari, uma visão de mundo que já anuncia o wokismo de hoje, o universalismo fundador da *res-publica*, este espaço público onde somente dentro do qual é possível construir através da discussão e da argumentação, o consenso da lei, é simplesmente varrido em benefício de um discurso que os representantes da Nova Direita poderiam assinar de olhos fechados. Pois se os diferentes grupos humanos não podem e nem devem procurar se comunicar entre eles, se qualquer referência a valores comuns não passa de tirania e violência do universal, se a democracia consiste em reforçar cada indivíduo na sua singularidade narcísica, é de fato a desconstrução da ideia republicana que testemunhamos em benefício de um regresso à visão romântica de indivíduos e de comunidades visceralmente fechadas sobre si mesmas, incapazes de ir além das suas particularidades atávicas para entrar em comunicação com os outros. É neste espírito "diferencialista" que o narcisismo ligado à busca frenética da felicidade nos convida hoje a desconstruir tudo o que possa de alguma maneira se assemelhar ao universalismo republicano.

10.1 Nas origens do diferencialismo e do antiuniversalismo, a ideologia da "desconstrução"

No debate em que enfrentava seu colega Yannick Jadot para decidir qual dos dois iria concorrer nas eleições presidenciais de 2022, Sandrine Rousseau intrigou toda a França, para dizer o mínimo, ao sentir a necessidade de fazer a seguinte declaração que, com efeito, podia parecer um tanto estranha à primeira vista: "Vivo com um homem desconstruído e estou extremamente feliz com isso. Não confio em homens ou mulheres que não tenham trilhado o caminho da desconstrução". Como seria de se esperar, a noção de "desconstrução" sendo aplicada a um ser humano provocou na internet uma alegre mistura de incompreensão e de zombarias. As imagens de um bonequinho de plástico desarticulado circularam nas redes sociais sem que aqueles que as divulgavam compreendessem que o vocabulário empregado por Sandrine Rousseau se referia, na verdade, a um dos principais conceitos filosóficos do "Pensamento 68", um conceito emprestado de Heidegger e popularizado por Derrida que esteve na origem intelectual da onda do "politicamente correto" que submergiu as universidades americanas nos anos de 1980 antes de assumir a forma do wokismo. Se estou falando sobre isso hoje é porque fui capaz, tendo ensinado e proferido inúmeras conferências no Canadá e nos Estados Unidos, de medir a extensão dos danos que esse maremoto conseguiu provocar, uma vez que as palavras de Sandrine Rousseau são apenas um dos sintomas, entre muitos outros, desse maremoto surgido na França nos anos de 1960, antes de emigrar para os Estados Unidos e nos retornar como um bumerangue com uma violência ainda maior.

Lembro-me de que, convidado em 1989 para proferir uma série de palestras sobre a Declaração dos Direitos do Homem de 1789 em várias universidades de Ottawa e de Montreal, minhas palestras foram proibidas a pedido dos "*women studies*" porque eu tinha imperativamente de falar de "direitos humanos" e de forma alguma sobre "direitos do homem". Embora eu explicasse que era um texto histórico cujo título eu não poderia mudar, nada adiantou: minhas apresentações foram boicotadas pelas estudantes e pelas professoras que, aliás, pertenciam a um "*ovarium* de filosofia" (*sic*! Não, não é uma piada), a palavra "seminário" também sendo proibida porque era exclusivamente de origem "branca e macho". Um de meus amigos canadenses contou-me outro dia que não só nada havia mudado desde então, mas que, pelo contrário, as coisas pioraram: a neta dele, convidada pela escola para um baile à fantasia para o qual foi fantasiada de Pocahontas, foi mandada de volta para casa com uma carta furiosa da diretora simpatizante das teses wokistas por causa da "apropriação de identidade cultural", uma vez que a criança não tinha origem "indígena", ou melhor, "*Native american*". Para quem ainda não sabe, gostaria de lembrar que a ideologia wokista (da palavra inglesa *woke*, que significa "desperto"), uma ideologia ultrapoderosa no continente norte-americano, mas agora também entre nós, em particular na Sciences Po, e em certas universidades, nasceu no rastro do famoso "Black Lives Matter". Ela agrega em torno dela não apenas as feministas radicais, mas também os decoloniais, os fundamentalistas verdes, os anticapitalistas, os colapsologistas e os decrescentistas. Sem que nossos políticos, como aliás a maioria de nossos concidadãos, tenham consciência disso, os discursos de Greta Thunberg contra o patriarcado branco, ocidental e, claro, atrozmente capitalista, estão amplamente impregnados dessa ideologia.

Ora, a palavra "desconstrução", que antes pertencia ainda ao vocabulário técnico da filosofia, começa a ocupar espaço, como nos Estados Unidos, na linguagem comum, como demonstram as declarações de Sandrine Rousseau sobre seu "homem desconstruído". Para mim, é essencial compreender desde já de onde ela vem, o que significa na origem, mas também identificar as razões pelas quais se tornou hoje uma formidável máquina de guerra contra o universalismo e a ideia republicana ao "estilo francês", noções que a imprensa americana de esquerda considera simplesmente racistas, pois são daltônicas, "*colorblind*", cegas à cor das raças assim como ao já famoso "privilégio branco", uma expressão que nosso presidente, Emmanuel Macron, não hesitou em assumir. Se nossa felicidade passa sobretudo pelo "cuidado de si", se a questão é apreender seu eu profundo, cercar sua identidade mais singular e íntima a fim de consegui-lo, então está claro que esse universalismo republicano que tende a apagar as diferenças não é mais compatível com o frenesi da felicidade. Chegou, portanto, o momento de sua desconstrução.

Tudo começa com Nietzsche, que explica numa conhecida passagem de sua obra como convém "filosofar com o martelo" a fim de quebrar as ilusões da filosofia clássica e da religião. É nesse espírito que num dos seus livros que considero um dos mais consumados, o *Crepúsculo dos ídolos* (1888), ele esboça os contornos do projeto da desconstrução que ele define claramente no prefácio do *Ecce homo* (1888)[76]. Apesar

---

76. "Não espere que eu crie novos ídolos. Em vez disso, que os antigos aprendam o quanto custa ter pés de barro. Derrubar ídolos – é assim que chamo todos os ideais –, eis meu verdadeiro trabalho. Foi inventando a mentira de um mundo ideal que a realidade acabou perdendo seu valor, seu significado, sua veracidade. A mentira do ideal foi até agora a maldição que pesa sobre a reali-

de tudo o que o separa de Nietzsche, Heidegger segue seus passos, seu projeto assumindo inteiramente o nome de uma "desconstrução da metafísica" (*Abbau der Metaphysik*). Seu principal discípulo, situado na extrema-esquerda do tabuleiro político, Jacques Derrida, pensador francês que se tornará nos Estados Unidos o papa do politicamente correto, ancestral do wokismo atual, popularizará o tema nas universidades americanas, onde explicará como é preciso "desconstruir" o que ele chama de "falologocentrismo".

Dissequemos o jargão derridiano: desconstruir o "phallus" significa, em primeiro lugar, combater a dominação do "macho branco" sobre as fêmeas, nesse sentido a desconstrução vai se tornar a *flagship* do feminismo radical; desconstruir o "*logos*" significa combater o racionalismo, não só o que Heidegger chama de "metafísica da subjetividade", mas também a face que o capitalismo lhe deu no mundo moderno, ou seja, a da rentabilidade a qualquer preço; quanto à "centralidade", trata-se é claro da pretensão do Ocidente, masculino, branco e capitalista, de colonizar o resto do mundo. Nesse sentido a "desconstrução do falologocentrismo" contém de forma condensada todos os ingredientes do wokismo e da *cancel culture* que encontramos hoje entre os fundamentalistas verdes, os antifascistas, os decoloniais, a Extinction Rebellion, os indigenistas e os islâmico-esquerdistas: anticapitalismo radical, ecologia decolonial, ecofeminismo, ódio ao

---

dade. A própria humanidade tornou-se mentirosa e falsa até as profundezas de seus instintos, até a adoração dos valores opostos àqueles que poderiam ter lhe garantido um belo crescimento e um belo futuro".

universalismo e à ideia republicana, em suma, o coração do coração da "interseccionalidade" ou "convergência das lutas". Quando critiquei, em 1985, com Alain Renaut em nosso livro *La pensée 68*, e depois em 1992 em *Le nouvel ordre écologique*, os primeiros traços da desconstrução e do wokismo antirrepublicano, a esquerda bem-pensante literalmente nos pulverizou. Apesar dos esforços dos mais lúcidos, penso em particular no colóquio organizado em 2020 na Sorbonne sobre o wokismo, esses movimentos tendem infelizmente a se tornar hoje invasivos em certas universidades e o fazem, como nos Estados Unidos, em nome da omnipresente "teoria crítica da raça" e do "privilégio branco", doutrinas calamitosas ainda pouco conhecidas na França, mas que é essencial começar a compreender bem, visto que elas sem dúvida ganharão terreno nos próximos anos, impulsionadas como já são pelo cuidado de si e pela busca da identidade pessoal que se apoderou do indivíduo agora intimado a tomar o narcisismo como modelo.

Teoria da raça – A França republicana acusada de daltonismo

É nesse espírito que a França republicana é constantemente acusada na imprensa democrata americana de daltonismo, de ser "*colorblind*", cega às cores, por causa de seu universalismo e de sua fidelidade à herança liberal do Iluminismo, críticas que, do outro lado do Atlântico, tendem a assumir proporções literalmente alucinantes. Por essa razão o *Washington Post* traçava na primeira página, em junho de 2020, um retrato muito elogioso de Assa Traoré, irmã de Adama Traoré assassinado pela polícia francesa em 19 de julho de 2016, regozijando-se de que nas manifestações parisienses contra a "violência policial", associamos finalmente o nome dos mártires para pedir num mesmo impulso "justiça para George Floyd e para Adama", o principal jornal do Partido Democrata de Joe Biden acabando por qualificar a França como uma "sociedade oficialmente daltônica", ou seja, cega à questão das raças; em outras palavras, estruturalmente racista – uma crítica que Pap Ndiaye, nosso antigo ministro da Educação, tão logo nomeado não hesitou em retomar durante sua viagem aos Estados Unidos. A ideologia que rege esse julgamento partilhado por grande parte da esquerda americana hoje no poder tem um nome: chama-se "teoria crítica da raça", e como ela se infiltra entre nós numa velocidade estonteante, não só nos discursos de Greta Thunberg, de Sandrine Rousseau ou de organizações ecologistas como a Extinction Rebellion, porém mais amplamente nos meios escolares e estudantis conquistados pelo indigenismo e pela *cancel culture*, é melhor que nos interessemos agora se quisermos limitar, se necessário, os danos.

A teoria crítica da raça (TCR) reúne originalmente duas correntes distintas, mas que, no seu conjunto, convergem para certo número de ideias fundamentais. A primeira é a da *critical theory of race*, herdeira da teoria crítica e do marxismo da Escola de Frankfurt, e a segunda é *critical race theory*, oriunda dos *critical legal studies*, eles mesmos herdeiros tanto da desconstrução derridiana, do marxismo e das teses de Foucault sobre os malefícios do racionalismo cartesiano.

Essas correntes se pretendem evidentemente *woke*, "despertas", o Gabinete Quebequense da Língua Francesa definindo o wokismo como um "movimento que defende uma maior sensibilização à justiça social, bem como um engajamento ativo na luta contra as discriminações e as desigualdades", uma definição deliberadamente abstrata o suficiente para dissimular engajamentos desconstrucionistas, anticapitalistas, antirracistas, decoloniais, decrescentistas, LGBT, indigenistas, feministas, ecofeministas, afrofeministas, e até islâmico-esquerdistas, entre as tantas sensibilidades que o wokismo reagrupa. Por vezes o remontam a um discurso de Martin Luther King, mas sem dúvida foram os movimentos feministas radicais, as marchas pelo clima e o movimento "Black Lives Matter" que lhe deram a visibilidade política que têm hoje nos Estados Unidos e agora na França. A TCR defende certo número de teses, as mais fundamentais sendo as seguintes:

– Tese 1: A raça (como o sexo segundo os *gender studies*, que aqui servem amplamente de modelo, pois as duas teorias são praticamente contemporâneas) não deve ser considerada como um dado biológico, e sim como uma construção social discriminante. Como escreve Magali Bessone (2017), professora de Filosofia na Universidade Panthéon-Sorbonne que se apresenta como uma das principais teóricas dessa corrente na França, a TCR:

> [...] apoia-se numa desessencialização e numa desnaturalização da noção de raça e enfatiza os processos de construção social para apreender o tipo de realidade que a raça recobre e ela

> não considera como incontestável o sentido ordinário atribuído à palavra raça nos Estados Unidos.

Isto é, o sentido biológico e antropométrico que leva em consideração somente os ascendentes familiares e as características visíveis como a cor da pele. Algo semelhante ocorre também quando se fala erroneamente da "diversidade visível" acreditando que se está fazendo a coisa certa ao passo que já é uma fórmula enviesada, racista sem sabê-lo.

– Tese II: A ideologia liberal progressista e democrática herdada do Iluminismo não promoveu qualquer avanço quando suprimiu a escravidão, as leis racistas e a segregação:

> "O grande desafio da TCR é explicar por que os avanços formais na igualdade dos direitos para os afro-americanos ligados ao fim da segregação legal não produziram uma melhoria real em suas condições de vida e não promoveram qualquer avanço nem na ideia, nem na esperança de uma integração sociopolítica numa sociedade americana ainda tão firmemente segregada[77].

Trata-se, portanto, segundo Magali Bessone, "de desconfiar do universalismo que domina a *colorblindness*", uma fórmula fartamente utilizada nos discursos e nos escritos de Pap Ndiaye, no qual detectamos, se olharmos de forma mais

---

77. Cf. sobre este ponto os trabalhos de Angela P. Harris, que partem dessa tese principal.

atenta, a atitude "genealógica" que caracteriza nas "filosofias da suspeita" a desconstrução do universalismo republicano.

– Tese III: Por que esse fracasso? Resposta de Magali Bessone: porque, como mostrou Marx em suas análises do Estado de direito e dos sistemas jurídicos formais considerados como "superestruturas da classe dominante", os partidários da TCR:

> [...] enfatizam a maneira como esses supostos avanços constitucionais ligados à desagregação legal não promoveram a igualdade racial real, pois eles correspondem na realidade à promoção dos interesses da maioria branca, a normatividade jurídica funcionando então para reproduzir as desigualdades reais.

Observaremos que é evidentemente nessa tese III que se enraíza a noção de "privilégio branco", uma forma insidiosa de discriminação dissimulada sob a aparência enganosa de igualdade formal. Eis por que a pretensa "indiferença à diferença" que caracteriza o direito universalista das democracias liberais desde as declarações dos direitos do homem, e *a fortiori* a ideia republicana à maneira francesa com seu universalismo de fachada e seu humanismo que pretende fazer abstração dos enraizamentos comunitários, "não erradicou de forma alguma as desigualdades raciais reais, portanto ativamente produzidas graças à manutenção do privilégio da branquitude em todos os estratos da sociedade". Na realidade real e não formal, portanto, "a lei contribuiu ativamente para estabelecer, reforçar e legitimar os benefícios que se pode tirar desse privilégio da branquitude".

– Tese IV: Essa crítica marxista (de fato bastante banal), que consiste em opor a igualdade real à igualdade formal, vale também para a tradição republicana francesa: é com efeito a partir dessa crítica que ela é qualificada de daltônica, "*colorblind*", cega ao famoso "privilégio branco" em razão do universalismo abstrato que a caracteriza.

– Tese V: Conclusão, típica também da vulgata marxista: uma vez que, *de facto*, o direito apenas formal vai no mau sentido, o utilizemos para agir no bom sentido, para estabelecer políticas de discriminação positiva que, segundo Magali Bessone, são:

> [...] a melhor maneira de derrubar o privilégio da *whiteness* (branquitude), não o substituindo pelo da *blackness*, mas trabalhando pela desracialização das estruturas sociais. Pelo estabelecimento dos programas de discriminação positiva, trata-se de desinstitucionalizar ativamente a branquitude, isto é, de desnaturalizá-la, de lhe retirar seu caráter de evidência e de "expectativa de direito".

A ideia que rege essa apologia da *affirmative action* é que, mesmo entre as pessoas que se acreditam ativa e conscientemente antirracistas, os vieses do "sistema" permanecem presentes permanentemente. Com efeito, segundo os partidários da TCR, a psicologia social mostra "a existência de vieses raciais implícitos muito difundidos na população, inclusive da parte de agentes que apoiam conscientemente a luta contra o racismo ao exibirem a crença consciente na igualdade das raças". Ora, continuam os partidários da TCR, embora nossos sistemas jurídicos só condenem os comportamentos consciente e explicitamente racistas sem se interessar pelos vieses inconscientes,

> [...] é todo um conjunto de condutas em que a raça é uma categoria mentalmente codificada e pertinente, embora o agente não tenha consciência, para explicar o comportamento discriminatório que se torna impossível de tratar e regular com medidas sociais e penais.

Em resumo: se condenarmos apenas o racismo consciente, passamos ao largo do racismo sistêmico! O que implica que regulemos e punamos também os comportamentos inconscientes – deixo ao leitor o cuidado de imaginar até onde essa ideologia punitiva poderia arrastar nossos sistemas jurídicos se por infelicidade ela viesse a influenciá-los. De qualquer modo, é exatamente nesse ponto que a TCR se encontra com o marxismo da teoria crítica da Escola de Frankfurt.

– Tese VI: Com efeito, é preciso distinguir bem, de um lado, a teoria tradicional da qual o direito formal é uma das ilustrações, um direito que se diz universalista, democrático, republicano e que se pretende oficialmente cego à raça e, de outro, a teoria crítica que compreende que a pseudoteoria pura é na realidade animada por interesses de classe e, neste caso, de raça (*whiteness* contra *blackness*) mais ou menos inconfessáveis. Foi Max Horkheimer, pensador marxista, que desenvolveu nos anos de 1930 pela primeira vez a noção de teoria crítica num breve texto fundador da Escola de Frankfurt: Teoria tradicional e teoria crítica. A teoria crítica, para ele, assemelha-se ao mesmo tempo à psicanálise e ao marxismo na medida em que tenta desvelar o inconsciente social, econômico e pessoal da teoria tradicional. A teoria tradicional é, segundo Horkheimer, a teoria que se acredita pura, que pensa não ser animada secretamente por interesses socioeconômicos. Ela se pretende autônoma, apartada da sociedade, completamente objetiva e imparcial. A teoria crítica ao contrário tenta torná-la consciente do fato de que é secretamente animada, inconscientemente teleguiada por interesses socioeconômicos que a empurram para esta ou aquela direção sem que ela se aperceba[78]. O que está claro para os defensores da TCR é que a sociedade capitalista tem todo interesse em dividir classe e raça, e até em estimular o racismo das classes populares graças a um racismo sistêmico inscrito no sistema de igualdade formal a fim de evitar que os dominados façam

---

78. Eis o que Max Horkheimer escreveu sobre este tema no breve texto *Kritische theorie gestern und heute* [Teoria crítica ontem e hoje]: "Como nasceu a teoria crítica? Em primeiro lugar, gostaria de fazê-lo compreender a diferença entre a teoria tradicional e a teoria crítica. O que é a teoria tradicional? O que é teoria no sentido da ciência, da ciência positiva, a física, a matemática? Permita-me dar uma definição muito simplificada da ciência. A ciência é a ordenação dos fatos da nossa consciência de forma que, no final, ela nos permite esperar a cada vez em tal lugar exato de tal espaço e tempo o que deve exatamente ser ali esperado. Isso vale inclusive para as ciências humanas, quando um historiador afirma algo com uma pretensão de cientificidade, devemos então ser capazes de encontrar sua confirmação nos arquivos. A exatidão é, nesse sentido, o objetivo da ciência. Contudo – e é aqui que surge o primeiro tema da Teoria crítica –, a própria ciência não sabe por que organiza os fatos justamente nessa direção, nem por que se concentra em certos objetos e não em outros. O que falta à ciência é a reflexão sobre si mesma, a autorreflexão, o conhecimento dos motivos sociais que a empurram numa determinada direção, por exemplo, preocupar-se com a Lua, e não com o bem-estar das pessoas. A ciência carece de autorreflexão, ou seja, não reflete sobre suas finalidades, sobre suas escolhas, sobre as razões pelas quais é conduzida numa direção e não em outra".

frente comum. Para alguns partidários marxistas da TCR, cito mais uma vez Magali Bessone:

> [...] a raça é apenas um efeito secundário do conflito de classe: os proprietários dos meios de produção, por razões históricas, são brancos e a insistência na diferença racial entre os trabalhadores é o efeito de uma estratégia deliberada por parte deles que consiste em dividir para reinar melhor a fim de evitar o estabelecimento de uma organização coletiva unitária e transversal racialmente.

– Tese VII: Por isso, para os militantes da TCR, a necessidade da *cancel culture*, a cultura do boicote, verdadeiro flagelo liberticida nos Estados Unidos, que infelizmente já colocou suas execráveis patas na França, mas que, estejam certos, vai crescer em importância nos anos vindouros, uma vez que os boicotes da *cancel culture* têm claramente o objetivo de conduzir à morte social, e mesmo ao suicídio. É o caso, por exemplo, de J. K. Rowling, que teve a infelicidade de apoiar, em 2019, Maya Forstater, pesquisadora britânica demitida por ter ousado afirmar que não se podia mudar de sexo biológico. Outro exemplo é o do suicídio de Mark Adams em 2020, ou ainda o do professor de Alemão da Sciences Po Grenoble que teve a coragem de dizer que não se podia colocar antissemitismo e islamofobia no mesmo plano...

– Tese VIII: Por fim, ainda segundo os doutrinários da TCR, os sistemas democrático-liberais fundados na igualdade formal não conseguem justificar as desigualdades reais, sobretudo quando elas estão ligadas à raça, pois, segundo Magali Bessone:

> [...] negligenciar o fato de que, em razão de uma construção socioeconômica e jurídica, determinado grupo de pessoas e não outro se encontra de maneira desproporcional na base da estratificação social é impossível de ser legitimado por argumentos de justiça.

Sim, com efeito, é injustificável em nome da justiça, mas quem está dizendo o contrário? Como não estar de acordo com essa asserção? O problema é que ela passa completamente ao largo de seu assunto. A questão, com efeito, não é de forma alguma tentar uma impossível justificação das desigualdades que podem atingir um grupo inteiro seja ele qual for, quer se trate das mulheres ou dos imigrantes, o que, até onde sei, ninguém está procurando fazer a não ser um punhado de racistas notórios e conscientes, mas arquiminoritários e, de todo modo, combatidos por nosso direito, e sim de saber qual tipo de luta escolher contra a injustiça: a discriminação positiva ou um trabalho real sobre a igualdade das oportunidades e da promoção social? Está é a verdadeira questão, uma questão à qual a discriminação positiva desejada pelos partidários da TCR sempre responde na mesma direção, a desse individualismo narcísico que exalta identidades singulares e particularismos que o cuidado de si deveria detectar em cada um de nós a fim de que a busca da felicidade possa trazer respostas. Daí também, às vezes de maneira absurda, o projeto de modificar a linguagem, a fim de que ela faça enfim justiça a todas as singularidades, e isso particularmente, é claro, no campo da sexualidade.

Rumo a uma língua francesa adaptada aos "não binários"?

Para a clareza do que vem a seguir, permita-se lembrar algumas definições que estou certo de que a maioria do público francês desconhece. O termo "cisgênero" (do latim *cis* "do lado de cá" ou "deste lado") refere-se a pessoas que se sentem do mesmo gênero que seu sexo (um menino ou uma menina que se sentem menino ou menina, em harmonia com sua biologia de nascimento). "Cisgênero" se opõe, portanto, a "transgênero", termo que designa as pessoas cujo gênero é diferente do sexo (uma menina que é menina biológica, mas que se sente menino ou o inverso). Alguns chegam a considerar que o próprio sexo não passa de uma construção social e que não existe nenhuma base biológica evidente da diferença sexual (o que, no entanto, é simplesmente delirante de um ponto de vista científico). Portanto, eles pensam que os cisgêneros, que representam 90% da humanidade, tendem a rejeitar os outros por puro conformismo social. Em uma luta contra os estereótipos que não têm razão alguma para terminar, os mais radicais propõem ir ainda mais longe e considerar, para além dos transgêneros, o caso das pessoas "não binárias" ou "*genderqueer*". Trata-se, para simplificar as coisas, de pessoas que não se identificam nem como homem, nem como mulher, mas como uma mistura dos dois, e mesmo como nenhum dos dois.

É nesse contexto, por exemplo, que alunos do Institut d'études politiques de Paris (mas estão longe de ser os únicos) pediram à direção que parassem de escrever "homem" ou "mulher" nas portas dos banheiros ou que pelo menos instalassem "banheiros não binários" para não estigmatizar as pessoas que não se sentem nem homem, nem mulher. O não binário se situa, pois, não apenas para além do sexo biológico, mas para além do gênero (do "sexo social"). Vários países já reconhecem essa nova categoria nos atos administrativos e, de todo modo, na França a substituição de "pai" e "mãe" por "genitor 1/genitor 2" caminha infelizmente, também, nessa direção. Infelizmente porque sou um pai, não uma mãe, e que afinal, eu também tenho o direito de reivindicar essa identidade e essa diferença. Mas vamos em frente. No Canadá, Florence Ashley, da prestigiosa Universidade McGill, acaba de publicar um manifesto sobre a necessidade de modificar a língua francesa para englobar todas as categorias novas de não binários. Fanática da diferença, adepta da "desconstrução" promovida pelo "Pensamento 68", ela (presumo pelo nome que se trata afinal de uma mulher...) começa seu manifesto com esta frase que pode causar perplexidade:

> As pessoas que não se identificam nem com o gênero masculino, nem com o feminino podem não ser de gênero algum (agênero), ser de dois gêneros (bigênero), de identificação parcial (demigênero) ou de gênero que varia no tempo (*genderfluid*), para nomear apenas algumas identidades não binárias.

E a simples ideia de que ela possa encontrar outras já provoca calafrios... Portanto, esta mulher (?) propõe, além da escrita inclusiva, a criação de uma "língua francesa não binária", por exemplo: *blanche-blanc* [branca-branco] torna-se *blanc.he* [branco.e] na escrita inclusiva, e *blanxe* [branque] em não binário; *cousin-cousine* [primo-prima] torna-se *cousin.e* [primo.e] em inclusiva, e depois *cousaine* [prime] em não binário. Outros exemplos: *ami-amie/ami.e/amix* [amigo-amiga/amigue]; *docteur/docteure/docteur.e/docteurx* [doutor/doutora/doutor.e/doutore], quanto a *père* e *mère* [pai e mãe], agora serão chamados *mapa et paman* [pãe] em não binária!

Poupo-lhe do restante, pois abrange todas as palavras. Já que demos boas risadas, a questão, no entanto, se coloca diante dessa luta contra os estereótipos: Como argumentar seriamente contra o que, em nome do narcisismo da identidade e da "preocupação de ser si mesmo", torna-se absurdo? Vejo três objeções que um dia terão de ser desenvolvidas: 1) em nome do direito à diferença, acabam por negar diferenças essenciais (desculpe, mas um pai e uma mãe não são a mesma coisa, e o sexo biológico, não importa os que os militantes da TCR digam, é uma realidade factual e científica incontestável); 2) É impraticável para nossas crianças que já têm uma dificuldade enorme de aprender o francês "antigo"; 3) Por fim e principalmente, o objetivo oculto desse grande delírio não é apenas afirmar sua identidade singular, sacralizar sua diferença, e sim se aproveitar para considerar toda a história da humanidade, em particular toda a da literatura, como discriminatória. Então, como em *1984* de Orwell, será preciso, desde a Antiguidade até hoje, reescrever todos os livros em novilíngua e fazer *tabula rasa* do passado.

Paremos de rir, fiquemos atentos, não nos esqueçamos de que aquilo que se trama do outro lado do Atlântico sempre acaba chegando até nós, e estejamos conscientes de que sob as boas intenções declaradas quase sempre há um inferno bem real. Na verdade, a *cancel culture* e a censura animadas das melhores intenções já estão reescrevendo uma boa parte da literatura, como demonstra entre tantos outros exemplos o caso Roald Dahl, autor de *Charlie and the Chocolate Factory* [A fantástica fábrica de chocolate], cujo livro foi reescrito por "leitores de sensibilidades", cuja tarefa é suprimir palavras ou frases supostamente discriminatórias em relação às minorias. Muitos outros romances, como os de Agatha Christie, também estão na mira desses novos puritanos, mas são certamente as obras da literatura juvenil as mais afetadas, cada vez mais submetidas a reescritas por vezes tão absurdas quanto indecentemente repletas de baboseiras. O mais inquietante é que elas não atingem mais somente as obras recentes, mas começam a atacar as do passado que se veem expurgadas das palavras que incomodam, tais como "raça", "negro", "gordo", "judeu", "deficiente", "boiola" etc. Que fique claro: que possamos detestar certas palavras e denunciar seu uso é tão compreensível quanto legítimo. Mas ainda assim é preciso reescrever a história, suprimir tudo o que nos desagrada em função das ideologias de hoje arriscando não conseguir mais compreendê-la, nem que seja para criticá-la? Esta é a questão, uma questão à qual os regimes e as ideologias totalitárias nunca hesitam em responder de forma afirmativa...

11

Por que funciona

Potência do dogmatismo e interesses da razão

Muitas vezes me perguntei por que são tantos os defensores das ideologias da felicidade, da psicologia positiva e do desenvolvimento pessoal que tomam com entusiasmo a filosofia de Espinosa como modelo. É o caso, entre tantos outros, de Frédéric Lenoir (2017), que num de seus últimos livros, *Le miracle Spinoza* [*O milagre Espinosa*], não hesita em declarar que o filósofo é no campo da busca da felicidade um guia tão admirável quanto insubstituível, "o inventor de uma filosofia fundada no desejo e na alegria que muda profundamente nossa concepção de Deus, da moral e da felicidade". Também aqui, penso exatamente o contrário. Em *La Vie heureuse*, meu último livro publicado em 2022, consagrei um longo capítulo para expor e desconstruir o dogmatismo da metafísica espinosista, um sistema que considero como o mais falacioso que a história da filosofia nos ofereceu. Ele se apoia, com efeito, numa convicção que encarna em estado quimicamente puro o que a metafísica dogmática produziu de mais ilusório: ele tenta por todos os meios estabelecer um vínculo essencial e indissolúvel entre, de um lado, um determinismo absoluto que faz do livre-arbítrio uma ideia "delirante", uma vez que do ponto de vista de Deus ou do sábio, tudo em nossas vidas já está escrito de maneira inalterável até nos mínimos detalhes, e do outro a rejeição das paixões tristes que, seja a cólera, a indignação, a culpa ou a esperança, todas elas supõem com efeito que o real poderia ser diferente do que é. Conclusão: é preciso, como vimos Lenoir repetir de maneira insistente em todos os seus livros como se fosse a chave da felicidade, amar "em qualquer circunstância" o curso do mundo assim como ele é com seus altos e seus baixos, é preciso praticar, como dirá Nietzsche no rastro de Espinosa, o *amor fati* ou, como o próprio Espinosa diz, "o amor intelectual a Deus", ou seja, ao real, Deus e a natureza sendo uma coisa só (*Deus sive natura*). Dizer "sim" em totalidade ao mundo assim como ele é em vez de querer transformá-lo em nome de uma liberdade que não passa de ilusão seria então, segundo ele, a chave da sabedoria.

O sábio, compreendendo que não há nenhuma alternativa ao real assim como ele é, deixaria de julgá-lo e de querer mudá-lo – ou melhor, nossa vontade de transformá-lo já estaria compreendida na necessidade, já prevista e levada em conta do ponto de vista de Deus. O sábio deveria então se livrar num mesmo movimento do livre-arbítrio, da moral que pretende distinguir o bem e o mal, e das paixões tristes. Como Espinosa sempre insiste:

> O amor, o ódio, a cólera, a inveja, o orgulho, a piedade e os outros movimentos da alma devem ser considerados, não como vícios, mas como propriedades da natureza humana, das maneiras de ser que lhe pertencem como o quente e o frio, a tempestade, o trovão e todos os fenômenos pertencem à natureza do ar. Quaisquer que sejam os dissabores que essas intempéries possam ter para nós, elas são necessárias porque têm causas determinadas.

Tendo certa dificuldade em me colocar no lugar de um Deus onisciente, não tendo portanto jamais conseguido me convencer de que as más ações dos seres humanos se assemelhavam às intempéries, nem os crimes contra a humanidade às chuvas funestas, as "paixões tristes" não apenas me parecem inerentes à condição humana, mas querer se livrar delas não seria para mim um sinal de sabedoria, e sim de pura loucura, pois seria negar nossa própria essência, o que nos torna humanos; nesse sentido a pretensa sabedoria de Espinosa parece-me delirante e aquilo que ele considera delírio ser, ao contrário, um primeiro passo para a lucidez...

Com que tipo de sedução as ilusões da metafísica conseguem se adornar?

O que me interessa aqui não é a crítica das ilusões da metafísica dogmática como tal, e sim a questão de saber o que nela consegue seduzir tanto. Como explicar que pensadores cuja inteligência é inquestionável, a começar pelo próprio

Espinosa, tenham conseguido aderir a teses tão evidentemente delirantes, tão evidentemente contrárias ao bom-senso quanto a um racionalismo verdadeiro, ou seja, crítico? E como explicar, aliás, que certos intelectuais continuem ainda hoje a considerar Espinosa como um dos maiores filósofos de todos os tempos? A questão é não apenas legítima, mas essencial porque ela se refere à diferença entre os sistemas dogmáticos e o pensamento crítico ou reflexivo, um tema filosófico que considero absolutamente fundamental. Ela nos obriga a nos interrogar sobre a potência realmente misteriosa das ideologias, inclusive as mais falsas e as mais devastadoras.

Como explicar, tomando um exemplo bastante próximo, que o comunismo, inclusive em suas versões mais totalitárias e mais mortíferas, tenha conseguido fascinar tantos intelectuais, e isso até nos anos de 1980, e mesmo além se julgarmos pela adesão sempre calorosa de um ideólogo como Alain Badiou ao maoismo? A Revolução Cultural fez na China cerca de 60 milhões de mortos em condições de uma absurdidade e de uma crueldade inimagináveis. Vários especialistas na China, a começar pelo excelente Simon Leys, davam, no entanto, *urbi et orbi* todas as informações necessárias a uma compreensão lúcida das abominações em andamento. Ora, intelectuais franceses entre os mais conhecidos, a começar por Foucault (que também foi, aliás, um admirador zeloso da Revolução Iraniana), não apenas fechavam os olhos, mas achavam esse horror afinal justificado quando lhes acontecia (raramente) de abri-los. É um enigma que pode deixar estupefato, e com toda razão. Ele se deve, como vamos ver neste capítulo, ao fato de que a maioria dos humanos tem uma propensão natural a se deixar seduzir pelo pensamento, no sentido literal do termo, "dogmático", isto é, a se interessar muito mais pelo conteúdo de uma ideologia do que pela reflexão crítica sobre os conteúdos que ela expõe. Um intelectual que, em suma, não arrisca rigorosamente nada numa França pacífica vai aderir de bom grado às promessas miríficas de igualdade entre os seres humanos, de revolução radical, de extermínio dos exploradores e de felicidade para todos ("a cada um segundo suas necessidades") desde que se esqueça de pensar seu próprio pensamento, isto é, de refletir, de adotar um olhar crítico sobre a negação de liberdade e de humanidade que a ideia revolucionária implica incansavelmente quando ela promete a execução dos oponentes.

O que me fascina desde os anos de 1960, eu que sempre fui gaullista e social-democrata (estimava e gostava de Michel Rocard...), é que as ideologias mais delirantes e as mais nefastas tenham conseguido e ainda consigam ganhar tanto terreno, não entre os imbecis declarados, mas sobretudo entre os intelectuais. Em 1972, fui estudar na Alemanha porque a atmosfera comunista ou esquerdista da universidade francesa tornara-se irrespirável. Eu via o "partido dos intelectuais" mergulhar no ódio à liberdade e à democracia. Se possível, eu combatia muito mais a extrema-direita antissemita do que o esquerdismo e, convencido de que o bom-senso e a razão podiam ainda vencer, tentava fazer com que meus amigos conquistados pelas loucuras da época lessem as obras de Raymon Aron sobre o totalitarismo e as de Simon Leys sobre a Revolução Cultural Chinesa. Claro que só conseguia passar por um moderado, isto é, um imbecil, e até um "fascista" hostil à emancipação do proletariado[79]. Havia certamente uma esquerda antitotalitária, a de Lefort e de Castoriadis, que mais tarde se tornou um de meus melhores amigos, mas ela era ultraminoritária. Mesmo Edgar Morin, François Furet e Le Roy Ladurie vinham do Partido Comunista Francês. Althusser, que dominava a vida filosófica da Rue d'Ulm, também era, é claro, membro do PCF, ao passo que Derrida e Sartre desempenhavam o papel de companheiros de viagem particularmente vigilantes, decerto mais dogmáticos ainda

79. Lembro-me de discussões memoráveis, ainda nos anos de 1980, com amigos próximos, agora bem conhecidos, que chamavam Aron de patife e de covarde. Hoje, a maioria deles é mais de direita do que eu, e ainda assim conservaram seu ódio pelas sociedades liberais. Agora é o ecologismo radical que, sob as cores do "colapsismo" (que palavra ridícula!), substitui seu anticapitalismo, é ele que dá continuidade ao ideal antiliberal do esquerdismo e do finado terceiro-mundismo. E aqui, uma vez mais, não são os menos instruídos que abrem o caminho. Na maioria das vezes, nossos principais colapsologistas são universitários. Sendo claro: a proteção do planeta, bem como o ideal de justiça social que o comunismo pretendia (de uma forma para lá de falaciosa) representar são, para mim, mais do que legítimos. O pomo da discórdia não está aí. Está no caráter antiliberal e "decrescente" dessas ideologias mortíferas, e mesmo dessas infantilidades pseudorrevolucionárias que nos convidam a abandonar os benefícios incomparáveis das sociedades democráticas em benefício de um modelo político do qual o calamitoso ZAD de Nantes deu uma amostra. Pergunta: Como pessoas inteligentes podem defender tais absurdos? Temos hoje todos os meios de proteger o planeta e é claro que as sociedades ocidentais se responsabilizam por essa tarefa como nunca, que não estão mais na lógica do descartável e do capitalismo selvagem dos anos de 1960. No entanto, nossos "colapsistas" proclamam que tudo está perdido, que é preciso acabar com o liberalismo. No fundo, tudo acontece como se o ritmo das ideologias totalitárias fosse estável de uma geração para a outra, como se a passagem do comunismo ao ecologismo fundamentalista fosse, afinal, apenas uma questão de vasos comunicantes. Há 50 anos, no mundo das artes e da cultura, era imperativo ser de esquerda ou cairia no esquecimento. Era "socialismo ou barbárie". Hoje, se você quer existir, é melhor repintar urgentemente suas ideias de verde e, como nossa Assembleia Nacional, ir para a cama sem reclamar diante do infantilismo apocalíptico de Greta Thunberg.

do que se fizessem parte do partido. Entre os intelectuais de minha geração, os mais brilhantes estavam na extrema-esquerda, trotskistas, maoistas, que também eram membros do PCF. Em 1968, seduzido pela desconstrução kantiana e heideggeriana das ilusões do comunismo e do espinosismo, eu era considerado por meus camaradas como um "inimigo de classe", o que era tanto mais cômico porque eu não vinha de forma alguma de um meio burguês e porque meus pais fizeram parte da Resistência. Hoje, a maioria de meus antigos camaradas foi para a direita, alguns para a extrema-direita, confirmando o que Aron, que eu convidara para meu seminário da École normal supérieure da Rua d'Ulm, chamava de "o papel da imbecilidade na história", um fator que ele considerava justamente como um objeto de estudo de suma importância.

Para compreender como ideologias tão falsas quanto mortíferas conseguiram tantas adesões entre mentes ainda assim tão notáveis, é preciso aceitar essa ideia, à primeira vista estranha, de que a razão que se perde nas esferas da metafísica, longe de ser sempre neutra, imparcial e objetiva, é pelo contrário, em certas ocasiões bem específicas que vamos analisar aqui, *interessada*, guiada por interesses políticos, éticos e espirituais que as fazem perder seu caminho de verdade, o da ciência autêntica e da racionalidade reflexiva (crítica). Mas não pense que esta análise é evidente porque, por exemplo, o comunismo acabaria desaparecendo da paisagem política. Não se trata de chutar cachorro morto, e sim de compreender em profundidade o que deve ter acontecido com uma ideologia tão claramente totalitária ou, num registro menos dramático, com uma metafísica tão evidentemente dogmática e ilusória quanto o espinosismo. Como explicar, sem ser irônico, os motivos que podem arrastar seres que não são estúpidos para ideias tão falsas quanto calamitosas? Para responder a essa pergunta, um trabalho de reflexividade é tanto mais necessário porque, como a natureza tem horror ao vazio, em geral novas ideologias se reformam assim que as precedentes desapareceram. O comunismo defunto dá lugar hoje a outras correntes, menos mortíferas sem dúvida, mas tão dogmáticas quanto, a começar por esse ecologismo radical que toma a forma do decrescentismo e do "colapsismo" a fim de continuar o trabalho de corrosão das sociais-democracias liberais.

Como pretendo mostrar a seguir, a análise dos interesses da razão é de uma profundidade tão abissal que raramente é levada em conta pelos intelectuais então chamados de "engajados", o bom-senso popular mostrando-se de modo geral menos cego do que eles sobre temas que colocam em jogo a vida humana: a guerra e a morte de seus filhos não lhes parecem como simples pedras no caminho do futuro radiante. É preciso fazer um real esforço para compreender esta análise reflexiva, mas comprometo-me com meu leitor: o desvio, por mais íngreme que seja, vale muito a pena.

A crítica kantiana da metafísica como modelo de reflexividade antidogmática

Comecemos pela base, e neste caso a base está na *Crítica da razão pura* de Kant, um breve capítulo, pouquíssimo lido e comentado, um trecho bastante curto e afinal um pouco enigmático, que se dedica a entregar os segredos da estranha noção de "interesses da razão". Sua abordagem do problema é tão simples quanto genial[80]. Indo direto ao ponto, ela consiste em mostrar que ao deixar o campo da experiência, portanto da ciência verdadeira[81], a razão que se move para além da esfera da física, portanto num espaço no sentido literal do termo "meta-físico", deixa de ser imparcial para ser animada apenas por interesses, e mesmo por paixões mais ou menos delirantes. De fato, está claro que as indagações metafísicas, precisamente porque são indecidíveis pelo recurso à experiência ("infalseáveis", dirá mais tarde Popper no rastro de Kant), muitas vezes nos encantam mais do que as questões científicas propriamente ditas. Elas se referem aos fins últimos e às causas primeiras, em outras palavras, a temas que fazem sonhar e que envolvem o sentido da vida do ponto de vista moral e espiritual, de modo que, apesar das contradições em que cai, a metafísica não pode, como diz Kant, "nem recuar, nem olhar com indiferença essas querelas como se fossem um simples jogo, porque o objeto da disputa é de um imenso interesse". O autor da *Crítica* dá então quatro exemplos dessas questões candentes que "interessam" a razão, mas que a ciência não consegue resolver e que, por esse motivo mesmo, dão origem a debates intermináveis, debates em que as paixões ético-religiosas têm precedência sobre o que Max Weber chamava de "neutralidade

80. Jürgen Habermas (1968) a retoma em parte, mas sob uma forma menos profunda e menos radical, em *Connaissance et intérêt*.

81. Em sua linguagem: do entendimento ligado às instituições puras ou empíricas.

axiológica", ou seja, a imparcialidade e a objetividade que convêm à ciência verdadeira:

– O mundo tem um começo primeiro (tese) ou, pelo contrário (antítese), sempre há um estado anterior a seu nascimento, e isso infinitamente sem que jamais possamos remontar a uma causa primeira, a um primeiro começo do universo?

– Existe algo como um átomo, um eu indivisível (tese) que seria como a prefiguração de uma alma imortal, ou então o real, e em particular o eu, é sempre divisível infinitamente (antítese)?

– Dispomos de um livre-arbítrio que nos permitiria escolher entre possíveis, nossas escolhas intencionais e voluntárias (causas finais) sendo então os primeiros começos livres das ações que se seguem (tese), ou nossas ações são, ao contrário determinadas (antítese) por causas naturais (causas eficientes), como pensam Espinosa e os deterministas?

– Por fim, existe, sim ou não, um "Ser necessário", um Deus criador que seria a causa primeira do mundo (tese) ou, ao contrário, o mundo é (antítese) apenas o resultado de uma sequência infinita e indeterminada de causas cuja origem primeira ninguém pode estabelecer?

Como se vê, esses temas colocam em jogo interesses éticos importantes, paixões espirituais radicalmente opostas entre elas, e mesmo emoções das quais decorrem visões de mundo, do sentido da vida e da sabedoria absolutamente conflituais. Sobretudo, o racionalismo crítico se situa no oposto do "racionalismo absoluto" de Espinosa e de seu conhecimento do terceiro gênero, no oposto de Hegel e de seu Saber Absoluto ou de Marx e de sua ciência da história, todos sistemas dogmáticos que pretendem de maneira tão ingênua quanto aberrante poder tratar os temas metafísicos cientificamente ("*more geometrico*" em Espinosa, "*wissenschaftlich*" em Hegel e Marx). É o erro primeiro, o *proton pseudos*, dos quais todos os outros decorrem, um erro que reside na confusão entre metafísica e ciência, o conhecido *more geometrico* de Espinosa não tendo aqui qualquer pertinência, uma vez que nos movemos no campo do suprassensível, fora de qualquer experiência possível, fora de qualquer contestação factual e experimental por meio de um recurso ao real situado no espaço e no tempo.

Com relação à existência de Deus, para citar apenas este exemplo, é evidentemente impossível demonstrar que Ele existe (ao contrário do que pretende de maneira pueril o argumento ontológico espinosista), ou tampouco que Ele não existe, nesse sentido o ateísmo é uma crença como qualquer outra. Se tivéssemos conseguido demonstrar a existência de Deus, ou sua inexistência, acreditem, já o saberíamos há muito tempo! Algo que vale também para a questão da liberdade e do determinismo, bem como para a da autonomia do sujeito. Com a pretensa "ciência da história" marxista, encontramos o mesmo deslizamento funesto, a mesma confusão dos gêneros entre o que pertence à ciência autêntica e o que pertence à metafísica – um deslizamento catastrófico humanamente, uma vez que se existe uma ciência da história que nos diz com absoluta certeza para onde ir, como se voltar para um bem absoluto, é evidente que os oponentes não representam senão o mundo do erro e da loucura, e mesmo da falha, e que, nessas condições, não há nada melhor a fazer do que enviá-los a um hospital psiquiátrico ou exterminá-los[82]. O racionalismo crítico herdado de Kant parte da constatação ainda mais razoável, mais profunda e significativamente mais racional, de que os conflitos que as questões ético-espirituais provocam, a começar por aqueles que se instalam entre as teses e as antíteses que acabamos de evocar, pertencem *a priori* aos "interesses da razão", isto é, da metafísica. Com efeito, é evidente que eles não se manifestam no campo da ciência, nem mesmo da matemática, uma vez que se situam fora de qualquer experiência possível. São então estes interesses que guiam em segredo nossas escolhas e nossas preferências, cada um de nós se apressando para escolher a tese ou a antítese mais conveniente em função dos preconceitos ético-espirituais.

Em geral, e também aqui, a análise kantiana é luminosa, os crentes preferirão as teses, ao passo que os cientistas e os materialistas (que Kant reagrupa sob o nome de "empiristas", segundo o vocabulário da época), se colocarão de preferência do lado da antítese, sem que ninguém jamais consiga resolver objetivamente esse debate retornando diante deste juiz de paz

---

82. Em certos aspectos, caímos no mesmo tipo de ilusão com a pretensão das ciências da educação ou da ciência política de erigir a pedagogia ou a condução dos assuntos públicos, que pertencem evidentemente ao campo da arte (ou do artesanato), ao estatuto de ciências experimentais. Que a psicologia infantil, a neurociência ou a sociologia eleitoral possam nos ensinar factualmente certo número de coisas que poderiam ser úteis para a arte educativa ou política é uma coisa, mas que essas artes possam se tornar ciências é outra coisa que procede da mais pura ilusão.

que é a experiência, uma vez que, pela sua própria essência, neste caso é impossível convocá-la[83]. Para dar um exemplo particularmente límpido dos interesses da razão que podem estar em jogo nesses conflitos da metafísica consigo mesma, está claro que aquele que escolhe as teses não as escolhe por razões lógico-científicas, e sim evidentemente porque ele defende sub-repticiamente preconceitos que servem de pilares à moral e à religião. Como escreve Kant:

> [...] que o mundo tenha um começo, que meu eu pensante seja uma natureza simples e por consequência incorruptível, que seja ao mesmo tempo livre em suas ações voluntárias e situado acima da restrição da natureza e que, por fim, a ordem total das coisas que constitui o mundo derive de um Ser primeiro de quem tudo toma emprestado sua unidade e seu encadeamento em vista dos fins, todas essas são aqui pedras angulares da moral e da religião. A antítese nos retira, ou pelo mesmo parece nos retirar, todos esses apoios.

---

83. Como Kant diz de maneira genial na passagem a seguir: "Que partido tomaríamos de muito bom grado se fôssemos forçados a fazê-lo? Como não questionamos aqui o critério lógico da verdade, mas simplesmente nosso interesse, dado que esta pesquisa nada pode decidir quando se trata do litígio jurídico que opõe as duas partes presentes, nossa pesquisa nem por isso terá a vantagem de fazer compreender por que aqueles que tomam parte nesse combate voltam-se de bom grado mais para um lado do que para o outro, mesmo quando um conhecimento esclarecido de seu objeto não é de forma alguma a causa dele. Ela terá também a vantagem de explicar outras coisas, por exemplo o zelo ardoroso de um dos partidos e a resolução fria do outro, por que dão alegremente seu assentimento a um, enquanto se mostram de antemão e de maneira definitiva hostis ao outro".

As teses oferecem, com efeito, um grande interesse "prático", isto é, altamente moral e religioso: nelas o ser humano é decretado livre em suas escolhas, portanto responsável por seus atos; nesse sentido existe aqui uma distinção possível entre o bem e o mal no plano moral (e não apenas, como em Espinosa, entre o bom e o mau num sentido prosaicamente alimentar ou médico[84]). E não é só isso: a possibilidade de

84. Como observa Deleuze, não há nem bem nem mal moral em Espinosa, apenas bom e mau. Foi um grande erro de Adão ter acreditado que Deus lhe dava uma lei moral ao proibi-lo de provar o fruto, ao passo que ele apenas o protegia de algo que lhe faria mal como uma espécie de veneno. Não há nada de moral nisso tudo. O bem, por exemplo um bom alimento, é aquilo que se compõe comigo, que entra numa relação favorável comigo e que assim me fortalece; o mal é o contrário, é o que me contraria no sentido de que não se harmoniza comigo, em que isso me decompõe e me enfraquece. A alegria vem do bom e a tristeza do mau. Ao que devemos acrescentar a famosa frase de Espinosa segundo a qual não desejo alguma coisa porque é boa, mas ela é boa porque eu a desejo. Com estas três teses (o bem e o mal substituídos pelo bom e o mau, a definição da alegria e da tristeza, e o lugar dado ao desejo), temos a desconstrução quase nietzschiana da moral, já estamos além do bem e do mal. Podemos perfeitamente conceder a Espinosa que tanto sua definição da alegria e da tristeza quanto a de bom e mau são excelentes... sem que isso suprima de forma alguma a distinção entre o bem e o mal. Sempre trabalhei de maneira perfeitamente espinosista: o que me interessa, mesmo quando discordo totalmente de alguém ou de uma ideia, de uma teoria, de uma filosofia etc., é o que me fortalece, não no sentido de que só agarro o que me agrada, mas pelo contrário, no sentido de que mesmo aquilo que me contradiz pode permitir que eu vá mais longe, reforçar a visão da verdade que procuro construir. Quando lia um grande autor, era a partir do que eu tinha compreendido com certeza (do que havia "composto com minha própria relação", diria Deleuze em seu jargão) que podia buscar compreender o que ainda não compreendia, de modo que, aos poucos, como um pedreiro acrescenta tijolo a tijolo, eu acabava compreendendo todo o conjunto a tal ponto que Kant, Hegel, Nietzsche ou Heidegger se tornavam tão límpidos para mim como se eu mesmo tivesse escrito o texto deles. Acabava sabendo o que viria depois da página lida e, de fato, como um bom alimento que fortalece o corpo, um pensamento que fortalece a alma despertava em mim uma alegria infinita. Moral desta observação: sim, claro, como em qualquer grande filósofo, há análises interessantes e verdadeiras em Espinosa. Isto explica por que alguns acabaram gostando de Espinosa, mas isso não justifica, no

uma alma imortal está preservada a partir do momento que o eu é pensado como um átomo incorruptível, assim como a de um Deus criador, o que evidentemente serve aos interesses das religiões. Além disso, as teses oferecem vantagens no plano especulativo ou "arquitetônico", uma vez que elas sempre colocam um incondicionado (a liberdade como causa primeira intencional e voluntária de nossos atos, o eu pensado como um átomo incorruptível, Deus causa primeira do mundo...), o que permite a razão parar sua busca indefinida das causas e das condições de toda coisa; nesse sentido ela pode encontrar o repouso. Por fim, as teses apresentam igualmente um interesse que se poderia dizer "popular": espontaneamente, o povo (a consciência comum) crê de bom grado na liberdade de escolha, bem como na distinção moral entre o bem e o mal.

Do outro lado, embora as proposições defendidas pelas antíteses tenham do ponto de vista da consciência comum o inconveniente de destruir qualquer interesse ético (não há mais livre-arbítrio, portanto não há mais distinção entre o bem e o mal no plano moral, nem de religião, uma vez que também não há mais alma imortal, nem Deus criador do céu e da terra), ainda assim elas dão asas a certo tipo de racionalismo dogmático, àquilo que chamamos de cientismo,

---

entanto, que sejam espinosistas. Pois o sistema de conjunto, por mais grandioso que seja, não deixa de proceder da mais desoladora ingenuidade ontoteológica, o que torna suas teses fundamentais, a começar pelo argumento ontológico que sustenta a *Ética* de A a Z e sem o qual nem a definição do conhecimento de terceiro gênero, nem o do amor intelectual a Deus teriam o menor significado, no sentido literal, para falar como Espinosa sobre o livre-arbítrio, totalmente "delirantes", isto é, sem qualquer relação possível com a realidade real, com nossa experiência humana situada no espaço e no tempo.

deixando acreditar que a ciência se sente em casa e sempre em seu terreno e que ela é, além disso, a única racionalidade possível[85] (o que como acabamos de ver era o erro por excelência, pois a ciência não consegue jamais resolver as questões metafísicas *more geometrico*). Por não serem morais ou populares, nós, os pós-nietzschianos e pós-Maio 68, sabemos que é precisamente essa desconstrução da moral convencional e esse elitismo antipopular que oferecem aos olhos dos intelectuais dogmáticos um encanto absolutamente superior ao das teses que dificilmente recebem outro consentimento que não o da extremamente popular consciência comum[86].

85. Como escreve Kant, as antíteses oferecem, portanto, "ao interesse especulativo da razão, vantagens muito atraentes e que superam em muito aquelas que podem ser prometidas pelo mestre dogmático que ensina as ideias da razão [*as teses*] porque, segundo as antíteses, o entendimento sente-se em casa, em seu próprio terreno, isto é, no terreno de experiências absolutamente possíveis, experiências das quais ele pode procurar as leis e, por meio dessas leis, alargar ilimitadamente seu conhecimento compreensível e certo".

86. Ao contrário das teses, "as proposições da antítese são de tal natureza que tornam absolutamente impossível a conclusão de um edifício de conhecimentos. Segundo elas, há sempre, acima de um estado do mundo, outro ainda mais antigo; em cada parte há sempre outras, que são, por sua vez, divisíveis; antes de cada evento há outro que, por sua vez, também foi engendrado por outro; e, por fim, na existência em geral, tudo está sempre condicionado sem que se possa encontrar em parte alguma uma existência primeira e incondicionada. Portanto, uma vez que a antítese não admite em parte alguma um primeiro termo e um começo que possa servir absolutamente de fundamento ao edifício, um sistema completo do conhecimento é inteiramente impossível sob tais suposições, razão pela qual o interesse arquitetônico da razão que exige não uma unidade racional empírica, mas uma unidade racional pura *a priori*, contém uma recomendação natural em favor das afirmações da tese". Ao final, compreenderemos que as seis posições diferentes sobre as quatro questões metafísicas (portanto, não científicas) em discussão podem se opor entre elas com base não em demonstrações *more geometrico*, mas simplesmente em interesses ético-espirituais divergentes: a) A das teses consideradas na perspectiva da metafísica dogmática: é o caso desta parte da teologia que, por exemplo, admitia a validade de certas provas da existência de Deus e que ainda hoje concede à criação

do mundo a partir de um Ser supremo considerado como causa primeira ou à imortalidade da alma o estatuto de verdade (revelada certamente, mas ainda mais verdadeira aos olhos dos crentes); b) A das teses consideradas de maneira crítica, portanto como objetos de fé ou como ideias simplesmente reguladoras, e não como proposições demonstráveis cientificamente; c) A das antíteses consideradas de maneira dogmática: o racionalismo absoluto e dogmático, do qual o espinosismo fornece o modelo quase perfeito (Hegel será ainda superior a ele no mesmo registo), ou seja, uma confusão entre a esfera da ciência e a da metafísica, ou para falar como Popper, uma confusão entre a esfera do falseável e a do não falseável. Postular a realidade do ponto de vista de Deus (enquanto para o racionalista crítico trata-se apenas de uma ideia reguladora para guiar a ciência e a estética) é como fazer um seguro contra o irracional, contra o mistério do mundo, é postular (pois trata-se evidentemente de um simples postulado) que nossa razão nunca será pega cometendo um erro, que o real já é racional e o racional real antes mesmo de termos explicado ou demonstrado seja o que for. É reconfortante para a mente inquieta encontrar razões para tudo, preocupada com erradicar pela raiz tudo o que pode haver de imprevisível, de inesperado na história, seja esta aliás coletiva ou privada; d) a das antíteses consideradas de maneira crítica, uma possibilidade que Kant menciona explicitamente e que corresponderia afinal ao ponto de vista de um cientista autêntico, isto é, nem cientista, nem metafísico, uma vez que as antíteses seriam aqui consideradas como objetos de suposições ou de fé e não como verdades objetivas demonstradas, o que lhes permitiria ser compatíveis com certos aspectos das teses, por sua vez consideradas como simples hipóteses: na verdade, o empirismo (o materialismo) poderia ater-se, se fosse mais rigoroso do que no ponto 3, à ideia de que as ideias transcendentes da metafísica "na verdade só nos fazem conhecer uma única coisa, a saber, que não sabemos nada! Se, digo eu, o empirismo parasse aí, seu princípio seria então uma máxima que nos prescreveria ser moderados em nossas pretensões, reservados em nossas asserções, e ao mesmo tempo estender o mais possível nosso entendimento sob a direção do único mestre que realmente temos, ou seja, a experiência. Nesse caso, as *suposições* intelectuais e as *crenças necessárias* ao nosso interesse prático não nos seriam tiradas. Simplesmente, não poderíamos produzi-las sob o pomposo título de "saberes científicos" e "visões racionais", uma vez que o saber especulativo não pode ter outro objeto que o da experiência e, se ultrapassarmos seus limites, a síntese que busca conhecimentos novos e independentes da experiência não tem *substratum* algum de intuição no qual ela possa ser aplicada". O problema, acrescenta imediatamente Kant, que pensa aqui ainda mais em Espinosa do que nos empiristas, é que o materialismo quase nunca para aí, como vimos no ponto 3: ele quase sempre mergulha na metafísica dogmática do racionalismo absoluto, de modo que "o próprio empirismo torna-se dogmático em relação às ideias (como acontece na maioria das vezes), o que o faz cair no defeito do

Sem avançar mais nos detalhes da argumentação kantiana, já compreendemos como ela nos coloca no caminho de uma ideia fundamental para compreender a potência de convicção que as ideologias mais funestas podem adquirir a partir do momento que se movem no campo da metafísica onde apenas os interesses da razão dominam o debate fora de qualquer relação com o real (de qualquer falseabilidade). Esta observação vale muito particularmente para as pseudossabedorias da felicidade inspiradas no espinosismo, bem como para a pseudociência da história herdada do marxismo – e no mais não é um acaso se quase todos os intelectuais comunistas de minha

---

exagero, um defeito que é tanto mais recriminável porque que o interesse prático da razão recebe um dano irreparável", uma vez que, é claro, o racionalismo absoluto leva a negar a existência do livre-arbítrio e, portanto, de toda moral. Como dirá Hegel, depois de Espinosa, no prefácio à *Fenomenologia*, "o bem existe tão pouco quanto o mal", uma vez que essas categorias pressupõem o livre-arbítrio, que o racionalismo da antítese remete evidentemente ao estatuto de ilusão, já que nenhum primeiro começo é possível dentro da natureza que é dominada por uma cadeia contínua de causas e de efeitos; e) o espinosismo e o hegelianismo, isto é, a metafísica das antíteses que em vez de ser aberta como em (3) pretende ser arquitetônica no sentido de que pretende assumir a forma de um sistema completo (conhecimento do terceiro gênero ou o Saber Absoluto). Eles tomam emprestada da tese a ideia de causa de si, mas a tomam evidentemente de maneira dogmática ao aderirem ao argumento ontológico (como Schelling, já recriminava Hegel em suas magníficas *Conferências de Munique*) e, portanto, ao destruírem qualquer interesse prático; não há mais nem livre-arbítrio, nem distinção entre o bem e o mal), nem deus criador (*Deus sive natura*). Nesse sentido o espinosismo culmina todos os inconvenientes da tese e da antítese tomadas dogmaticamente, o que a torna a filosofia mais ilusoriamente metafísica e dogmática de todos os tempos; f) a posição daquele que, compreendendo que nos movemos para fora da objetividade científica, escolhesse não escolher, se recusaria a ceder a um interesse e não a outro, e que portanto, segundo Kant, "um dia se veria convencido de que a vontade humana é livre, mas no dia seguinte, ao considerar a cadeia indissolúvel da causalidade natural, consideraria como certo que a liberdade é apenas uma ilusão do eu e que tudo é unicamente natureza"...

geração eram espinosistas. Ao contrário do que se poderia acreditar, a razão nem sempre é desinteressada ou "axiologicamente neutra".

Posso agora dar uma resposta fundamentada à questão sobre a repercussão do espinosismo entre intelectuais cujo renome poderia levar a crer que não tinham perdido a cabeça. Na metafísica dogmática de Espinosa, três tipos de interesses entram constantemente em choque contra raciocínios que, longe de serem *more geometrico*, são na realidade determinados por poderosos preconceitos a um só tempo teóricos, éticos e espirituais, preconceitos na verdade tanto mais tenazes porque são dissimulados. Ergamos agora um pedaço do véu, mas o façamos sem ilusões: nenhum argumento reflexivo jamais convencerá o dogmático porque ele recusa por princípio a lógica da reflexão, aquela que consiste em pensar seu próprio pensamento em vez de se limitar a considerar somente o conteúdo da ideologia à qual ele adere. Voltaremos um pouco mais adiante a esse ponto essencial, mas comecemos por desvelar os interesses da razão em ação na metafísica dogmática de Espinosa.

Um interesse teórico pelo racionalismo dogmático

Se gosto do conhecimento, se estou animado, para falar como Nietzsche, por uma autêntica "vontade de verdade", está claro que estaria inevitavelmente tentado a postular que nada advém sem razão, que tudo tem uma causa, que todo evento possui uma razão de ser, uma explicação, e que, nessas condições, a ciência sente-se sempre em casa. Claro, devo então reconhecer que não sei tudo, que ninguém é onisciente, que nenhuma ciência é acabada, que ninguém pode *de facto* se colocar do ponto de vista de Deus (do fim da história); mas, em direito pelo menos, tenho muita vontade de postular, e embora não seja crente, que esse ponto de vista já existe em algum lugar, em si mesmo ao menos para mim, e que, em consequência, tudo já está racionalizado no mundo natural como na história dos seres humanos, que tudo sobre esta terra vem do *more geometrico*. Sem me aperceber, acabo de legitimar de forma sub-reptícia alguma coisa como a existência do ponto de vista de Deus ou, pelo menos, para falar como Hegel, da identidade perfeita entre o real e o racional.

A noção de mistério do Ser me parecerá então tão absurda quanto a do sobrenatural, como me parece aberrante a ideia de que um evento poderia não ter causa, explicação, razão de ser, de modo que, como apaixonado pelo conhecimento, meu interesse racionalista me leva muito naturalmente, sem nem precisar refletir sobre isso, na direção da absolutização da ciência, na direção do cientismo, ou seja, na direção de uma metafísica dogmática que é na realidade o contrário da ciência autêntica. Para dar um exemplo que já teve seu auge, é como herdeiros de Espinosa que Hegel e Marx tiveram a pretensão de decretar o fim da história, o Saber Absoluto para Hegel, o advento inevitável e necessário do comunismo para Marx. Afirmar que o real é racional em si, que tudo está determinado desde sempre, é ainda mais tentador para um racionalista, e eu sou um, porque permite então resolver um problema teológico tão irritante quanto clássico: onde podem estar então as verdades quando nós, meros humanos, ainda não as encontramos? A resposta é agora bastante simples: elas já estão desde sempre em Deus, no entendimento divino, ou caso se prefira dizer isso de maneira menos teológica, mas no fundo é a mesma coisa, elas já estão aqui, inscritas no real, na natureza (*Deus sive natura*) e na história vindoura, como o comunismo está inscrito necessariamente nas contradições do capitalismo. Elas não esperam senão que alguém, um cientista ou um líder carismático, venha desvelá-las à frente de um movimento social ou de um laboratório de pesquisa.

É esse racionalismo que André Comte-Sponville ainda admira em Espinosa, apesar das distâncias tão justas e consideráveis que ele tomou em relação ao espinosismo no plano espiritual. A esse respeito, o trecho a seguir, retirado de uma de suas conferências sobre Espinosa, merece ser examinado com muita atenção, pois nele podemos ler de maneira límpida a diferença precisa entre racionalismo dogmático e racionalismo crítico:

> Um materialista encontrará em Espinosa o racionalismo talvez mais radical já encontrado. Nem mistério, nem irracional. Nem milagres, nem providência. Tudo se explica, tudo tem uma causa (inclusive a própria natureza, uma vez que ela é causa de si mesma), ainda assim não podemos, nós, explicar tudo, ou quase tudo, nem compreender tudo, nem é claro conhecer as causas, ordinariamente incontáveis, de cada coisa singular ou de cada evento, os quais são todos contingentes do ponto de vista do conhecimento inadequado que temos sobre

> eles (uma vez que a essência deles não envelopa a existência e que não conhecemos jamais a série completa de suas causas: *Ética, II*, corolário da proposição 31, e IV, definições 3 e 4), nesse sentido todos eles não cessam de ser necessários na verdade ou do ponto de vista de Deus (*Ética*, proposição 29, e escólio I da proposição 33). Esse racionalismo absoluto deixa evidentemente uma parte ao possível na conduta de nossas vidas (uma vez que ignoramos quase tudo do encadeamento das causas) [*Tratado teológico-político*, IV,1: "Nós ignoramos totalmente a conexão e o próprio encadeamento das causas [...], portanto, para a prática da vida, é melhor, muito melhor: é indispensável considerar as coisas como possíveis"], como aquilo que há de desrazoável no ser humano (uma vez que é o desejo, não a razão, que é a própria essência do homem: *Ética*, III, demonstração da proposição 56 e definição 1 dos afetos), mas também isso é racional (seria irracional, considerando-se o que nós somos, que nós conhecêssemos tudo ou fôssemos sempre razoáveis). Em suma, ser espinosista é pensar – antes de Hegel e de maneira mais radical que ele – que o que é real [e não apenas efetivo ou "*wirklich*"] é racional e que o que é racional é real.

"O racionalismo absoluto deixa evidentemente uma parte ao possível", escreve o amigo André. Eu diria "evidentemente" o inverso. Não é porque ignoramos as causas que determinam nossas ações, bem como ignoramos aquelas que engendram os eventos exteriores de maneira no entanto implacável, necessária, e isso até nos mínimos detalhes, que essa ignorância devolve o mínimo lugar real ao possível. Não vemos "evidentemente" por que os possíveis começariam a existir apenas porque nós ignoraríamos as causas que resultam no fato de que crer neles é ilusório! Também não vemos por que teríamos de repente uma espécie de direito ao delírio, um favor concedido a nossos desejos de ilusão. Muito "evidentemente", essa parte do possível, por mais presente que ela esteja infelizmente no ignorante, não passa de uma fantasia ligada à tolice humana. Sendo bem rigoroso, André deveria, portanto, escrever: "O racionalismo absoluto deixa certa parte ao possível, mas é evidentemente a da ilusão e do delírio". E como uma ilusão, por mais real e necessária que ela possa ser, não resulta numa verdade, nem uma ignorância num conhecimento, é perfeitamente "evidente" que o racionalismo absoluto não deixa em realidade nenhuma parte ao possível, estritamente nenhuma, ou melhor dizendo, nenhuma parte além daquela das ilusões delirantes que habitam a alma dos ignorantes e dos loucos. Quanto ao sábio, ele se emancipa delas, e é nesse sentido, justamente, que ele chega à sabedoria e à serenidade. CQD!

Decerto, e isso é fácil de admitir, não podemos impedir a persistência da ilusão, bem como a dos vocábulos falaciosos da moral comum e das paixões tristes que a acompanham. Ainda que ela seja funesta, amante do erro e da falsidade, uma vez que reintroduz sub-repticiamente a ideia de livre-arbítrio e com ela as paixões tristes, a ilusão dos possíveis é inevitável, uma vez que nenhum humano, mesmo o mais sábio, não é absolutamente Deus. De todo modo, o sábio que se coloca, mesmo em pensamento, do ponto de vista da verdade e de Deus, sabe que não há possíveis no real e é esse conhecimento, como o próprio Espinosa se vangloria de possuir, que lhe permite chegar à serenidade, à alegria e à sabedoria verdadeiras. Portanto, não é porque não podemos impedir que a tolice humana tenha um lugar em nossas vidas que ela deve triunfar sobre a verdade, que o ponto de vista do humano deve triunfar sobre o do divino.

Segundo o racionalismo crítico, é claro que o cientista também trabalha para racionalizar o mundo, e para consegui-lo ele não abandona jamais o princípio de razão, mas em história como em ciência, o fim dos tempos e o ponto de vista de Deus não existem em lugar algum, nem jamais existirão. Nessas condições, não apenas existe o não racional em si e infinitamente, e não apenas para nós e provisoriamente, mas se além disso aceitarmos a hipótese do livre-arbítrio à qual essa reserva deixa um lugar, se pensarmos que os seres humanos dispõem de uma vontade livre, de uma capacidade de escolha, então a história volta a ser imprevisível, ela cessa de ser pensada como um destino mecânico que um Deus ou um Guia genial poderia prever e organizar de A a Z. Essa hipótese antideterminista me parece, sob todos os ponto de vista, colar à realidade histórica, uma vez que a característica mais evidente da história é sua imprevisibilidade. No mais, para um racionalista autêntico, ou seja, crítico, a hipótese do determinismo, ou seja, a extensão ontológica infinita do princípio de razão, não tem evidentemente nada de científico, uma vez que ela é a um só tempo contraditória e não falseável[87]. Mas não aca-

87. Limito-me aqui a mencionar o essencial da argumentação do racionalismo crítico de Kant, e depois de Popper. Ela consiste primeiro em mostrar que, na sua forma clássica, a do princípio de causalidade, o determinismo é intrinsecamente contraditório. Toda causa é, de fato, ela mesma necessariamente o efeito de outra causa, por sua vez situada na natureza, a qual, consequentemente, é por sua vez o efeito de outra causa, e assim por diante, infinitamente. O que torna o determinismo uma hipótese insustentável: ou paramos a cadeia das causalidades colocando uma causa primeira (Deus, a matéria ou qualquer outra coisa que você queira), mas no exato momento que acreditamos enfim fundar o determinismo, o negamos, uma vez que essa causa primeira ou não tem causa ou é causa de si mesma, como no argumento ontológico (a *natura naturans*, como diz Espinosa, compreendendo a existência da *natura naturata*). Quem ainda hoje pode acreditar seriamente num sofisma tão grosseiro como este argumento ontológico que pretende deduzir a existência do conceito de Deus ou da natureza? Ou então, diante da dificuldade, deixamos aberta a regressão ao infinito, e nesse caso o efeito não é precisamente nunca determinado nem explicado, uma vez que não podemos considerar que uma explicação que se perde nas areias do infinito seja verdadeiramente uma explicação. O determinismo revela-se, portanto, paradoxalmente tão indemonstrável, tão impensável quanto seu contrário (pois a hipótese de uma liberdade de escolha permite inaugurar uma série de ações no mundo a partir de intenções voluntárias). Mas não acabou. Ao contrário de uma ideia muitas vezes aceita por muitos cientistas, o determinismo não tem nada de uma tese científica. Na realidade, é uma simples ideologia tipicamente metafísica cujas pretensões de cientificidade são absolutamente aberrantes. Como escreve com muita inteligência Popper nas primeiras linhas de seu livro *Le réalisme et la science*: "A teoria segundo a qual 'todas as ações são egoístas, motivadas pelo interesse' está muito difundida: há versões dela no behaviorismo, na psicanálise, na psicologia individual, no utilitarismo, no marxismo vulgar, no pensamento religioso e na sociologia do conhecimento. Ora, é claro, no entanto, que essa teoria, e com ela todas suas variantes, não é falseável: nenhum exemplo de ação altruísta pode refutar a ideia de que existiria uma motivação egoísta oculta". Em outras palavras, a proposição segundo a qual todas as nossas ações seriam determinadas por causas eficientes que escapam, caso necessário, da nossa vontade consciente, por interesses confessáveis ou inconfessáveis, é por definição 'não falseável', impossível de testar, uma vez que *a priori* é impossível de ser contradita por qualquer experimentação e, portanto, não científica. O que significa que este é, paradoxalmente, o caso tanto do chamado racionalismo absoluto de Espinosa quanto da religião: assim como é rigorosamente impossível provar que Deus não existe, poderemos sempre, por trás de qualquer ação, mesmo a

bou. Não apenas o determinismo não passa de um preconceito metafísico, mas o materialismo que o acompanha com absoluto rigor não tem evidentemente nada de demonstrável *more geometrico*, ao menos nada mais demonstrável do que seu contrário, o idealismo ou o espiritualismo. Este ponto também merece ser esclarecido.

Um interesse moral e espiritual pela felicidade e pela salvação que impõe a rejeição dessas paixões tristes que vêm arruiná-lo ao transtornar nossas vidas

Ao interesse teórico pelo racionalismo absoluto (no entanto dogmático, ilusório e metafisico) acrescenta-se, para os espinosistas, um importante interesse moral. A verdade é que esse segundo interesse, como para os epicuristas ou os

---

mais aparentemente desinteressada, postular a existência de uma motivação inconsciente, de uma causalidade mais ou menos secreta. É, portanto, *stricto sensu*, impossível contradizer empiricamente o determinismo, o que, paradoxalmente, está longe de ser uma vantagem para ele. Na verdade, é porque escapa a qualquer refutação empírica imaginável que ele manifesta seu carácter de preconceito meta-físico. A hipótese do determinismo, bem como a da existência de Deus, move-se numa esfera que escapa a qualquer controle pelos fatos e é só a este preço que ela consegue escapar a qualquer questionamento experimental. Se quisermos ser verdadeiramente racionalistas, devemos, portanto, manter o determinismo no plano teórico – científico –, *não como uma verdade ontológica, mas como um princípio metodológico indefinidamente aplicável*, e conservar por outro lado a ideia de liberdade como um postulado, decerto também indemonstrável e infalseável, mas do qual não é necessário, nem desejável do ponto de vista ético, prescindir. A verdade é que os espinosistas ainda acreditam no argumento ontológico e no racionalismo absoluto, o que os leva a ignorar tudo sobre o verdadeiro racionalismo, ou seja, o racionalismo crítico, seu pretenso "racionalismo absoluto" sendo, infelizmente, apenas outro nome para a maior ingenuidade da metafísica dogmática.

estoicos[88], está muitas vezes na origem do primeiro[89]. A crítica às paixões tristes, a única que permite aceder à serenidade e à felicidade perfeitas segundo nossos ideólogos do frenesi da felicidade que se inspiram em Espinosa, seria evidentemente impossível se não postulassem no plano teórico um determinismo absoluto. Reciprocamente, se coloco, como convida o racionalismo crítico, que existe um lugar em nossas vidas para a contingência, para os possíveis e uma liberdade de escolha, se postulo que tudo não está determinado *a priori*, que nada está decidido de antemão na história do ponto de vista de Deus, mas que minhas ações, orientadas por causas finais, por intenções voluntárias, têm pelo contrário uma parte a ser considerada, então a responsabilidade e o transtorno que ela inevitavelmente engendra em nós se reintroduzem – o que para mim nada tem de "triste", ao contrário do que pretende o espinosismo, mas é ao invés o sinal mais seguro de nosso pertencimento à humanidade.

A liberdade de escolha, por definição mesma, quebra num mesmo movimento o *amor fati* e a "inocência do devir", de modo que, com ela, a noção de felicidade, *a fortiori* a de uma eternidade de alegria, torna-se altamente problemática, para não dizer francamente utópica: como já sugeri, tivemos felizmente em nossas vidas prazeres, claro, momentos de alegria,

---

88. O que Pierre Hadot viu perfeitamente em seus livros sobre o pensamento antigo: é quase sempre uma visão moral do mundo que pilota a teoria do conhecimento e não o contrário.

89. No entanto, ainda assim pode acontecer de ser o contrário, como em Comte-Sponville que, apesar do distanciamento assumido no plano ético e espiritual, conserva seu interesse pelo racionalismo dogmático.

e mesmo momentos de serenidade que evocam em nós algo como a felicidade, mas a ideia de que a teríamos alcançado de uma vez por todas, porque poderíamos enfim viver como deuses, é simplesmente risível.

Por fim, é um interesse espiritual que vem se acrescentar àqueles que dominam a ética e a teoria: se o ponto de vista de Deus é colocado como real graças a esse sofisma pueril que constitui o argumento ontológico sobre o qual Espinosa funda toda a argumentação da *Ética*, se aquele do ser humano é colocado por contraste como necessariamente errôneo enquanto ele permanecer no conhecimento inadequado (e ele sempre permanece mais ou menos), posso tentar me convencer que me esforçando (suponhamos que a palavra tenha um sentido) para chegar ao "conhecimento do terceiro gênero), à sabedoria autêntica que se aproxima tanto quanto possível do ponto de vista de Deus, eu compreenderia afinal que a morte não é (quase) nada para mim, que não morro verdadeiramente, que somente a parte menos importante de mim vai morrer, mas que o essencial, minha essência em Deus, permanecerá nele pela eternidade. Nesse sentido o interesse da razão pelo dogmatismo encontra seu coroamento definitivo numa doutrina da salvação.

Vantagem dogmática no espinosismo, vantagem reflexiva no racionalismo crítico

Diante desses três interesses dogmáticos – o interesse teórico para o racionalismo absoluto, ético para a felicidade eterna e espiritual para a promessa de (quase) não morrer – o racionalismo crítico está, ouso dizer, bem perdido: tudo o que ele tem é a lucidez e a liberdade, o que é bem pouco diante dos benefícios incomparáveis que as miragens do frenesi da felicidade deixam entrever. Ele coloca que tanto na história política quanto na das ciências há necessariamente e para sempre o não racional, ele arruína nossa vida afirmando que temos escolhas a fazer, responsabilidades a assumir, que cometemos erros e falhas e que as paixões tristes fazem necessariamente parte de nossa vida, a menos que sejamos, não sábios como acredita Espinosa, mas perversos psicóticos incapazes de ter qualquer sentimento de culpa. E ainda pior, ele nos deixa entender que vamos, sábios ou não, realmente morrer, que é irremediável, que nada de nós subsistirá para sempre...

Ao escrever esse parágrafo, digo a mim mesmo que afinal pouca coisa faltaria para que eu também sentisse vontade de me tornar espinosista, assim como me senti tentado a me tornar cristão, a acreditar num Deus bom que um dia dará um jeito para que eu encontre meus amados numa outra vida. O problema, infelizmente, como dizia Fichte, o maior discípulo de Kant, um pensador desconhecido ao qual consagrei em meus anos de juventude minha tese de doutorado, é que o dogmatismo, e muito particularmente o de Espinosa, "com certeza pensou muito, mas não pensou com seu próprio pensamento". Seu sistema é uma construção que parece de uma coerência indestrutível, impecável, demonstrada *more geometrico*... salvo que o dogmatismo ignora a autorreflexão. Ele nega o livre-arbítrio, a liberdade de escolha, a existência dos possíveis e a possibilidade de escolher entre várias opções, mas aquele que diz de forma dogmática que não é livre, que não tem escolha, pensa evidentemente que o diz livremente, não em virtude de uma forte necessidade, de uma fatalidade que não lhe deixaria nenhuma margem de manobra, e sim a partir de um pensamento e de uma argumentação maduramente refletidos.

No mais, é por esse viés que o espinosista assume de tão bom grado o papel de professor de felicidade, de guia espiritual que conseguiu passar da sombra para a luz. A verdade é que em toda discussão, o interlocutor, mesmo espinosista, não deixa de argumentar como se falasse realmente em seu nome, a partir dele mesmo, com toda liberdade, a partir de suas escolhas políticas ou filosóficas autônomas, e de forma alguma como se fosse como essa famosa pedra jogada pelo estilingue que Espinosa evoca em sua famosa carta a Schuller. Recusa-se a ser manipulado por quem quer que seja, inclusive por um Deus qualquer que teria tudo planejado para ele. Em outras palavras, é com toda liberdade que ele pretende que não é livre. Nem mesmo no exato momento que ele declara que a ideia de escolha é absurda e delirante, ele consegue deixar de acreditar que é responsável por suas escolhas.

É algo que também acontece quando o espinosista nos explica que o mal não existe, que há somente o bom e o mau no sentido médico dos termos, que o real é perfeito em si, ainda que nele haja o mal para nós, o que não o impede de forma alguma de conservar a linguagem da moral comum e de continuar, como qualquer um, a julgar todo mundo, a pensar que um patife é um patife e que Sócrates e Jesus valem com certeza mais do que Stalin e Hitler. Que espinosista hoje pensaria seriamente que o nazismo é absolutamente comparável a uma catástrofe natural e que sem os antissemitas e os terroristas fanáticos o real não seria menos imperfeito do que é com eles? Para ser franco, eu nunca encontrei um único espinosista capaz de pensar que Beria e Mengele não eram patifes, jamais vi um único espinosista que conseguisse se abster de todo julgamento de valor, de declarar, como o próprio Espinosa não consegue deixar de fazê-lo, que "o rato não é um anjo".

O principal problema das ideologias da felicidade inspiradas pelo espinosismo é afinal de contas este aqui: elas não sabem o que fazer com essa incômoda consciência comum que elas nunca conseguem erradicar totalmente quando nos pedem para amar o real em qualquer circunstância, com seus altos e baixos, essa insuportável consciência ordinária inerente a uma finitude humana que não cessa de resistir ao ponto de vista dogmático. O espinosista deve então conceder, como fazia Epiteto para o estoicismo, não sem uma notável honestidade intelectual, que nenhum ser humano jamais vive absolutamente na verdade e que é preciso conservar na vida cotidiana os vocábulos inadequados dos julgamentos de valor. Mas também aqui, embora essa concessão seja uma força, ela não passa de uma maneira velada de confessar que o sistema não consegue se pensar por si mesmo, praticar a autorreflexão, e é nisso que reside a própria essência do dogmatismo.

Conclusão

Um outro caminho para a sabedoria: a espiritualidade laica

Ao contrário do narcisismo, a busca da excelência, o cuidado do bem comum, o espírito de sacrifício, a revolução do amor e a espiritualidade laica

Como as conclusões mais curtas são as melhores, serei breve para evocar duas questões já abordadas em meus dois últimos livros: O aparecimento da ecologia política não vem contradizer a ideia de um colapso do mundo ocidental no narcisismo do frenesi da felicidade pessoal? A ecologia não desenha, ao contrário, um grande propósito, e mesmo uma nova causa sacrificial que nos convida a sair de nosso pequeno ego para proteger os outros e o mundo? Segunda questão: Que diferença podemos e devemos fazer entre felicidade e vida boa? Em que sentido a espiritualidade laica que professo desenha uma nova concepção da vida boa, distante das religiões e do materialismo, uma terceira via apoiada numa nova face da transcendência, uma transcendência do amor e da alteridade humana que não é mais a de Deus, da pátria ou da revolução.

Retomemos.

É verdade que o nascimento da ecologia política nos anos de 1970 conseguiu dar o sentimento de que assistíamos ao aparecimento de uma nova religião que poderia de alguma forma substituir as outras. Nem Marx, nem Jesus, e sim Greta! Desde a queda do Muro de Berlim, uma parte da juventude buscava um meio de devolver sentido à sua vida, a possibilidade de sair enfim das políticas de gestores minúsculos. Nesse caminho, ela estava acompanhada pelo cortejo dos mais velhos, uma plêiade de participantes, agora já grisalhos, do Maio de 1968, órfãos do maoismo, do anarquismo ou do trotskismo de sua adolescência efervescente. Passando do vermelho ao verde, o ecologismo radical deu sequência à luta contra o capitalismo, e mesmo, mais largamente, contra todas as formas de produtivismo. Ele permitiu a seus militantes reatar com o que Nietzsche chamava de uma "perspectiva", um horizonte com profundidade suficiente para dar à existência humana um verniz de ideal. E, de fato, a nova religião verde apoia-se em pilares bastante sólidos para fornecer tal perspectiva: a reabertura do futuro, o cuidado das gerações futuras, um cuidado originalmente assinalado no princípio de precaução que convidava os adultos a deixar para seus filhos um mundo habitável; e depois o medo, em nome do qual decrescentistas e colapsistas tentam mobilizar as multidões; o ódio desse liberalismo que poderão enfim combater em nome de uma imagem benevolente, a da natureza; o sentimento cósmico, que também tece, como a psicologia positiva, um elo com as sabedorias antigas; e por fim, é o essencial, uma busca frenética da felicidade, uma busca que, por sua vez, prefere o qualitativo ao quantitativo, o ser ao ter e que, em consequência, passa por vias diferentes daquelas do consumo, pela frugalidade, pelo retorno ao local e aos valores humanos; nesse sentido o ecologismo pode com efeito pretender substituir os dois núcleos de sentido, a nação e a revolução, que ainda dominavam nos anos de 1960-1970.

Nem por isso é menos evidente que, longe de se opor ao narcisismo e à busca frenética da felicidade, o cuidado do meio ambiente dissimula mal, para falar a verdade muito mal, um onipresente cuidado de si que vem se juntar ao da saúde que foi possível observar durante os confinamentos. Que ele passe pelo meio ambiente e pela relação com os outros apenas o enriquece, de maneira alguma o abole – o que não é uma crítica, muito pelo contrário, e sim uma mera constatação que leva simplesmente à conclusão de que a ecologia política está em perfeita sintonia com sua época. No mais, ao contrário das grandes ideologias sacrificiais que ainda dominavam o século passado, as diferentes correntes da ecologia contemporânea são profundamente pacifistas, elas querem proteger a vida, de maneira alguma sacrificá-la como convidavam as religiões de salvação terrena ou celeste das quais já falamos; nesse sentido ele se une sem qualquer dificuldade ao avanço espetacular da exigência de autenticidade e do desejo de ser si mesmo.

Para terminar, abordemos a segunda questão. A fim de evitar a confusão funesta e, no entanto, tão frequente na atmosfera atual, entre vida boa e felicidade, contento-me em relembrar aqui a seguinte anedota. Um dia, quando uma revista nos reuniu para um debate, Boris Cyrulnik me contou esta pequena fábula que ele encontrara num livro de filosofia cujo título e autor, eu creio, ele havia esquecido (a menos que o esquecimento seja meu...): um carro é parado na estrada por causa de uma obra. Um trabalhador está quebrando pedras com uma grande marreta, o rosto deformado pelo esforço e o cansaço. O motorista pergunta: "O que está fazendo? Preparo uma argamassa, responde o trabalhador, quer chova ou faça sol, é um trabalho muito duro!" O motorista retoma seu caminho e encontra uma segunda obra, idêntica à primeira. Aqui também é um homem que está quebrando pedras, mas este parece mais sereno. À mesma pergunta, a resposta é diferente: "Sim, o trabalho é duro, é verdade, mas ele permite ao menos trabalhar ao ar livre e alimentar a família, o que já é muito bom". Nosso motorista parte e cruza um terceiro canteiro de obras. Mesmo trabalho, mesma marreta, mas desta vez o homem parece contente, o rosto iluminado. Intrigado, o condutor faz a mesma pergunta: "O que está fazendo, você parece bem feliz? – Eu?, responde o infatigável trabalhador, estou construindo uma catedral. É extenuante, é claro, mas você sabe, eu tenho os olhos e a cabeça no céu mais do que na terra, e isso me enche de alegria".

Sua resposta, é claro, desvela o significado da fábula: ela sugere que a busca da vida boa supõe que levemos em conta a dimensão do sentido da vida. Ora, este último, seja qual for, é o elemento essencial, aquele que faz a diferença entre atividades que são, no entanto, idênticas no plano objetivo. O que dá um sentido às nossas vidas? Esta é realmente a questão fundamental da filosofia. Ora, como já mostrei em meu último livro, portanto não o retomo aqui, do ponto de vista da filosofia que defendo e que chamo de "espiritualidade laica", a vida boa implica uma relação com o sagrado, com o altruísmo, e mesmo um espírito de sacrifício, um ideal de perfectibilidade e acima de tudo de liberdade, que podem e devem às vezes, se não sempre, triunfar sobre a preocupação narcísica com sua mera felicidade pessoal, seja qual for nossa propensão bastante natural de pender espontaneamente para ela.

A verdade é que na era do individualismo democrático, na era de uma autonomia reivindicada por todos e de todo lado, certos valores fundamentais continuam, e para mim é a melhor notícia do século, a nos parecer superiores e exteriores a nós, como no tempo das religiões, claro, mas mesmo quando recusamos os dispositivos teológicos ou metafísicos que antes os enraizavam num "fundamento definitivo" supra-humano qualquer. Não apenas a mais reles verdade científica resiste a meu ego e a ele se impõe como um dado que ele deve fazer prevalecer sobre sua subjetividade, mas na própria esfera da estética, que, no entanto, é algo facilmente considerado subjetivo, a experiência da transcendência do belo continua a existir de maneira tão marcante quanto nos tempos antigos: eu não invento a beleza de uma suíte de Bach, nem a de uma paisagem, de um corpo ou de um rosto, contento-me humildemente com descobri-las como se, apesar dos sentimentos, dos efeitos subjetivos que despertam em mim, elas não tivessem sido, no entanto, criadas pela minha subjetividade. Esse sentimento de transcendência é ainda mais evidente e mais potente no caso da experiência do amor, uma experiência que de alguma forma nos faz "nos esquecermos de nós mesmos" para cuidarmos sobretudo do outro em sua diferença irredutível em relação a nós.

É então uma transcendência de um tipo novo que aparece, o que designei em outros livros, apropriando-me do vocabulário da fenomenologia, como uma "transcendência na imanência" ou como uma transcendência "horizontal", única capaz de conferir um significado rigoroso à experiência humana que a espiritualidade finalmente laica do que designei como a segunda era do humanismo tenta descrever e levar em conta: é realmente "em mim", em meu pensamento ou em minha sensibilidade, que se desvelam os valores, fora de qualquer referência a um argumento de autoridade, a uma heteronomia cuja origem coincidiria com um fundamento real (Deus, a pátria ou a revolução). E, contudo, não invento nem verdades matemáticas, nem a beleza de uma obra, nem os imperativos éticos, nem a lógica do amor: como dizem tão bem, "caímos de amores" mais do que decidimos por escolha deliberada. Contra o narcisismo e a felicidade erigida como objetivo último e exclusivo da existência humana, a espiritualidade laica valoriza a excelência e o trabalho bem-feito, o dom de si e o espírito de sacrifício, a serenidade e a possibilidade da alegria, mais do que a felicidade, valoriza também o bem comum e o interesse geral e não o recolher-se em si mesmo, e sobretudo o amor aos outros e à alteridade mais do que o amor a si mesmo. No fundo, compartilho de boa vontade estas poucas palavras que tomo emprestadas de meu velho amigo Emmanuel Carrère (2009), palavras que servem como conclusão muito pessoal a seu maravilhoso livro *D'autres vies que la mienne*, um livro sobre o qual pensei, logo que terminei a leitura, que ele dizia em literatura a mesma coisa que os meus em filosofia:

> Por muito tempo fui infeliz, e muito consciente de sê-lo; hoje gosto daquilo que é meu quinhão, não tenho grande mérito nisso de tanto que ele é amável, e minha filosofia está inteiramente na palavra que teria murmurado, na noite da sagração, a senhora Letizia, mãe de Napoleão: "Tomara que dure..."

Referências

À bas la fête du travail aliéné. Manifeste de l'Union ouvrière pour le 1er mai 1975

ALBRECHT, J. *Les cinq piliers de la psychologie positive.* 2024.

ANDRE, C. *Imparfaits, libres et heureux.* Paris: Odile Jacob, 2006 [Imperfeitos, livres e felizes. Rio de Janeiro: Best Seller, 2009].

ANDRE, C. *Cerveau et psycho*, maio de 2013.

BEAUVOIR, S. *Pour une morale de l'ambiguïté.* Paris: Gallimard, 1947 [Por uma moral da ambiguidade. Rio de Janeiro: Nova Fronteira, 2005].

BEN-SHAHAR, T. *L'apprentissage de l'imperfection.* Paris: Belfond, 2010.

BERGER, C. *Pour l'abolition du salariat.* Paris: Spartacus; 1977.

BESSONE, M. "Quelle place pour la critique dans les théories critiques de la race?" *Revue philosophique de la France et de l'étranger*, v. 142, n. 3, 2017.

BONOMELLI, M. *Les nouvelles routes du soi.* Paris: Arkhè, 2022.

BOUZOU, N.; DE FUNÈS, J. *La comédie (in)humaine.* Paris: Éditions de l'Observatoire, 2018).

BUISSON, P. *La fin d'un monde.* Paris: Albin Michel, 2021.

CABANAS, E.; ILLOUZ, E. *Happycratie. Comment l'industrie du bonheur a pris le contrôle de nos vies.* Paris: Premier Parallèle, 2018.

CARRERE, E. *D'autres vies que la mienne.* Paris: POL, 2009.

CASTORIADIS, C. *L'institution imaginaire de la société.* Paris: Le Seuil, 1975 [A instituição imaginária da sociedade. Rio de Janeiro: Paz & Terra, 2008].

COHEN, D. *Homo numericus.* Paris: Albin Michel, 2022.

COMTE-SPONVILLE, A. *Dictionnaire philosophique.* Paris: PUF, 2001.

"Contribution pour le mouvement". *Autogestion, l'Alternative* (semanário do PSU), novembro de 1986.

CYRULNIK, B. *Le laboureur et les mangeurs de vent: Liberté intérieure et confortable servitude.* Paris: Jacob, 2022 [O lavrador e os comedores de vento. Porto Alegre: Editora L&PM, 2023].

DALAI LAMA. *La voie de la liberté.* Paris: Calmann-Lévy, 1995. [O caminho para a liberdade. Rio de Janeiro: Nova Era, 2001]:

DE FUNÈS, J. *Développement (im)personnel. Le succès d'une imposture.* Paris: Éditions de l'Observatoire, 2019.

DE VIRY, M. *Tous touristes.* Paris: Flammarion, 2010.

DROIT, R-P. *Votre vie sera parfaite. Gourous et charlatans.* Paris: Odile Jacob, 2005.

"Éducation bienveillante: quelles sont les limites de l'éducation positive?" *Le Journal des femmes*, 2 de junho de 2023.

FERRY, L. *Le nouvel ordre écologique.* Paris: Grasset, 1992 [A nova ordem ecológica. Rio de Janeiro, 2009].

FERRY, L. *L'Invention de la vie de bohème.* Paris: Cercle d'Art, 2012.

FERRY, L. *7 façons d'être heureux*. Paris: XO éditions, 2016 [7 maneiras de ser feliz. Rio de Janeiro: Editora Objetiva, 2018].

FERRY, L. *La vie heureuse. Sagesses anciennes et spiritualité laïque*. Paris: Éditions de l'Observatoire, 2022 [A vida feliz: Sabedorias antigas e espiritualidade laica. Petrópolis: Vozes Nobilis, 2023].

FINKIELKRAUT, A. *La défaite de la pensée*. Paris: Gallimard, 1987.

FOUCAULT, M. *Histoire de la sexualité*, t. III, *Le souci de soi*. Paris: Gallimard, "Tel", 1984 [A história da sexualidade: O cuidado de si, v. 3. Rio de Janeiro: Editora Paz & Terra, 2020].

FOUCAULT, M. *Dits et écrits*, v. II. Paris: Gallimard, 2001 [Ditos e escritos, v. II. São Paulo: Forense Universitária, 2013].

GEORGESCU-ROEGEN, N. *Demain la décroissance. Entropie, écologie, économie*. Lausanne: Pierre-Marcel Favre, 1979.

HADOT, P. *Exercices de sagesse et philosophie antique*. Paris: Albin Michel, 2002.

HEMMENS, A. *Ne travaillez jamais. La critique du travail en France de Charles Fourier à Guy Debord*. Albi: Crise et Critique, 2019.

JONAS, H. *Le Principe responsabilité*. Paris: Éditions du Cerf, 1990 [O princípio responsabilidade. Rio de Janeiro: Contraponto, 2007].

KEYNES, J. M. *Lettre à nos petits-enfants*. Paris: Les Liens qui libèrent, 2017 [As possibilidades econômicas de nossos netos. São Paulo: Ática, 1984].

KUNDERA, M. *La lenteur*. Paris: Gallimard, 1995 [A lentidão. São Paulo: Companhia de Bolso, 2011].

LATOUCHE, S. *Petit traité de la décroissance sereine.* Paris: Fayard, 2007.

LEHMANN, J. *Antisèches du bonheur.* Paris: Harper Collins, 2020.

LENOIR, F. *Du bonheur, un voyage philosophique.* Paris: Fayard, 2013 [Sobre a felicidade, uma viagem filosófica. Rio de Janeiro: Objetiva, 2016].

LENOIR, F. *La puissance de la joie.* Paris: Fayard, 2015.

LENOIR, F. *Le Miracle Spinoza.* Paris: Fayard, 2017 [O milagre Espinosa. Petrópolis: Vozes Nobilis, 2020].

LENOIR, F. *La sagesse expliquée à ceux qui la cherchent.* Paris: Seuil, 2018.

MAIER, C. *Bonjour paresse.* Paris: Michalon, 2004.

MANGOT, M. *Heureux comme Crésus?* Paris: Eyrolles, 2014.

MEDA, D. *Le Travail, une valeur en voie de disparition.* Paris: Aubier, 1995.

MEIGE, A. "Metaverse: un univers virtuel pour une nouvelle économie bien réelle". *Harvard Business Review*, 5 de outubro de 2021.

MIDAL, F. *Foutez-vous la paix! Et commencez a vivre.* Paris: Pocket, 2018 [*A arte francesa de mandar tudo à merda: Chega de bobagens e viva a sua vida.* São Paulo: Planeta, 2018].

MIDAL, F. *Devenez narcissique. Et sauvez votre peau*! Paris: Pocket, 2019.

MURRAY, D. *L'étrange suicide de l'Europe.* Paris: L'Artilleur, 2018.

ONFRAY, M. *Puissance et décadence.* Paris: Bouquins, 2022.

POPPER, K. *Le réalisme et la science.* Paris: Hermann, 1990.

REZA, Y. *Une désolation.* Paris: Folio, 2016.

RIFKIN, J. *La nouvelle société du coût marginal zéro.* Paris: Les Liens qui libèrent, 2014.

ROUSSET, J. *L'Allergie au travail.* Paris: Seuil, 1974.

RUIZ, D. M. *Les quatre accords toltèques.* Genebra: Jouvence, 1999 [*Os quatro compromissos toltecas.* Rio de Janeiro: Best Seller, 29 ed., 2005].

SELIGMAN, M. *Vivre la psychologie positive.* Paris: Pocket, 2013.

STEPHENSON, N. *Snow Crash.* Toronto: Penguin Random House Canada, 2000 [Snow Crash. São Paulo: Aleph; 2 ed., 2015].

SUSSKIND, D. *Un monde sans travail.* Paris: Flammarion, 2023.

VAN DE VELDE, C. *Présentation: sociologie de la solitude: concepts, défis, perspectives.* Sociologie et sociétés, 50(1), 5-20. Montreal: Les Presses de l'Université de Montréal, 2018.

EDITORA VOZES LTDA.
Rua Frei Luís, 100 – Centro – Cep 25689-900 – Petrópolis, RJ
Tel.: (24) 2233-9000 – E-mail: vendas@vozes.com.br